七十人訳ギリシア語聖書

イザヤ書

LXX BOOK OF ISAIAH

秦剛平＝訳

HATA GŌHEI

青土社

七十人訳ギリシア語聖書　イザヤ書　目次

凡例

（1）本書は『ギリシア語訳聖書』の中の一書「イザヤ書」の翻訳である。

（2）本書で使用したギリシア語テクストはゲッチンゲン版イザヤ書（一九六七年版）である。

（3）本書で使用したヘブライ語テクストは、ヘブライ語聖書校訂版『ビブリア・ヘブライカ・シュトゥットガルテンシア』である。

（4）本書で主に参照した訳書は、オックスフォード大学教授ニコラス・キングの『聖書』（ケヴィン・メイヒュー、二〇一三）であるが、これ以外にも、聖書文学協会（SBL）の「七十人訳研究グループ（IOSCS）が生み出した『新英訳七十人訳聖書』（オックスフォード大学出版局、二〇〇七）や、ランスロット・ブレントン卿（一八〇七－一八六二）の英訳書（一八四四）を参照した。

（5）ヘブライ語のイザヤ書の日本語訳では関根清三訳（岩波版、二〇〇五）を頻繁に参照した。

（6）本書の固有名詞表記は通常表記を使用し、註において、その初出箇所でギリシア語表記を示した。

（7）本書の本文では明朝ゴチが頻繁に使用される。その箇所はギリシア語テクストの読みがヘブライ語テクストの読みとは異なることを示している。

（8）本書の註においてヘ、ヘ⇩ とあるのは、「ヘブライ語テクストでは」の意味である。

To

Michael Loewe
University Lecturer in Chinese Studies
Cambridge (1963-1990)
Emeritus Fellow of Clare Hall, University of Cambridge,

Nicholas de Lange
Emeritus Professor of Hebrew and Jewish Studies
Emeritus Fellow of Wolfson College, University of Cambridge,

Harold W. Attridge
Sterling Professor of Divinity
Yale University Divinity School,

and

K.H. in my fond memories

はじめに

『ギリシア語訳聖書』とか『七十人訳聖書』と呼ばれる聖書がある。

これは前三世紀から後一世紀にかけてギリシア語に翻訳されたヘブライ語聖書の総称である。もちろん、この中には最初からギリシア語で書かれた外典文書なども入っている。

ギリシア語訳聖書を構成する冒頭のモーセ五書（創世記、出エジプト記、レビ記、民数記、申命記）は、多分、アレクサンドリアで、前三世紀のある時期につくられたものである。それに続く諸文書のギリシア語訳は、後一世紀の前半までかけて徐々になされたものであるが、あの書やこの書が、「いつ」、「どこで」、「誰によって」翻訳されたかは分からない。ましてその翻訳された諸文書や最初からギリシア語で著作された文書が「いつ」、「どこで」、「誰によって」編纂されて、われわれが現在『ギリシア語訳聖書』とか『七十人訳聖書』と呼ぶ単位のものになったのか、その経緯は分からない。分からないことだらけなのである。

しかし、確実な知識として、分かっていることも幾つかある。

このギリシア語訳聖書はヘレニズム・ローマ時代のディアスポラ（離散）のユダヤ人たち、すなわちパレスチナの土地を離れてその外のギリシア語圏の世界に住むユダヤ人（ユダヤ教徒）たちによって生み出されたものであるが、そのことは確かな前提として分かっている。その文書の幾つかにはパレスチナのユダヤ教理解とは異なるディアスポラの地におけるユダヤ教理解が見られたりするが、そのことも分かっている。それはまた、ローマで著作活動をしたユダヤ人著作家フラウィウス・ヨセフス（一世紀）が『ユダヤ古代誌』全二〇巻を著作するにあたって卓上に置いた最重要な文書資料のひとつであったが、そのこともヨセフス研究者の常識である。実際、『古代誌』の前半の一〇巻はギリシア語訳聖書にもとづいて創世記からはじまる聖書物語を再話したものであり、また同書の第一二巻や一三巻などは、外典文書としてギリシア語訳聖書に組み込まれているマカベア第一書などを再話したものであり、もしギリシア語訳聖書が存在しなかったならば、ヨセフスはこうした聖書物語をギリシア語で再話することはなかったであろう。これは確実なことである。それはまたアレクサンドリアの哲学者フィロン（一世紀）がモーセ五書の註解書を著すときに手元に置いたものであるが（拙訳、フィロン『フラックスへの反論＋ガイウスへの使節』京都大学学術選書参照）、それもフィロン研究者の間では常識である。フィロンにとって聖書はギリシア語訳聖書であって、ヘブライ語聖書ではなかった。それはまた新約聖書の福音書記者や、パウロ、最初の数世紀のキリスト教の物書きたちが使用した聖書であるが、そのことは聖書学者の広く認めるところである。彼らキリスト教徒の多くは、若干の例外はあったであろうが、ヘブライ語聖書を読めず、そのため聖書についての彼らの知識はほとんどすべてギリシア語訳聖書からである。

確実に分かっていることを幾つか列挙しただけでも、ヘブライ語聖書ではなく、ギリシア語訳聖書を手元に置く重要性は分かってもらえると思われる。

ギリシア語訳聖書は、後二世紀から四世紀にかけて、結構な勢いで当時のオイクーメネー（人の住む世界）に広まる（拙訳、エウセビオス『教会史』講談社学術文庫参照）。その過程では、さまざまな版が生まれる。その証拠は新約聖書の著者たちや最初の数世紀の教会の物書きたちが引用したギリシア文に見られる「不一致」である。

この「不一致」を説明するのにギリシア語訳聖書を使用した者たちの「記憶違い」や「記憶の混乱」を持ち出すのは、多分、滑稽である。さまざまな版がつくられ、そのさまざまな版がさらにさまざまな版を生み出したと想像する方が、ギリシア語訳聖書研究にとってははるかに健全である。そして、最初の数世紀の教会の物書きたちは、こうしたさまざまな版の流布にもかかわらず、ユダヤ教徒のヘブライ語聖書と張り合うために、ギリシア語訳聖書は「神の霊」や「神の息吹」を受けたもので、その翻訳には一点の誤りもなく、ヘブライ語聖書よりもはるかにすぐれた「完全・完璧な聖書」と申し立てたのである（拙著『乗っ取られた聖書』京都大学学術選書参照）。もちろん、真実は、ヘブライ語聖書にも転写上の誤りと思われるものは多数あるが、キリスト教徒の使用したギリシア語訳聖書にはそれに倍する転写上の誤りや、イエスをキリストであると申し立てるための意図的な改変が、「あるわ、あるわ」である。

この「あるわ、あるわ」を臆することなく研究するのが研究者の責務であり、またその「あるわ、あるわ」から、さまざまな方向への歴史の展開を跡付けたり想像したりするのがテクスト研究の醍醐味であり、その醍醐味を一般読者にお裾分けするのが研究成果の共有とでもいうべきものである。

もっともこう言えば、「醍醐味ってどんな味？」と、人は尋ねるかもしれない。そう、それを講釈するのは難しいが、舌の上で転がす味や味わいそのものではなくて、何ものにも縛られることのない、研究者が本来的にもつ楽しさや深い喜びとでも言えば、当たらずとも遠からずか。

本書は、先行した河出書房新社版『七十人訳聖書』全五巻（二〇〇二－二〇〇三）に続くものである。訳者は河出版の完結後も、ヨセフス研究を続ける一方で、ギリシア語聖書の翻訳と研究を遅遅とした歩みではあったが継続してきたつもりである。ギリシア語訳聖書を構成するすべての書の翻訳が終わったわけではないが、ここに河出版の組版形式を踏襲する「ギリシア語イザヤ書」の翻訳をお届けする。本書はとくにキリスト教の起源や最初の数世紀のキリスト教の展開を論じるときには必読必携・不可欠の書である。もちろん、ヨセフスやフィロンの研究、ヘレニズム時代のユダヤ教研究でも同じである。この重要性は声を大にして百万遍力説してもしたりないものである。

イザヤ書

第1章

前置き（1）[1]

1 アモツ[2]の子イザヤ[3]が見た幻。これはユダヤ[4]を王
として統治した、ウジヤ[5]とヨタム[6]とアハズ[7]とヒゼ
キヤ[8]の時代に、ユダにたいして、またエルサレム[9]
にたいして[10]彼が見た（幻である）。

主による告発の言葉とイザヤの告発

2 天よ、聞け。
地よ、耳を傾けるのだ。
主が語られたからだ。
「わたしは子ら[11]を育て大きくした[12]。
しかし、彼らはわたしを無視した。
3 牛はその飼い主を知っている、
驢馬（ろば）[13]はその主人（キュリオス）の飼い葉桶を（知っている）。
だが、イスラエル[14]はわたしを知らず[15]、
民（ホ・ラオス）はわたしを理解しなかった[16]」と。
4 禍い（ウーアイ）だ、
罪深き民族（エスノス）、罪だらけの民（ラオス）、**邪悪な子孫（スペルマ）**、
教えを足蹴にする子ら（フュイオイ・アノモイ）は[17]。
おまえたちは[18]主を捨て、
イスラエルの聖なる方を**怒らせた**[19]**！**
5 なぜおまえたちは、
不義・不法（アノミア）[20]**を重ねてまでして**
なおも鞭打ちされようとするのか？
頭（かしら）のどこもかしこもが**痛み**[21]、
心のどこもかしこもが**苦しん**でいる[22]。
6 **つま先から頭まで**[23]、
傷（跡）や、鞭打ち（の跡）、
炎症をおこした鞭打ちの跡[24]が（あるが）、
その上に軟膏（が塗られることも）、
油（が塗られることも）、
包帯（で巻かれること）もない[25]。

7 おまえたちの土地は荒廃し、

おまえたちの町々は火で焼かれている。[26]

第1章

1 この「前置き」の部分――これが編集のどの段階で、いつ挿入されたのかは不明――から、イザヤが前八世紀の人物であることが知られ、また編纂者がイザヤの召命をウジヤの亡くなった前七四〇年としていることからして（後出六・一参照）、イザヤの誕生年は前七七〇年ころとされる。

2 アモツ――ギリシア語表記はアモース。

3 イザヤ――ギリシア語表記はヘーサイアスまたはエーサイアス。

4 ユダヤ――ギリシア語表記はユーダイア。ユーダではない。

5 ウジヤ――ギリシア語表記はオズィアス（在位、前七八一－七四〇）。

6 ヨタム――ギリシア語表記はヨーアタム（在位、前七四〇－七三六）。

7 アハズ――ギリシア語表記はアカズ（在位、前七三六－七一六）。

8 ヒゼキヤ――ギリシア語表記はエゼキアス、またはヘゼキアス（在位、前七一六－六八七）。

9 エルサレム――ギリシア語表記はイェルーサレーム、またはヒェルーサレーム。

10 たいして（κατά）……たいして（κατά）――前置詞カタの使用の背景には、これから先で「かんばしくないもの」が語られることが前提とされている。[ヘ]⇩「ユダとエルサレムについて」。ヘブライ語の前置詞アルには、「かんばしくないもの」が語られる前提は入り込まない。

11 子ら――イスラエルの民を指す。

12 父としての主（神）のイメージは、出エジプト記四・二二－二三、申命記一四・一他に見られる。

13 牛……驢馬――キリスト教絵画でイエスの誕生で牛と驢馬が描かれるのは本箇所の記述に由来する。

14 イスラエル――ギリシア語表記はイスラエール。

15 わたしを――ヘブライ語テクストでは欠落。

16 わたしを――ヘブライ語テクストでは欠落。

17 教えを足蹴にする子ら――この表現は以下何度か見られる。[ヘ]⇩「邪悪なことを行う者たちの子孫よ、堕落なことを行う子らよ」。

18 [ヘ]⇩「彼らは」。

19 [ヘ]⇩「蔑視し、背を向けて離反した」。

20 [ヘ]⇩「離反」。

21 [ヘ]⇩「病み」。

22 苦しんでいる――あるいは「悲しんでいる」。[ヘ]⇩「疲れ果てている」。

23 [ヘ]⇩「足の裏から頭まで、病んでない所は無く」。

24 [ヘ]⇩「膿んでいる炎症跡」。

25 [ヘ]⇩「それらは（膿みを）絞り出されることもなく、（包帯で）縛られることもなく、油で（痛みが）和らげられることもない」。

おまえたちの前のおまえたちの土地であるが、
異邦の者たち（アロトリオイ）がそこを食い荒らしている。[27]
そこは異邦の民（アロトリオイ・ラオイ）により投げ捨てられ、
荒れ地となる。
8 （しかし、）シオン[28]の娘[29]は残される。
葡萄園の（見張りの）掘っ建て小屋のようにして、
また瓜畑の（見張りの）番小屋のようにして、
そして包囲下の町のようにして。
9 もし万軍の主[30]がわれわれに
子孫[31]を残されなかったならば、
われわれはソドム[32]のようになりはて、
ゴモラ[33]に似ていたであろう。[34]

献げ物に見られる宗教的偽善について

10 主の言葉（ロゴス）[35]を聞くのだ。
おまえたち、ソドムの支配者たち（アルコンテス）[36]よ。
神[37]の教え（ノモス）[38]に心するのだ。
おまえたち、ゴモラの民よ。
11 「おまえたちの多くの犠牲の献げ物は、
わたしにとって何になろうか？」
と、主は言われる。
「わたしは雄羊の焼き尽くす献げ物[39]には、
げんなりしている。
わたしは羊の脂身や、雄牛、雄山羊の血など[40]、
欲しくもない。
12 たとえおまえたちがやって来て、
わたしの前に見え（まみえ）てくれてもだ。[41]
いったい誰がこれらのもの[42]を
おまえたちの手に求めたのだ？
それに[43]、わが（神殿の）中庭を
踏みつけることなどを。
13 たとえおまえたちが、
上質の小麦粉を携えて来たとしても、
（それは）虚しい。[44]
香はわたしが忌み嫌う（ブデルグマ）ものである。[45]

わたしは、おまえたちの新月祭や安息日、[46]

26　ここでの情景描写は、前七三四－七三三年のアッシリアの王ティグラト・ピレセル三世の侵攻のときか、前七〇一年のアッシリアの王センナケリブの侵攻のときのものとされる。

27　おまえたちの前のおまえたちの土地であるが、異邦の者たちがそこを食い荒らしている――「おまえたちの土地であるが、異邦の者たちがそれをおまえたちの前で食い荒らしている」と訳すことも可能。

28　シオン――ギリシア語表記はシオーン。

29　シオンの娘――エルサレムを指す。

30　万軍（サバオート）の主――ギリシア語訳聖書では、「万軍」を意味するヘブライ語ツァバオートがそのまま音記されている。ヨシュア記六・一七、サムエル記上一・三、一一、二〇、一五・二参照。

31　[ヘ]⇩「非常に少数の残れる者たち」。

32　ソドム――ギリシア語表記はソドマ。

33　ゴモラ――ギリシア語表記はゴモルラ。ソドムとゴモラは、創世記一九・二四－二五参照。

34　もし万軍の主がわれわれに……ゴモラに似ていたであろう――この一文はローマの信徒への手紙九・二九で引用されている。

35　言葉――あるいは「託宣」。

36　アルコンテス――ギリシア語訳聖書で頻出するこの語には、さまざまな訳語が与えられるが、本書ではその都度適切と思われる訳語を与える。

大（祭の）日[47]に耐えられない。

37　[ヘ]⇩「われらの神」。

38　教え――あるいは「律法」。[ヘ]⇩「トーラー」。

39　焼き尽くす献げ物（ホロカウトーマトーン⇩ホロカウトーマ）。二〇世紀のユダヤ人大量虐殺が「ホロコースト」と呼ばれるのは、この言葉、およびその同義語ホロカウトーシスに由来するが、わたし自身はこの言葉の使用に違和感を覚える。ユダヤ人たちは「献げ物」として犠牲にされたのではないからである。

40　[ヘ]⇩「わたしは雄羊の焼き尽くす献げ物と肥えた家畜の脂身には飽きた。わたしは雄牛や、子羊、雄山羊の血を喜ばない」。

41　[ヘ]⇩「おまえたちがわたしの前に姿を見せるとき」。

42　[ヘ]⇩「これ」。

43　それに――ヘブライ語テクストでは欠落。

44　[ヘ]⇩「おまえたちはこれ以上虚しい献げ物を携えて来てはならない」。

45　[ヘ]⇩「それはわたしにとって忌むべきものの献げ物である」。

46　おまえたちの――ヘブライ語テクストでは欠落。

47　大（祭の）日――この語は、次に来る一節では「祝祭」に置き換えられている。[ヘ]⇩「祝祭の集い」。

わが魂（プシュケー）は、
断食や仕事をしない日[48]**、**
14 **おまえたちの新月祭、**
それにおまえたちの祝祭を憎んでいる[49]**。**
わたしはおまえたちの存在にうんざりしている。
わたしがこれ以上おまえたちの罪を容赦すること
はない[50]**。**
15 おまえたちがわたしに向かって[51]手を差し伸べて
も、
わたしはおまえたちからわが目をそらす。
たとえおまえたちが
嘆願の祈りを増し加えたとしても、
わたしはおまえたちに耳を貸しはしない。
おまえたちの手が血だらけだからである。
16 おまえたちは身を洗って、清くなるのだ。
その邪悪な思い（タ・ポネーリアイ）をわたしの見ている前で、
おまえたちの心から[52]断つのだ。
邪悪な所業（タ・ポネーリアイ）をやめるのだ。
17 よいことをする、それを学ぶのだ。
公義（クリシス）を求めるのだ。
不義・不正を働かれている者たちを助けるのだ。
孤児のためになるような裁きをし、
寡婦のためになるような正義を行うのだ」と。

神の民への訴え

18 「さあ来るのだ、
われわれは[53]（どちらが正しいか）争おう」[54]
と、主は言われる。
「たとえおまえたちの罪が紫[55]のようであっても、
わたしは雪のように白くする[56]**。**
たとえそれが緋のようであっても[57]、
わたしは羊の毛のように白くする[58]**。**
19 もしおまえたちがその気になり
わたしの言うことに[59]聞き従うならば、
おまえたちは地のよき産物（タ・アガサ）を食べることになる。

20 しかし、もしおまえたちがその気にならず、
わたしの言うことに聞き従わないならば、[60]
剣(つるぎ)がおまえたちを食い尽くす」と。
主の口がこれらのことを語られたのだ。

エルサレム――そこは人殺しの巷

21 何ていうことだ、
公義(クリシス)にあふれた信実(ポリス・ピステー)なる都シオン[61]が
娼婦(ポルネー)になりさがったのだ！
（かつて）そこには正義(ディカイオスネー)が宿っていたが、
今は人殺し（の巷）だ。
22 **おまえたちの[62]銀は不純物。**
おまえの宿屋の主人たちは葡萄酒を水で割る始末。[63]
23 おまえの高官(アルコンテス)たちは
（教えに）背く者、
盗人たちの仲間、
賄賂に目を細める者、

48 仕事をしない日――この語は、前出の「安息日」を置き換えている。
49 [へ]⇩「わたしは我慢できない、不義と聖なる集会に。わが魂は憎む、おまえたちの新月祭とおまえたちの定められた季節を」。
50 [へ]⇩「それらはわたしにとって重荷である。わたしはそれらを負うに疲れている」。
51 わたしに向かって――ヘブライ語テクストでは欠落。
52 おまえたちの心から――ヘブライ語テクストでは欠落。
53 [へ]⇩「われわれはともに」。
54 ヘブライ語テクストでは、ここで天上の「法廷論争」が想定されている。神が告発する者、イスラエルが告発される者とされている。
55 [へ]⇩「緋」。
56 [へ]⇩「それらは雪のように白くなる」。
57 [へ]⇩「紅のように赤くても」。
58 [へ]⇩「それらは毛のようになる」。
59 わたしの言うことに――ヘブライ語テクストでは欠落。
60 [へ]⇩「拒み、逆らうならば」。
61 シオン――ヘブライ語テクストでは欠落。
62 [へ]⇩「おまえの」。
63 [へ]⇩「おまえの葡萄酒は水で割られる」。

袖の下を好む者、
裏金（アンタポドマ）を追い求める者、
孤児のためになる裁きを行わぬ者、
寡婦たちの訴え（クリシス）にどこ吹く風の者。
24 そのため、万軍の主（キュリオス）である主君（デスポテース）[64]はこう言われる。
「禍いだ、[65] イスラエルの有力者たちは。[66]
敵対する者どもへのわが憤怒は止まず、[67]
わたしはわが敵どもに裁きを行う。[68]
25 わたしはわが手をおまえの上に**置き**、[69]
おまえを火で焼いて清め、[70]
（教えに）背を向ける者たちを滅ぼし、
教えを足蹴にする者たち（アノモイ）すべてを
おまえの中から取り除き、[71]
思い上がった者たちすべてを
謙（へりくだ）った者にする。[72]
26 そしてわたしは、
これまでと同じように（ホース・ト・プロテロン）、
おまえを裁く者たちを立て、
最初と同じように（ホース・ト・アパルケース）、
おまえに助言する者たちを（立てる）。
そしてこれらのことの後、
おまえは《正義の都（ポリス）》、
《信実なる母なる都（メートロポリス）シオン》[73]
と、呼ばれることになる」と。
27 **彼女**（＝シオン）からの囚われの者たちは、
正義にもとづき、また憐れみをもって、救われる。[74]
28 教えを足蹴にする者たちと罪人たちは、
一緒くたにされて[75]粉砕される。
主を捨て去る者たちは一巻の終わりを迎える。
29 それゆえ彼らは、
彼らが好んだ偶像（エイドーロイ）[76]**で**恥ずかしめを受けることになる。

彼らは自らが欲した園（ケーポイ）のゆえに恥をかいたのだ。[77]
30 まことに**彼らは、**[78]
葉の落ちたテレビントスの木[79]のようになり、

水の流れぬ楽園（パラダイソス）[80]のようになる。

31 そして**彼らの強度**[81]は亜麻くずのよう、

彼らの[82]やることは一瞬の火の粉のよう。[83]

教えを足蹴にする者たちと罪人たちは[84]

一緒くたにされて焼き尽くされる。

（その火を）消す者はいない。

64 ここでの「主君」のギリシア語は δεσπότης で、「主」をあらわす κύριος とは区別される。

65 ヘ⇩「ああ」。

66 イスラエルの有力者たちは——ヘブライ語テクストでは、この語句（複数形ではなくて単数形）は先行する「万軍の主、主君」と同義で、「主君なる万軍の主、イスラエルの力強き方」となる。

67 ヘ⇩「わたしはわが敵どもに思いを晴らし」。

68 ヘ⇩「わが敵どもに復讐する」。

69 ヘ⇩「向ける」。

70 おまえを火で焼いて清め——ヘブライ語テクストでは欠落。

71 ヘ⇩「おまえの不純物を灰汁（あく）のように取り除き、おまえのすべてのかすを除く」。

72 思い上がった者たちすべてを謙った者にする——ヘブライ語テクストでは欠落。

73 シオン——ヘブライ語テクストでは欠落。

74 ヘ⇩「シオンは公正によって、彼女（＝シオン）の中の悔い改める者たちは正義によって贖われる」。ギリシア語訳の訳者は、ヘブライ語テクストに見られる「彼女の中の悔い改める者」を意味するシャベェハー（⇩シューブ）を「囚われ人たち」を意味する他のヘブライ語と取り違えている。

75 一緒くたにされて——あるいは「同時に」。

76 ヘ⇩「おまえが好んだ大樹で」。

77 ヘ⇩「おまえたちは選んだ園のゆえに恥をかく」。園を豊穣の神に贈れば、その見返りとして豊作があるとされた。

78 ヘ⇩「おまえたちは」。

79 テレビントスの木——「柏の木」を指す。

80 「水の流れる楽園」のイメージは創世記二・一〇―一四参照。

81 ヘ⇩「強い者」。

82 ヘ⇩「彼の」。

83 彼らのやることは一瞬の火の粉のよう——この一文の文意は鮮明ではない。「実体のない」ことを言おうとしているのか？

84 ヘ⇩「彼らは」。

第2章

前置き（2）

1 主からアモツの子イザヤに臨んだ、**ユダヤ（ユーダイア）につ
いての、またエルサレムについての言葉（ロゴス）。**[1、2]

終わりの日の光景は[3]

2 **主の山**[4]は、終わりの日（エスカタイ・ヘメライ）に、
ひときわ際立つものとなり、
神の家（オイコス）は、
山々の頂よりも上、
丘陵よりも高いものとされる。
すべての異民族（タ・エスネー）の者たちが
そこ（＝主の山）へやって来る。
3 多くの異民族の者がやって来ては言う。

「さあ登って行こう、主の山へ、
ヤコブの神の[5] 家（オイコス）へ。
主が[6]われわれにご自身の道を宣べ伝えられるので、
われわれはその道を行く。
教え（ノモス）はシオンから、
主の言葉[7]はエルサレムから出て来るから」と。
4 主は民族と民族の間を裁き、
民の多くを叱責される。
（その結果、）彼らはその剣（つるぎ）を打ち直して鋤（すき）[8]に、
その槍を（打ち直して）鎌に変える。
異民族の者は、
異民族の者に向かって剣（つるぎ）を振りかざすことを二度
とはせず、
戦いについて学ぶことを二度としない。
5 だから、ヤコブの家よ、
これからは、主の光をもって歩もうではないか。

主の日の到来について

6 主はご自分の民、イスラエルの家を[9]見捨てられ
た。[10]
彼らの土地は、最初から占い（師）だらけだった、[11]
まるで異部族の者たち[12]の（土地）のように。
そして異部族の者との（混血の）子らが
彼らに多く生まれた。[13]
7 彼ら（＝異部族の者たち）の土地は銀や金で満
ち溢れ、
その財宝は数え切れぬほどであった。
地は馬だらけで、

第2章

1 言葉（ロゴス）――あるいは「託宣」。この「前置き（2）」も、「前置き（1）」と同じく、本書の編纂者の手になるもの。
2 ヘ⇩「ユダとエルサレムについて見た言葉」。
3 以下、二・二―四（ヘブライ語テクスト）は、ミカ書四・一―三とほとんど同一。どちらかがどちらかをコピペしたのか、共通資料が存在てどちらもそれをコピペしたのか。なお、ミカはユダの王ヨタム、アハズ、ヒゼキヤの時代の預言者。
4 主の山――シオンの山を指す。ヘ⇩「主の家の山」。
5 ヤコブ――ギリシア語表記はヤコーブ。
6 主――テクストでは「彼」。
7 言葉――あるいは「託宣」。
8 打ち直して――あるいは「粉々にして」。
9 ヘ⇩「あなたさまはあなたさまの民、ヤコブの家を」。
10 詩文はこの六節からはじまる。一部の研究者は、以下で見られるギリシア語の詩文は、ヘブライ語のそれよりも「よいテクスト」であると指摘する。
11 ヘ⇩「彼らが東方からの、しかもペリシテびとたちのように、占い師たちで満ちていたからで」。ヘブライ語テクストの一文の文意は鮮明ではない。
12 異部族の者たち（ἀλλόφυλοι）――ギリシア語訳聖書では、ヘブライ語聖書のペリシテびと（フリシュティム）を指すのに師士記の中頃まではフィリステイムかフィリスティイムが使用されるが、それ以降ではこのギリシア語が一貫して使用される。
13 ヘ⇩「そして彼らはよそ者たちの血を好んだのである」。
14 ヘ⇩「偶像（＝虚しい神々）」。

その戦車は数え切れぬほどであった。
8 その地は**彼らの手がつくり出した忌むべき物**[14]で
満ち溢れ、
彼らは自分たちの手先がつくりだしたものを拝し
た。[15]
9 (こうして) 人間(アンスローポス)は (偶像の前に) 頭(こうべ)を垂れ、
人(アネール)としての品位が貶められた。
わたしは決して彼らを赦しはしない。[16]
10 おまえたちは今、
岩場の中に入り込み、
地[17]の中に隠れるのだ。
主が地を打ち砕くために立ち上がられるときの[18]
あの恐ろしい形相の顔と
あの威厳のある栄光から (逃れるために)。
11 **主の目は高き所にあり、**
人間のは低き所にある。[19]
その日、人間たちは低くされ、
主だけが高くされる。
12 まことに万軍の主の日[20]は、
すべての驕り高ぶる傲慢な者の上に臨み、
またすべての神々(こうごう)しく高く聳(そび)え立つもの[21]の上に臨
む。
そしてそれらは低くされる。
13 (万軍の主の日は) 神々しく高く聳え立つ
レバノン[22]のどの杉の上にも、
バシャン[23]のどの樫の木の上にも、
14 どの山の上にも、
どの高い丘陵の上にも、
15 どの高い (見張りの) 塔の上にも、
どの高い城壁[24]の上にも、
16 **海を行くどの船の上にも、**
これら美しいすべての船の上にも (**臨む**)。[25]
17 すべての人間は低くされ、
人間たちの驕(おご)りはへし折られる。
そしてその日、主だけが高くされる。

18 （その日）**彼らは、**
人間の手でつくったもの（タ・ケイロポイエータ）**のすべてを隠す**、[26]
19 洞穴の中や、岩場の裂け目の所に、
地の穴の中に（それらを）持ち込んで。
主が地を打ち砕くために立ち上がられるときの[27]
主の恐ろしい形相の顔と、
あの威厳に満ちた栄光から（逃れるために）。

15 ［へ］⇩「誰も彼もが自分の手先でつくったものを拝している」。
16 ［へ］⇩「そしてあなたさまが彼らに耐えるようなことはできません」。
17 ［へ］⇩「塵」。
18 主が地を打ち砕くために立ち上がられるときの——ヘブライ語テクストでは欠落。
19 ［へ］⇩「人間の驕った目は卑しくされ、人びとの高ぶりも低くされ」。
20 以下の「主の日」は、後のユダヤ教の終末論あるいは終末論的期待を誘発するものとなる。もっともその期待は今日までかなえられたとは思われないし、将来もかなえられることはないであろう。
21 聳え立つもの——ヘブライ語テクストでは欠落。

20 その日、人は
拝むためにつくった銀や金の忌むべき物（タ・ブデルグマタ）を、
空しい物（ホイ・マタイオイ）**を拝する者たち**[28]や蝙蝠（こうもり）に（向かって）投
げ捨てる。
21 そして彼らは固い岩場の穴や、
岩場の割れ目の中に入り、
主が地を打ち砕くために立ち上がられるときの[29]

22 レバノン——ギリシア語表記はリバノス。
23 バシャン——ギリシア語表記はバサン。この場所はガリラヤ湖の北東方面の地域を指す。
24 高い塔……高い城壁——一部の研究者はこの辺りの一文をウジヤやヨタムが行った建設事業と結びつける。ウジヤ時代のエイラトの再建は列王記下一四・二二、エルサレムの城門などの建設や補強は歴代誌下二六・九を、またヨタムによる神殿の城門やオフェルの城壁の建設は歴代誌下二七・三を参照。
25 ［へ］⇩「タルシシュのすべての船の上に、すべての豪奢な船の上にも（臨む）」。
26 ［へ］⇩「そして偶像は完全に消え失せる」。
27 ［へ］⇩「主が地を激しく揺さぶるために立ち上がるとき」。
28 ［へ］⇩「もぐら」。

あの恐ろしい形相の顔と、
あの力に満ちた栄光から（逃れようとする）。
22 ……欠文……。[30]

第3章

神の裁きの日には

1 見よ、万軍の主（キュリオス）である主君（デスポテース）[1]は、
ユダヤ（ユーダイア）から、そしてエルサレムから、[2]
力のある男と力のある女を、
人びとの力となるパンと水を、[3]
2 巨人や、[4]力のある男、戦うことのできる人間を、
裁き司や、預言者、占い師、[5]長老を、
3 五〇人隊長や、身分の高い顧問官を、
腕のいい棟梁（とうりょう）や、賢い聞き手たちを[6]取り除かれる。[7]
4 わたしは若造たちを彼らの頭（アルコーン）に立て、
（彼らを）侮る者たちが[8]彼らの主人として振る舞う。
5 民はみな倒れる。[9]
人は人にたいして、
人はその隣人にたいして。
悪ガキ（パイス）が年老いた者に向かって手を上げ、[10]
卑賤な者が貴人に向かって（手を上げる）。
6 人は、自分の父の家の者に手をかけるように、
自分の兄弟[11]に手をかけ、[12]
「おまえは服をもっているじゃないか。
ひとつ、おれたち一族の[13]頭（かしら）になってくれ。
わたしに食べ物を恵んでくれ[14]」
と、言う。
7 その日、彼は答えて、[15]
「わたしはおまえの頭（かしら）になるつもりなど（さらさら）ない。
わたしの家にはパンもなければ服もないからさ[16]」
と、言う。

8 まことにエルサレムは荒れ果て、ユダヤ(ユーダイア)(王国)は倒れた。
人びとの吐く言葉[17]は不義(アノミア)・不正を伴い、
主にたいするその行為は背信的である。[18]
そのため、今や彼らの栄光は地に落ちたも同然。[19]
9 その不面目(ふめんぼく)が彼らの破滅を物語った。[20]

29 [ヘ]⇩「主が地を激しく揺さぶるために立ち上がるとき」。
30 ヘブライ語テクストでは「鼻で息をする人間などは捨て置くがよい。値打ちなどはほとんどない」(前半部は関根訳を参照)。

第3章

1 主君――ヘブライ語ではハ・アドン。
2 [ヘ]⇩「エルサレムから、そしてユダから」。
3 人びとの力となるパンと水を――テクストの直訳は「パンの力と水の力を」。[ヘ]⇩「頼みの綱であるすべてのパンと頼みの綱であるすべての水を」。
4 巨人や――ヘブライ語テクストでは欠落。
5 占い師(στοχαστής)――このギリシア語は、ギリシア語訳聖書中、本箇所においてのみ使用されている。「あて推量する者」の訳語を与えることも可能。
6 [ヘ]⇩「身分の高い者と助言者と狡猾な魔術師と熟練のまじない師」。
7 [ヘ]⇩「頼みの綱と支えを取り除かれる」。
8 [ヘ]⇩「無頼漢ども」。
9 民はみな倒れる――テクストでは「民は一緒に倒れる」。[ヘ]⇩「民は互いに虐げ合う」。
10 [ヘ]⇩「無礼を働き」。
11 自分の兄弟――「同胞ユダヤ人」を指す。
12 [ヘ]⇩「人は自分の父の家の自分の兄弟に手をかけ」。
13 一族の――ヘブライ語テクストでは欠落。
14 [ヘ]⇩「この破滅をおまえの手で救ってくれ」。ギリシア語訳の訳者は、ヘブライ語テクストに見られる「破滅」を意味する語を「食べ物」を意味する他のヘブライ語と取り違えている。
15 [ヘ]⇩「誓って」。
16 [ヘ]⇩「わたしは癒しをする者にはならない。わたしの家にパンもなければ服もないからだ。わたしを民の首領などにしないでくれ」。
17 人びとの吐く言葉――テクストでは「人びとの舌」。
18 [ヘ]⇩「まことに彼らの舌と彼らの行いは、主に敵するもの」。
19 [ヘ]⇩「彼の栄光の目を怒らせる」。
20 [ヘ]⇩「彼らの顔つきが彼らに抗していることを証しする」。

彼らは自分たちの罪を
ソドム（の罪）[21]のように告げ、
（それを）露にした。[22]
禍い（ウーアイ）あれ、彼らの心に。
彼らが自分たち自身にたいして、
悪しき謀（ブーレー・ポネーラ）を企てたからである、[23]
10 **「義しい奴を縛り上げよう。**
われわれにとって厄介者だから」
とか言って。[24]
それゆえ彼らは、
自分たちの労働で産み出した物を
食べる羽目になる。
11 禍い（ウーアイ）あれ、**教えを足蹴にする者（アノモス）に。**[25]
災禍（ポネーラ）が、その手のしたことに応じ、
その者に降りかかる。[26]
12 わが民よ、
おまえたちの取り立て人が
おまえたちを無一文にし、[27]
債権者たちが
主人づらして振る舞っている。[28]
わが民よ、
おまえたちを祝福する者たちが[29]
おまえたちを迷わし、
おまえたちの足が踏みつける道を
真っすぐでないものにしている。
13 しかし今、主は審判（クリシス）のために立ち上がり、
ご自分の民[30]を審判に立たせる。
14 主ご自身は民の長老たちと一緒に、
また民の支配者（アルコンテス）たちと一緒に、
審判[31]（の法廷）に入られる。
「おまえたちはなぜわたしの葡萄園に
火を放ったのだ？
なぜ貧しい者たちから（奪い取った）掠奪物が
おまえたちの家にあるのだ？[32]
15 いったい、何ゆえにおまえたちは

わが民に不義・不正を働き、[33]
貧しい者たちを[34]辱めるのだ？[35]」と。
……欠文……。[36]

その日、驕慢なシオンの娘たちは……

16 主はこう言われる。
「シオンの娘たちは驕り高ぶり、
首を伸ばし、流し目を使い、
小股で歩き、
長衣を引きずりながら、
足にからませたりしている」と。
17 神は女主人、シオンの娘たちを貶み、
主は彼女たちの容姿を露にする。[37]

21 ソドム（の罪）――創世記一九・一－一一参照。
22 [へ]⇩「隠そうともしなかった」。
23 [へ]⇩「彼らは自らに悪をもたらしたのである」。
24 [へ]⇩「おまえたちは正しい者について言え、彼は幸いである、と」。
25 [へ]⇩「悪しき者に」。
26 一部の研究者は一〇節と一一節は、知恵文学に依拠する後の付加であると見なす。知恵の書二・一二参照。
27 [へ]⇩「乳飲み子が彼らの主人」。
28 [へ]⇩「女たちが彼らの主人となる」。
29 [へ]⇩「おまえたちを導く者たち」。
30 [へ]⇩「もろもろの民」。
31 審判……審判……審判――ギリシア語テクストでは、同じ「審判」（κρίσις）という単語が三度ばかり繰り返されているが、ヘブライ語テクストでは三つの単語、リブ（争い）、ディン（裁き）、ミシュパット（裁き）が使用されている。
32 [へ]⇩「葡萄園を食い荒らしたのはおまえたちである。おまえたちの家には貧しい者からの略奪物がある」。
33 [へ]⇩「わが民を踏み砕き」。
34 貧しい者たち――テクストでは「貧しい者たちの顔」。
35 [へ]⇩「潰すのだ」。
36 [へ]⇩「……と万軍の神、主は言われる」。
37 [へ]⇩「主はシオンの娘たちの脳天をかさぶたで撃ち（あるいは「覆い」）、そして主は彼女たちの秘所を露にされる」。一部の学者はギリシア語訳の訳者は、ヘブライ語テクストにある「シオンの娘たちの脳天」をエルサレムの上流階級に言及するものと誤解したとする。なおギリシア語

18 主は、その日、彼女たちの華美な服装や、
彼女たちの装身具、髪の留め具、飾り房、ペンダント[38]、
19 首飾り、彼女たちの顔の化粧用具[39]、
20 華やかな装身具の一式、足首の飾り、
腕輪、髪の留め具[40]、腕輪、指輪、耳輪[41]、
21 紫の縁取りのある服、紫の飾りのある服[42]、
22 室内着、スパルタ製のスケスケの服[43]、
23 亜麻布の服、ヒヤシンス色の服、深紅色の服、
金糸やヒヤシンス色の糸を織り交ぜた亜麻布服、
薄手の夏服[44]などを取り去る。
24 かぐわしい香りに代わって塵（ちり）が漂い[45]、
おまえは、帯の代わりに、縄で（腰を）縛る。
そして金の頭飾り[46]でなくなるために、
頭髪のない部分が目立つようになる。
これは天罰だ。
おまえは紫の飾りのある服（キトーン）[47]の代わりに、
粗布（あらぬの）[48]を身にまとう。

……欠文……。[49]
25 おまえの息子[50]、
おまえが愛しているもっとも美しい子[51]は、
剣（つるぎ）に倒れ、
おまえたちの中の力ある男たちも、
剣（つるぎ）に倒されて貶められる。[52]
26 おまえたちの化粧箱[53]は嘆き悲しみ[54]、
おまえはただ一人取り残され、徹底的に破壊される。[55]

第4章

その日、七人の女は……

1 （その日[1]）七人の女が一人の男[2]にすがって言う。
「わたしどもは自分たちのパンを食べ、
自分たちの服をまといます。

ただ、わたしどもがあなたさまの名前で呼ばれる
ようにして下さい、
わたしどもの不面目を取り除いて下さい」と。

訳の訳者は、ヘブライ語テクストに見られる「露にする」を意味するヴェスィパーを「貶める」を意味する他のヘブライ語と取り違えている。

38 へ⇩「脚の飾り、日輪形の髪飾り、三日月形の飾り」(関根訳)。

39 へ⇩「ペンダント、腕輪、顔の覆い」。

40 髪の留め具——この単語はすでに一八節で複数形で使用されている。

41 へ⇩「頭の飾り、腕の飾り、飾り帯、下着、お守り」。

42 へ⇩「指輪、鼻輪」。

43 へ⇩「エプロン、ケープ、外衣、ガードル」。

44 へ⇩「薄織りの服、亜麻布の服、ターバン、ショール」。

45 へ⇩「腐臭」。

46 へ⇩「編んだ髪」。

47 へ⇩「晴れ着」。

48 へ⇩「粗布の腰巻き」。

希望の徴(しるし)

2 その日、神は思う(プーレー)ところにしたがって、
地の上を燦然(さんぜん)[3]と照らし出される、

49 へ⇩「まことに美しいものの代わりに」。

50 へ⇩「男たち」。

51 おまえが愛しているもっとも美しい子——ヘブライ語テクストでは欠落。

52 へ⇩「戦に(倒れる)」。

53 おまえたちの化粧箱——何を指しているのやら。へ⇩「彼女の門(複数形)⇩町の城門」。

54 おまえたちの化粧箱は嘆き悲しみ——この一文の文意は鮮明ではない。

55 徹底的に破壊される——あるいは「地にたたきつけられる」。へ⇩「彼女は完全に取り残されて地の上に座す」。

第4章

1 へ⇩「その日」。

2 七人の女……一人の男——誰を指しているのか不明。

3 燦然と——テクストでは「栄光をもって」。

イスラエルの残されたもの(ト・カタレイフセン)[4]を高め、
栄光で包むために。[5]
3 シオンに取り残されたもの(ト・ヒュポレイフセン)と、
エルサレムに残されたもの(ト・カタレイフセン)は、
聖なるもの(ハギオイ)と呼ばれるようになる。
これらのものはみな、
エルサレムで命(の書)[6]に書き記される。
4 なぜならば、主は、
シオンの息子たちや娘たち[7]の穢れ(リュポス)[8]を洗い落とし、
彼らのただ中から(流血の)血を、[9]
審判(クリシス)の霊と燃える火の霊で潔められるからである。
5 **(主は)来られる、**
シオンの山のすべての場所に。
雲は、昼間、その周辺のすべての場所で陰をつくり、
夜間は煙と燃える火の輝きで(明るくされる)。[10]
そして、(神の)すべての栄光のために、
遮蔽(しゃへい)するものが立てられる。
6 **それは**[11]**暑熱から(身を守る)陰となり、**
厳しい天候と雨からの避け所や、
(身の)隠し場所になる。

第5章

わが愛する者の葡萄園

1 わたし[1]は愛する方[2]のために、
わたしの葡萄園について愛の歌をうたう。
わたしの愛する方は葡萄園をもっていた、
高い丘陵の上の肥沃な場所に。
2 **わたしはその周りに垣をつくり、**
そこを囲んだ。
わたしはソーレークの葡萄の木を植え、[3]
その真ん中に(見張りの)塔を建て、

その中に酒ぶねをつくった。[4]
わたしは[5]葡萄の実るのを心待ちした。
しかし、それが実らせたのは茨（いばら）[6]だった。[7]

4　イスラエルの残されたもの（τὸ καταλειφθὲν τοῦ Ισραηλ）——これは神の審判を免れ、神の約束の希望にしたがって生きる者を指す言葉で、イザヤ書ではここが初出である。ギリシア語テクストでは、この単語は中性形なので、「残された者」ではなくて、「残されたもの」の訳語を与える。

5　［ヘ］⇩「主の若枝は誉れとなり、栄光となる。またその地の果実は、イスラエルの逃れた者にとって、（彼らに）ふさわしい素晴らしいものとなる」。

6　命（の書）——ヘブライ語テクストから察すると、ここでは出エジプト記三二・三二、詩編六九・二九、一三九・一六ほかが言及する「命の書」の存在が想像されるが、ギリシア語訳の訳者がそれを意識していたかどうかは別問題である。

7　息子たちや——ヘブライ語テクストでは欠落。

8　娘たちの穢れ——ヘブライ語テクストによれば、ここでの「穢れ」は女性の生理を指すが、ギリシア語訳の訳者が「娘たち」の前にヘブライ語テクストには見られない「息子たち」を同格の属格形で置いたため、リュポスの意味が曖昧にされている。

9　［ヘ］⇩「エルサレムの血をその中から」。

10　［ヘ］⇩「主はシオンの山のすべての場所の上に、また集いの上に、昼間は雲を、夜間は燃える火の輝きを創造される」。出エジプト記一三・二一参照。

11　［ヘ］⇩「仮小屋ができて」。

第5章

1　わたし——イザヤを指す。

2　愛する方——三人称、男性形で言及される本箇所と次出の「愛する方」は「神／主」を指す。

3　［ヘ］⇩「彼はそこを掘り起こして石を取り除き、そこに」。ギリシア語訳の訳者は、ヘブライ語テクストの「彼」を「わたし」に改めるが、この変更は、読む者を混乱に陥れる。なおギリシア語訳の訳者は「最良の」を意味するヘブライ語をそのまま「ソーレーク」と音記している。

4　つくった——テクストでは「掘った」。

5　［ヘ］⇩「彼は」。

6　［ヘ］⇩「野葡萄」。

7　葡萄園のイメージは、詩編八〇・九−二〇、エレミヤ書二・二一、マタイ二一・三三−四一（マルコ一二・一−九）、ルカ一三・六−九でも見られる。

3 そこで今、ユダ《ユーダ》の人と[8]エルサレムに住む者たち
よ、
おまえたちは裁くのだ、
わたしとわたしの葡萄園の間を。[9]
4 わたしはわが葡萄園のために何をなそうか、
わたしがいまだしていないことで。
わたしは葡萄の房が実るのを心待ちしたが、
それが実らせたのは茨《いばら》だった。[10]
5 さあ、今わたしは、
わたしがわが葡萄園になすことをおまえたちに告
げよう。
わたしはその垣根を取り払う。
するとそこは略奪のし放題の場所となる。
わたしはその塀を取り壊す。
するとそこは踏みつけられる場所となる。
6 わたしはわが葡萄園を捨て置く。
するとそこは刈り込まれることも、
鍬《くわ》を入れられることもない場所となる。
茨が、不毛の地に（生える）ように、
そこに生じる。
わたしはそこに雨を降らせないように雲に命じる。
7 まことに万軍の主の葡萄園は
イスラエルの家《オイコス》（のこと）であり、
ユダ《ユーダ》の人こそ（主に）愛された苗木。
わたしは公義《クリシス》の実践を待ち望んだのに、
それがなしたのは不義《アノミア》・不正。[11]
正義ではなくて叫び。[12]

禍いだ、社会的不正義を働く者たちは

8 禍いだ、[13]
隣（の家）から何かを奪おうとして、
（自分の）家を（隣の）家に寄せ、
（自分の）畑を（隣の家の）畑に近づける者たち
は。

おまえたちだけは
地の上に住めないのではないか？[14]
9 これらのことは万軍の主の耳に入った。[15]
たとえ大きくて美しい家が
多数つくられても、
それらは荒れ果て、
（そこに）住む者たちはいなくなる。

10 一〇軛の牛が耕作する所では、
一ケラミオン[16]（のものだけ）が産出され、
六アルタベー[17]の種を蒔く者は、
三メトロン（のものだけ）を産出する。[18]
11 禍いだ、
朝早く起きてシケラ[19]を欲しがる者たちや、
夜更かしする者たちは。

8 ユダの人――テクストでは単数形。
9 わたしの葡萄園――イスラエルの民を指す。
10 [ヘ]⇩「野葡萄」。
11 [ヘ]⇩「見よ、血」。
12 公義（クリシス）……不義・不正（アノミア）……正義（ディカイオスネー）……叫び（クラウゲー）――[ヘ]⇩「公義（ミシュパート）……血（ミスパーハ）……正義（ツェダカー）……叫び（ツェアーカー）」。ヘブライ語テクストには語呂合わせが認められるが、それをギリシア語訳に移し替えるのは不可能。
13 禍いだ（ウーアイ）……者たちは――この定式は、以後、六回繰り返される（八節、一一節、一八節、二〇節、二一節、二二節）。
14 [ヘ]⇩「空き地がなくなるまで。しかし、おまえたちはそこに住もうとする。おまえたちだけでその土地に住もうとする」。
15 [ヘ]⇩「万軍の主がわが耳に（語る）」。
16 ケラミオン――通常、ケラミオンは「土製の容器」を指すが、ここではその容器の「容量単位」を指す。
17 アルタベー――これはペルシア語からの借用語。六アルタベーはヘブライ語の一ホメル（約四五〇キロ）に相当する。
18 [ヘ]⇩「一ホメルの種が産出するのは一エパ」。
19 シケラ――これは発酵させた「濃い酒」を指すセム語からの借用語。

葡萄酒が彼らを焚き付けるからである。
12 彼らはキタラ[20]や、プサルテーリオン[21]、
テュンパノン[22]、アウロス[23]などを奏でながら
葡萄酒を飲むが、
主の業を見ようとはしないし、
その方の手の業を認めようともしない。[24]
13 それゆえわが民は、
主を知らぬために、[25]
囚われの身とされ、[26]
多くの者が飢えと渇きのために死んだ。[27]
14 そして黄泉[28]（ハデース）[29]はその欲望（プシュケー）を拡大し、
その大口（ストマ）を休むことなく[30]開けていた。
彼女（＝エルサレム）の名誉（エンドクロイメ）でふんぞりかえって
いる者たち（ガロイ）や、
大きな顔（メガロイ）をしている者たち、金持ちたち、
それに疫病神（ロイモイ）のような男たちが、[31]
（次々と黄泉へ）落ちて行く。
15 （このため）人間は低くされ、

人は何の栄誉もない（タダの人）となる。
16 しかし、万軍の主は審判（クリマ）のさい高くされ、
聖なる神は正義でまばゆいばかりとなる。
17 略奪された者たちは
雄牛のように草を食み、[32]
子羊たちは
連れ去られた者たちの荒れ野で食べる。[33]
18 禍いだ、
長い計り縄のようにして[34]罪を、
若い雌牛の軛の綱のようにして[35]不義・不正を引き
ずる者たちは。
19 「われわれが見るために、
彼のなすことを一日も早く実現させるがよい」と
か、
「われわれが知るために、
イスラエルの聖なる方（ホ・ハギオス）の謀りごと（ブーレー）を
（一日でも早く）実現させるのだ」
と、言う者たちは。

20 禍(ウーアイ)いだ、
悪を善と、善を悪と言う者たちは。
闇を光と、光を闇とする者たちは。
苦いを甘いとし、甘いを苦いとする者たちは。
21 禍いだ、
自らを賢いと自惚(うぬぼ)れ、

20 キタラ——これは竪琴のような弦楽器。
21 プサルテーリオン——これはハープや竪琴のような弦楽器。
22 テュンパノン——これはセム語からの借用語。タンバリンを指す。
23 アウロス——横笛のような楽器を指す。
24 認めようともしない——あるいは「理解しようともしない」。
25 ヘ⇩「知らないまま」。ヘブライ語テクストでは「何を知らないのか」が明らかにされていない。
26 囚われの身とされ——この事態はアッシリアへの捕囚を指す。
27 ヘ⇩「彼らの中の高貴な者たちは飢えた者となり、多くの者は渇きのために干涸びる」。
28 ヘ⇩「それゆえ」。
29 黄泉のギリシア語はハデースで、ヘブライ語のシェオールとほぼ同義語である。
30 ヘ⇩「限りなく」。
31 ヘ⇩「彼女の栄華、彼女の喧噪、彼女のどよめき、そして彼女の中で歓声を上げている者は」（関根訳を参照）。
32 ヘ⇩「そして子羊たちは自分たちの放牧地にいるように草を食み」。ギリシア語訳の訳者は、ヘブライ語テクストに見られる「子羊たち」を意味するクバシームを「略奪された者たち」を意味する他のヘブライ語と取り違えている。
33 連れ去られた者たちの荒れ野で（テクストでは「荒れ野を」）食べる——この一文の文意は鮮明ではない。ヘ⇩「肥えたもの（家畜）たちは廃墟で食む」。ギリシア語訳の訳者は、ヘブライ語テクストに見られる「肥えたものたち」を意味するメヒームを「消し去られた」を意味する他のヘブライ語と取り違えているように思われるところから、「連れ去られた者たちの」（アペイレーンメノーン）を「消し去られた者たちの」（アペーレーンメノーン）に読み替えることが提案されることがあるが、それでも文意は鮮明にならない。
34 ヘ⇩「虚飾という縄で」。
35 ヘ⇩「まるで戦車を引く綱のようにして」。ギリシア語訳の訳者は「戦車」を意味するヘブライ語テクストのアガラーを「若い雄牛」を意味するエグラーと取り違えている。

臆面もなく知ったかぶりをする者は。
22 禍いだ、
おまえたちの中の葡萄酒をがぶ飲みする者たちや[36]、
シケラ（＝濃い酒）と混ぜ合わせて飲むことので
きる者たちは。
23 （禍いあれ、）袖の下を受け取って、
不信仰な者[37]を義しいとし、
義しい者からその義しさを取り去る者たちに。
24 それゆえ、刈り株が炭火で焼かれ、
激しい炎で焼き尽くされるように、
彼らの根は**籾殻（もみがら）のようになり**[38]、
彼らの花は塵のように舞い上がる。
彼らが万軍の主の教え（ノモス）を受け入れず、
イスラエルの聖なる方の託宣（ロギオン）を
挑発したからである。
25 万軍の主は、
ご自分の民に憤怒の怒りをぶつけ、
その手を彼らの上にかけ、
彼らを打たれた。
そこで山々は急峻なものにされ、
彼らの屍（しかばね）は通りの真ん中で
汚物のように扱われた。
それでもなお、（主の）憤怒はおさまらず、
その手はなおも高く上げられたままだった。

神の裁き——アッシリア軍の侵入

26 そこで主は[39]、
遠隔の民族の者たちの間で合図（の狼煙（スセーモン））を上げ、
ヒュ、ヒュと彼らに[40]向かって口笛を吹き、
地の果てから（彼らを呼び寄せられる）。
すると見よ、
彼らは押っ取り刀で駆けつける。
27 **彼らは飢えを覚えず、**
疲労すら覚えていない[41]。
彼らはまどろみもせず、寝もしない。

彼らはその腰帯を腰から外さず、[42]
またその履物の紐は切られてもいない。
28 彼らの矢は研ぎ澄まされており、
彼らの**弓**[43]は張られ、
彼らの馬の蹄は
固い岩石[44]のようにされている。
彼らの戦車の車輪[45]は疾風のよう。
29 **彼らは雄獅子のように突進し、**[46]
若獅子のように**待ち構える。**[47]

彼（ら）は（獲物に）手をかけ、
野獣のように咆哮する。
彼（ら）は（獲物を）追い立てる。
（餌食となったものを）**救う者はいない。**[48]
30 その日、主[49]は、彼らのゆえに、
怒濤のような声を上げられる。
彼らは地にまじまじと目をやる。
見よ、困惑の中に厚い黒雲が。[50]

36 がぶ飲みする者たち――テクストでは「葡萄酒を飲むことに強い者たち」。
37 [へ]⇩「悪人」。
38 [へ]⇩「腐臭を発し」。正確には「腐臭のようになり」。ギリシア語訳の訳者は、ヘブライ語テクストに見られる「腐臭」を意味するマクを「籾殻」を意味する他のヘブライ語と取り違えている。
39 主――テクストでは「彼」。
40 アッシリア人を指す。
41 [へ]⇩「彼らの中には疲労困憊の者も、躓く者もいない」。
42 腰から――ヘブライ語テクストでは欠落。

43 [へ]⇩「すべての弓」。
44 [へ]⇩「火打石」。
45 戦車の――ヘブライ語テクストでは欠落。
46 [へ]⇩「彼らの咆哮は雄獅子のよう」。
47 [へ]⇩「吠えたけり」。
48 [へ]⇩「逃がす者はいない」。
49 主――テクストでは「彼」。[へ]⇩「彼ら」。ヘブライ語テクストでは、アッシリア軍を指すかのようである。
50 [へ]⇩「もし地に目をやるならば、見よ、暗闇と苦悩。光は黒雲の中で闇となる」。

第6章

イザヤの召命

1 王ウジヤが亡くなった年[1]のこと、わたし（＝イザヤ）は主が高く持ち上げられた玉座[2]に座し、**神殿**（ホ・オイコス）**がご自身の栄光で満ち溢れているのを目にした。**[3]
2 そしてセラフィン（たち）[4]**が主を取り囲むようにして立って**[5]いた。ひとり（のセラフィン）にはそれぞれ六つの翼があり、[6] それら（のセラフィンたち）は二つの翼で顔を覆い、二つ（の翼）で両足を覆い、[7] 二つ（の翼）で飛び回っていた。
3 それらは大きな鳴き声で呼びかい、「聖なるかな、聖なるかな、聖なるかな、[8] 万軍の神は。全地はその方の栄光で満つ」と、言っていた。
4 それらが上げた叫び声のため、**鴨居が持ち上げられて高くされ、**[9] 神殿（ホ・オイコス）は煙で満たされた。
5 そのときわたしは、
「ああ、まったく惨めだ、わたしは！
わたしは（悲しみで）胸まで貫かれているからである。
わたしは穢れた唇をもつ人間（アンスローポス）にすぎないからである。
わたしは穢れた唇をもつ民の中に住んでいる。
わたしは自分の両の目で
万軍の主である王を見てしまった」
と、言った。
6 （するとそのとき、）セラフィン（たち）のひとりがわたしのもとに**送られてきた。**[10] 手には炭火[11]があった。彼が祭壇から火箸（ひばし）で取ってきたものである。
7 それはわたしの唇に触れると、
「見よ、これがおまえの唇に触れた。
これはおまえの不義・不正（アノミアイ）を取り除き、
おまえの罪を**潔める**[12]」

と、言った。
8 わたしは（そのとき）、「誰をわたしは遣わそう。誰が**この民のもとへ**行く[13]のか？」と言う主の声を聞いた。そこでわたしは答えた。「ご覧下さい。わたしがここにおります。わたしをお遣わし下さい」と。
9 すると主[14]は言われた。
「行け。そしてこの民に、
『おまえたちはよく聞くのだ、

第6章

1 前七三六年ころを指す。
2 玉座――契約の巻物の入った箱のある場所を指すとされる。出エジプト記二五・二一－二二参照。
3 [ヘ]⇩「その裾が神殿に満ちている（＝広がっている）のを目にした」。
4 セラフィン（たち）――この単語は、ギリシア語訳聖書ではこの箇所においてのみ見られる。「蛇」を意味するサーラーフの複数形（ヘブライ語聖書ではセラフィム）。以下に見られるイザヤの妄想的想像の描写では、セラフィンは天的な存在者であると同時に人間のような存在でもあるので、それを数えるときには「ひとつ」ではなくて「ひとり」とする。
5 [ヘ]⇩「主の上（方）に」。
6 ひとり（のセラフィン）にはそれぞれ六つの翼があり――テクストでは「ひとりには六つの翼があり、そしてひとりには六つの翼があり」とあり、これは先行する一文と重複する。
7 二つ（の翼）で両足を覆い――関根訳の註は「恥部の婉曲話法か（出四・二五、イザ七・二〇）」と指摘する。
8 聖なるかな、聖なるかな、聖なるかな（ハギオス、ハギオス、ハギオス）――[ヘ]⇩「聖なるかな、聖なるかな、聖なるかな（カドーシュ、カドーシュ、カドーシュ）」。
9 [ヘ]⇩「戸口の柱が揺れ動き」。
10 [ヘ]⇩「飛んで来た」。
11 創世記二・一二、出エジプト記二八・一八ほか。[ヘ]⇩「熱く焼けた石」。
12 [ヘ]⇩「贖う」。
13 [ヘ]⇩「われわれのために」。
14 主――テクストでは「彼」。
15 この一文は、マタイ一三・一四－一五、および使徒言行録二八・二六－二七で引用されている。
16 [ヘ]⇩「この民の心を肥えさせ、彼らの耳を重くし、彼らの目を閉ざすのだ」。ヘブライ語テクストの意味はチンプしかし、理解はしない。
よく目をこらして見るのだ、
しかし、認めはしない[15]』
と、言うのだ。
10 **この民の心は肥え太って鈍らされ、**
彼らは自分たちの耳で聞くには聞いたが、
目を閉じた。[16]
彼らが（自分たちの）目で見、
（自分たちの）耳で聞き、
（自分たちの）心で理解し、
（わたしのもとへ）立ち帰って、
わたしが彼らを癒すことがないようにするためで
ある[17]」と。
11 そこでわたしは、「主よ、いつまでですか？」
と、（尋ねて）言った。
すると、主は、
「町々が荒れ果て、誰も住まなくなり、
そして家々に（住む）人たちがいなくなり、
地が見捨てられ、荒れ果てたままになるまでだ」
と、言われた。
12 これらのことの後[18]、
神は人びとを遠隔の地に移され、
残された者たちは
その地（エルサレム／シオン）の上で増し加えら
れる。[19]
13 その地の上にはまだ十分の一（ト・エピデカトン）が残されるが[20]、
それも再び、テレビントスの木[21]（の実）や、
その殻から（はじけ）落ちる
バラノスの木[22]（の実）がそうであるように、
略奪の対象となる。[23]
……欠文……。

第7章

シリア・エフライム戦争とアハズとイザヤの会合

1 ウジヤの子、ヨタムの子であるユダの王アハズ[1]の時代[2]のことである。アラム[3]の王レチン[4]とイスラエルの王であるレマルヤ[5]の子ペカ[6]がエルサレムに上って来て、そこに[7]戦いを仕かけたが[8]、**そこを包囲することはできなかった**[9]。
2 ダビデの家に**「アラムはエフライム[10]に同意した[11]」**と申し立てる知らせが入った。そこで王の心と彼の民の心は、森の木が風に揺れ動くように、

ンカンプン。

17 [ヘ]⇩「癒されることがないためである」。ヘブライ語テクストでは「癒す」の主体が誰であるかは必ずしも明白ではない。この一〇節も、マタイ一三・一四－一五、マルコ四・一二、および使徒言行録二八・二六－二七で引用されている。

18 これらのことの後――ヘブライ語テクストでは欠落。

19 [ヘ]⇩「見捨てられた場所がその地の中で増える」。

20 その地の上にはまだ十分の一が残されるが――この一文の文意は鮮明でない。この一文は「十分の一」について楽観的な予測を立てているが、それにつづく一文は、「奪い合いとなる」から明らかなように、悲観的である。

21 テレビントスの木――前註一・三〇参照。

22 バラノスの木――これも一種の「樫の木」。どんぐりの木。

23 [ヘ]⇩「食い荒らされることになる。その葉が落ちても切り株が残るそのテレビントスの木のように、どんぐりの木のようになる」。

第7章

1 アハズ――ギリシア語表記はアカズ。

2 アハズの時代――前七三六年ころから前七一六年ころまでを指す。

3 アラム――ダマスコを首都とするシリアの国を指す。

4 レチン――ギリシア語表記はラアッソーン。

5 レマルヤ――ギリシア語表記はロメリオス。

6 ペカ――ギリシア語表記はファケエ。

7 そこに――テクストでは「彼女に」。次出も同じ。

8 戦いを仕かけたが――以下で言及される戦争（シリア・エフライム戦争）が起こったのは前七三三年とされる。

9 [ヘ]⇩「勝利することができなかった」。

10 エフライム――ギリシア語表記もエフライム。エフライムはサマリアを首都とするイスラエルの中心部に位置する。

11 [ヘ]⇩「アラムはエフライムと同盟関係を結んだ」。ヘブ

動揺した。
3 そこで、主はイザヤに向かって言われた。「お
まえたちはアハズに会いに出かけるのだ、おまえ
とおまえの子であるシェアル・ヤスーブは。[12] 布晒（ぬのさらし）
の野[13]に向かう道の上の溜め池[14]に（行くがよい）。
4 そして彼に言うのだ。『つとめて、冷静である
ように。恐れてはならない。これら二本の燃え木
が燻（くすぶ）っているからといって[15]、弱気になってはなら
ない。**わたしに憤怒の怒りが生じるときには、わ
たしは再び癒す**[16]。
5 アラムの息子とレマリヤの息子であるが、彼ら
はおまえにたいして悪しきことを企み、
6 《われわれはユダヤ（ユーダイア）に上り、**彼らと話し合いを
し、彼らをわれわれの方に寝返らせ**[17]、タベエル[18]の
息子[19]を王として立てる》と言った』と」。
7 （だが）万軍の主はこうも言われる。
「この謀り（ブーレー）[20]ごとはいつまでも続くものではないし、
そのとおりにことは運ばない。

8 いやいや、**アラムの頭（ケファレー）はダマスコ**。[21]
もう六五年も経てば[22]、
エフライムの王国は民のもとから消滅し[23]、
9 エフライムの頭（ケファレー）はソモロン[24]（となる）。
そしてソモロン[25]の頭はレマルヤの子。[26]
もしおまえたちが信頼しないならば、
おまえたちは理解できない[27]」と。

その名はエンマヌーエールと呼ばれる

10 主はさらに言葉をつづけ、アハズに
11 「おまえの神・主から、自分自身のために徴（セーメイオン）
を求めるがよい。深みのために、また高みのため
に」と、言われた。
12 それにたいして、アハズは「予は主を求めるこ
とをしなければ、試みることもしない」と言った。
13 そのとき、彼（＝イザヤ）は言った。「さあ、
ダビデの家よ、聞くがよい。おまえたちにとって

人間たちと争うことさえ大きなことではないか？
ならば、どうして主[28]と争うことができるのだ？

ライ語テクストの方が文意はより明確。

12 シェアル・ヤスーブ――ギリシア語テクストでは「残り者は戻る／少数の者は戻る」を意味するヘブライ語シェアルがホ・カタレイフセイスで表現されている。後出一〇・二〇－二二参照。

13 布晒の野――この言葉は後出三六・二でも見られるが、その正確な場所は不明。

14 上の溜め池――シロアの池の南にある溜め池。

15 これら二本の燃え木が燻っているからといって――この一文の文意は鮮明でないが、ヘブライ語テクストでは「これら二本の燻った燃え木、レチンすなわちアラムの激しい怒りとレマリヤの子（の激しい怒り）のために」とあり、そこから「二本の燃え木」の意味が自ずと明らかになる。

16 わたしに憤怒の怒りが生じるときには、わたしは再び癒す――この一文はヘブライ語テクストには見られない。

17 [ヘ]⇩「彼らを恫喝し、彼らを攻略して」。

18 タベエル――ギリシア語表記はタベエール。「タベエル」はアラム語とする指摘がある。

19 タベエルの息子――名前が与えられていないので、この息子は不詳。

20 この謀はいつまでも――ヘブライ語テクストでは欠落。

21 ダマスコ――ギリシア語表記はダマスコス。[ヘ]⇩「アラムの頭はダマスコ、ダマスコの頭はレチン」。

14 それゆえ、主ご自身がおまえたちに徴を与えられる。見よ、処女（パルテノス）（の娘）[29]が身ごもり、息子（フュイオス）を産

22 さらに六五年も経てば――アッシリア人の王エサルハドンは、前六七一年にサマリアの町を破壊し、バビロニアその他の地から異民族の者たちを植民させたが、この一文はこの歴史的な出来事を承知している後の時代（前六七一年以降）の編纂者の加筆であろう。

23 [ヘ]⇩「エフライムは打ち砕かれて、民でなくなる」。

24 [ヘ]⇩「サマリア」。

25 ソロモン――ギリシア語表記はソロモーン。

26 レマリヤ――ギリシア語表記はロメリオス。

27 [ヘ]⇩「おまえたちは信頼されない」。

28 [ヘ]⇩「わたしの神」。

29 [ヘ]⇩「若い女（アルマー）」。ヘブライ語テクストの「若い女」が既婚でなく処女であってもおかしくないが、箴言三〇・一九や雅歌六・八ほかの用例からこの「若い女」は既婚とされ、ギリシア語訳テクストのパルテノスは不適切な訳語とされる。マタイ一・二二－二三以下の章句は、マリアの処女性などに関心をもたない人にとってはどうでもいい問題であろうが、カトリックの「マリア信仰」を問題にする人には「どうでもいい」では片付けることができない問題となる。この箇所を解釈してみせる一部の学者は、この一文は預言者イザヤの連れ合いに言及するものだと理解

む。**おまえは**[30]彼の名を《エンマヌーエール》[31]と呼ぶ。
15 彼は凝乳と蜂蜜を食べる。彼が悪しきこと（ポネーラ）の拒否[32]を知り、善いこと（ト・アガソン）を選び取る前に。[33]
16 まことにこの幼子が善悪を知る前に――彼は善を選ぶために悪には従わない[34]――、**おまえが恐れている土地は、二人の王の前から、捨てられる。**[35]
17 **神**[36]はおまえの上に、おまえの民の上に、そしておまえの父の家の上に、エフライムがユダから**アッシリア人たち**[37]の王を取り除いた日[38]以降、いまだ臨んだことのない（災禍の）日を臨ませる」と。

アッシリア人の来寇についての四つの託宣

18 その日、主は、
エジプト[39]の川[40]の一部に群れ固まっている蠅や、
アッシリア人たち[41]の土地にいる蜂（はち）に
ヒュ、ヒュと口笛を吹き鳴らす。
19 するとそれらすべてが飛んで来て、
（ユダの）地の渓谷の中や、岩場の穴の中、
洞窟の中や、**谷間という谷間で**[42]、
そしてすべての**木々の中で**[43]（身を隠して）休む。
20 そしてその日、主は、
血糊（ちのり）**のついた**[44]**大きなカミソリで**[45]、
川向こう[46]の**アッシリア人たち**[47]の王の
頭髪とすね毛を剃り落とす。
さらに主は彼の口髭を剃り落とす。
21 その日、ひとりの人が
一頭の若い雌牛と二匹の羊を飼育する。
それらは大量の乳を供給する。[48]
おかげで、その地に残された者はみな
凝乳と蜂蜜を食べるようになる。
22 その日、一〇〇〇**シクロス**[49]に値する
葡萄の木一〇〇〇本のある場所がことごとく
茨に覆われた干涸（ひから）**びた土地になる。**[50]
24 **彼らは**[51]弓と矢をもってそこに入って行く。

地の至る所が茨に覆われた干涸びた土地になるからである。

する。そうかもしれないし、そうでないかもしれない。読者はここでいろいろな解釈を試みられることをおすすめするが、これがイエスの母マリアに言及する預言とするのは滑稽。

30 [へ]⇩「彼女は」。

31 エンマヌーエール（Εμμανουηλ）——[へ]⇩「インマヌエル」。ヘブライ語の「インマヌエル」は「神はわれらとともに（ある）」を意味する。

32 悪しきことの拒否——テクストでは「悪しきことを拒否すること」。ギリシア語テクスト（ゲッチンゲン版）の「選び取る」を意味するプロエレスタイ（⇩プロアイレオー）を「拒否する」を意味するプロエスサ（⇩プロイエーミ）に読み改める。

33 一五節の意味は関根訳の註参照。

34 彼は善を選ぶために悪には従わない——一部の学者は、ヘブライ語テクストに見られないこの一文は、ギリシア語訳の訳者によって補足されたか、後のキリスト教の著作家によって書き加えられたと想像する。このような想像は、イエス・キリストに悪を選択する可能性などがあったとすることなどできないとする想像に由来する。なお、最初期のキリスト教の著作家たちはギリシア語訳聖書がイエス・キリストの到来を預言するものだと曲解したため、その曲解にもとづいてギリシア語訳のテクストを改竄することがあったことは覚えておかねばならない。

35 [へ]⇩「おまえが恐れている二人の王の土地は捨てられる」。

36 [へ]⇩「主」。

37 [へ]⇩「アッシリア」。

38 エフライムがユダからアッシリア人たちの王を取り除いた日——この一文の文意は鮮明でない。[へ]⇩「エフライムがユダから離れた日」。この一文の文意も鮮明ではない。

39 エジプト（ミツライム）——ギリシア語表記はアイギュプトス。

40 川——ここでの「川」は単数形でナイル川を指す。ヘブライ語テクストでは複数形で、ナイル川およびその支流を指す。

41 [へ]⇩「アッシリア」。

42 [へ]⇩「すべての茨の茂みの上で」。

43 [へ]⇩「茨の上で」。

44 血糊のついた（μεμεθυσμένῳ ⇩ μεθύσκω）——テクストのギリシア語は「酔っぱらった」で意味をなさないが、一部の研究者は、ここでの一文はカミソリを使っての去勢に言及するものだと想像するが、問題はどの民族の去勢か、である。

45 [へ]⇩「川向こうの血で雇ったカミソリで」。ここでの

25 **どの丘陵のどこもかしこもが耕作され、**
いかなる恐怖もそこには入り込まない。[52]
茨に覆われた干涸びた土地は、[53]
羊[54]の放し飼いの場所となり、
雄牛[55]の踏み歩く場所となるからである。

第8章

イザヤ、息子を儲ける

1 主はわたしに向かって言われた。「おまえ自身
のために新しい大きな**巻物**[1]を取り、**そこに普通の**
尖筆で、[2]**戦利品の略奪を速やかにするように、そ**
こにあるからだ、[3]と書き込むがよい。
2 そしておまえはわたしに証人として二人の信頼
できる**人物**、ウリヤ[4]とエベレキヤ[5]の子ゼカリヤ[6]を
立てるのだ。
3 わたしは女預言者のもとへ入った。[7]彼女は身ご
もり男子を産んだ。[8]そこで主はわたしに言われた。
「彼の名を《速やかに戦利品を取るのだ。ただち
に略奪するのだ》とするがよい。[9]
4 まことにこの子が《父》とか《母》と呼ぶこと
をならう前に、（誰かが）ダマスコ[10]の財宝とサマ
リアの戦利品を**アッシリア人たち**[11]の王の前から運
び去るからである」と。

神がわれらとともにあるように

5 主はさらに言葉を重ねてわたしに、
6 「この民はさらさらと流れるシロア[12]の水[13]を欲し
ないが、
レチンとレマルヤの子をおまえたちの上に
王として[14]置きたがっている」
と、言われた。
7 それゆえに見よ、

主はおまえたちの上に、[15]

「川」はエウフラテス川を指すが、この一文の文意は鮮明ではない。

46 川——エウフラテス川を指す。

47 [ヘ]⇩「アッシリア」。

48 [ヘ]⇩「つくり出す乳が大量のため、彼は凝乳を食べるようになる」。

49 シクロス——ヘブライ語ではシェケル。[ヘ]⇩「銀一〇〇〇枚」。

50 [ヘ]⇩「茨とおどろに覆われることになる」（関根訳）。

51 [ヘ]⇩「人は」。

52 [ヘ]⇩「鍬で耕されたすべての丘陵、おまえがそこに茨やおどろを恐れて来ることはない」。

53 茨に覆われた干涸びた土地は——ヘブライ語テクストでは欠落。

54 [ヘ]⇩「雄牛」。

55 [ヘ]⇩「山羊」。

第8章

1 [ヘ]⇩「書字板」。

2 そこに普通の尖筆で——「誰でもが読める文字で」の意か。[ヘ]⇩「その上に普通の文字で」。

3 [ヘ]⇩「マヘル・シャラル・ハシュ・バスのために」。このヘブライ語の語句の意味は「分捕りは速やかに、略奪は急いで」。

大河[16]の力強く（イスクロン）みなぎる水

4 ウリヤ——ギリシア語表記はウリアス。列王記下一六・一〇―一六参照。[ヘ]⇩「祭司ウリヤ」。

5 エベレキヤ——ギリシア語表記はバラキオス。

6 ゼカリヤ——ギリシア語表記はザカリアス。

7 ……もとへ入った（προσῆλθον πρὸς）——「まぐわいをする」の意。なお、この一文はイザヤの妻が「女預言者」であったことを示唆する。イザヤ夫妻は共稼ぎの「夫婦揃っての預言者」？ 夫婦揃って宮廷に出入りしていたのか？

8 この男子は二番目の子。最初の男子は七・三で言及されている。イザヤは今や二児の父親である。

9 [ヘ]⇩「その名をマヘル・シャラル・ハシュ・バスと呼ぶがよい」。

10 ダマスコ——ギリシア語表記はダマスコス。

11 [ヘ]⇩「アッシリア」。

12 シロア——ギリシア語表記はシローアム。

13 シロアの水——これはエルサレムの東にある泉から流れ出る水を指す。

14 王として——ヘブライ語テクストでは欠落。

15 [ヘ]⇩「彼らの上に」。

16 大河——エウフラテース川を指す。前出七・二〇と同じ。

17 [ヘ]⇩「アッシリア」。

18 [ヘ]⇩「そのすべての栄光」。

――それは、アッシリア人たち[17]の王とその栄光[18]の
ことである――
をもたらされる。
王はおまえたちの渓谷という渓谷に上って来て、
おまえたちの城壁という城壁の上を闊歩する。[19]
8 王はユダヤ（ユーダイア）から、
その頭を上げることのできる者や、
何かを成し遂げることのできる者を取り除く。[20]
王の陣営はおまえの土地の広さを満たすほど大きい。[21]
神がわれら（メセーモーン・ホ・セオス）とともに（おられる／おられるように）。[22]

神なる主はわれらとともにある

9 異民族の者たち[23]よ、
おまえたちは知るのだ、
そして打ち敗られるがよい。[24]
おまえたちは地の果てにまで[25]耳を傾けるのだ。
おまえたちは、強くなっても打ち負かされる。
たとえ今一度強くなっても、
今一度打ち負かされる。[26]
10 おまえたちがどんな思いを抱こうと、
主は（それを）散り散りにされる。
おまえたちが口にする言葉が何であれ、
それはおまえたちに残らない。[27]
なぜならば、神なる主[28]は
われらとともにおられるからだ。[29]

主はこう言われる

11 主はこう言われる。
「彼らは強き手をもってこの民の道の行く手を阻止している。[30]
12 おまえたちは『困難だ』などと言ってはならない。
この民が口癖のように言うのは、『こりゃ難しい』

だからである。
おまえたちはこの民の恐れるものを恐れてはならないし、
動揺してもならない」[31]と。
13 おまえたちは主ご自身（だけ）を聖なるものとするのだ。

19 [へ]⇩「すべての流れの向こうに至り、すべての岸を渡る」。
20 [へ]⇩「ユダに流れ入り、溢れかえって進み、首にまで達する」。
21 [へ]⇩「主の広げられた翼はおまえの地一杯を満たす」。
22 神がわれらとともに（おられる／おられるように）――これはヘブライ語テクストのイマヌエル（イマヌ［＝われらとともに］＋エル［神］）を訳したものであるが、イザヤはユダの破壊を預言したばかりなので、この「神がわれらとともに」は「それでも神がわれらとともにあるように」と読むべき嘆願の言葉なのか？
23 異民族の者たち（ἔθνη）――ここでのギリシア語エスネー（⇩エスノス）を異民族の者たちを指すと理解すれば、それは本九節と次節で言及されている者たち、すなわちアッシリアとアラムを指すであろうが、このギリシア語はイスラエルをも含む「もろもろの民」の意で使用されている可能性も否定できない（関根訳の註はヘブライ語テクストのアンミムをそのように理解する）。
24 [へ]⇩「おまえたちは砕かれて粉々になるであろう」。
25 [へ]⇩「おまえたちの地のすべての遠い所よ」。
26 [へ]⇩「腰に帯するのだ、そして打ち砕かれるのだ。腰に帯するのだ、そして打ち砕かれるのだ」。
27 [へ]⇩「企むがよい、しかしそれは水泡に帰す。言葉を語るがよい、しかしそれは立たない」。
28 ……なる主――ヘブライ語テクストでは欠落。
29 ヘブライ語テクストでは、ここでもイマヌエル。
30 ギリシア語テクスト（ゲッチンゲン版）では、この後、動詞λέγω（言う）の現在分詞、第一人称、複数形のレゴンテスが来るが、それを第一人称、単数形のレゴーンに改め、「民の言葉」ではなくて「主の言葉」と理解する。ただし、訳文上は、「主がこう言われる」が先行しているので、面には出さない。[へ]⇩「主は強きみ手をもってわたしにこう言われ、わたしがこの民の道を歩まないようわたしを諭し……」。ギリシア語訳の訳者は、ヘブライ語テクストに見られる、「わたしを諭し」を意味するイスレニを「彼らは……背を向けている／したがっていない」を意味する他のヘブライ語と取り違えている。
31 [へ]⇩「おまえたちは、この民が、謀反だ、と言うすべてのことに関して、謀反だ、などと言ってはならない。おまえたちは彼らの恐れを恐れてはならないし、それに戦いてその方だけがおまえの恐れである。[32]
14 もしおまえがその方に信を置くならば、
その方はおまえにとって聖《ハギアスマ》なるものとなる。
おまえたちは、
石のような躓きや落下する岩石に
（遭遇するようにして）
その方に出会うのではない。
しかし、ヤコブの家は罠《パギス》の中に（置かれ）、
エルサレムに住む者たちは
落とし穴《コイラスマ》の中に（置かれる）[33]。
15 このため、多くの者がその中で
弱々しい者となり[34]、倒れ、打ち砕かれる。
彼らは近づいて来る。
人びとは、たとえ安全な場所にいても、連れ去ら
れる[35]」。

主への信頼

16 そのとき、自らを封印して、
教え《ノモス》[36]を学ぼうとしない者たち（の存在）が明らか
にされる[37]。
17 （そのとき）彼は言う[38]。
「わたしはご自分の顔をヤコブの家から背けた神[39]
を待ち望む。
わたしはこれからもその方を信頼する[40]。
18 見よ、わたしと、神[41]がわたしに与えて下さった
子ら[42]は、
（ここにいる）[43]。
（この者たちは）シオンの山[44]に住まわれる万軍の
主から（与えられる）
イスラエルでの徴《セーメイア》となり前触れ《テラタ》となる」と。
19 もし彼らがおまえたちに向かって「地（底）か
ら語りかける者たち[45]や、腹話術師たち[46]、腹（の
底）から声を振り絞って空しいことを語る者たち[47]
を尋ねもとめよ」と言っても、（われわれの）民

族の者は自分の神を尋ね求めるべきではないのか？ なぜ彼らは生きている者たちのために死んだ者たちに尋ねるのか？

もならない」。ギリシア語の訳者は「謀反」を意味するヘブライ語ケシェルを誤読し、それを「難しい」（スクレーロン）とするため、意味不明の訳文をつくり出している。なおギリシア語テクスト中の「こりゃ難しい」（スクレーロン・エスティ）は直訳である。

32 ギリシア語文では「おまえたちは（複数形）……おまえの（単数形）」となっている。「おまえの」（スゥ）を「おまえたちの」（ヒュモーン）に改めるべきか？ [へ]⇩「万軍の主、おまえたちはその方だけを聖なるものとし、その方をおまえたちの恐れとし、その方をおまえの戦き（おののき）とするのだ」。

33 [へ]⇩「イスラエルの二つの家（＝北王国のイスラエルと南王国のユダ）にとっては躓きの石、妨げの岩と（なり）、エルサレムの住民にとっては網や罠と（なる）」。

34 [へ]⇩「躓き」。

35 [へ]⇩「打ち砕かれ、罠に落とされ、連れ去られる」。

36 教え――ヘブライ語テクストではトーラー。

37 [へ]⇩「おまえは証しを束ね、わが教えを受けた者たちの中に教え（＝トーラー）を封印するのだ」。

38 （そのとき）彼は言う――ヘブライ語テクストでは欠落。

20 （主は）助けのために教え（ノモス）を与えられたが、それは彼らがこんな言葉、「この件に関してあげるべき袖の下は何も無い[48]」を口にしないためである。

39 [へ]⇩「主」。

40 [へ]⇩「待望する」。

41 [へ]⇩「主」。

42 子ら――七・三で言及されているシェアル・ヤスーブと八・三で言及されている子を指す。

43 見よ、わたしと……（ここにいる）――この一文はヘブライ人への手紙二・一三で引用されている。

44 シオンの山――前出二・三参照。

45 地（底）から語りかける者たち――霊媒師を指す。[へ]⇩「死者を呼び出す霊媒」（関根訳）。

46 腹話術師たち――口寄せを指す。ギリシア語訳聖書はしばしば「口寄せ」を「腹話術師」として言及する。

47 [へ]⇩「甲高い声でしゃべる者たち、告げる者たち」。

48 [へ]⇩「教えと証しこそ尋ねるべきである。確かに彼らは光などはないこの言葉にしたがって語るであろう」。ギリシア語訳の訳者はヘブライ語テクストに見られる「証しとして」を意味するリトゥウダーを「助けのために」を意味する他のヘブライ語と取り違えている。

49 偶像（τὰ πατάχρα）――ギリシア語訳の訳者はここで「偶像」を意味するアラム語からの借用語を音記している。こ

21 ひどい飢えがおまえたちを襲い、
飢え苦しむ事態に立ち至ると、
おまえたちは悲しみ、
支配者（アルコーン）や偶像（パタクラ）[49]を悪しざまに罵る。[50]
彼らは上の天を見上げ[51]、
22 下の地を見やる。
見よ、（そこには）直視などできない、
苦難や、悲嘆[52]、闇、苦痛、闇[53]がある。
23 ＝前半部　困難の中に置かれている者は、
いつまでも苦しむわけではない。[54]
23 ＝後半部→次節へ

第9章

平和の幻

1 ＝[ヘ]八・二三の後半部
おまえは最初にこれを行うのだ。
急いで行うのだ。
ゼブルン[1]の地、ナフタリ[2]の地、海辺の道、
そして海沿いやヨルダン[3]の向こうに住む残りの
者たち、
異民族（エスノイ）の者たちの（住む）ガリラヤ、ユダヤ（ユーダイア）の
諸地域。[4]
2 ＝[ヘ]九・一
闇の中を歩んでいる民よ。
おまえたちは[5]見るのだ、大きな光を！
死の陰の地に住む民よ。
光がおまえたちの上に輝く。[6]
3 ＝[ヘ]九・二
おまえが歓喜のうちに連れ戻した民の大半は、[7]
収穫の時に喜ぶ者たちのように、

分捕り品を分ける時の者たちのように、
おまえの前で歓喜する。
4 ＝ヘ九・三
彼らの上に置かれている軛（くびき）が取り除かれるからである。

の語は後出三七・三八でも使用されている。
50 ヘ⇩「彼らは劣悪な境遇に置かれて餓えながらこの道を通り過ぎ、怒り狂い、彼らの王と彼らの神を呪う」。
51 天を――ヘブライ語テクストでは欠落。
52 悲嘆――ヘブライ語テクストでは欠落。
53 闇――ここでの「闇」は重複使用。ヘ⇩「厚い闇」。
54 ヘ⇩「しかし、苦悩のあった所に闇はなくなる」。

第9章

1 ゼブルン――ギリシア語表記はザブーローン。ゼブルンはガリラヤ湖の西に位置する土地。マタイ（四・一四－一七）は、イエスの伝道の開始場所に言及するにあたり、イザヤ書のここでの章句を引いている。
2 ナフタリ――ギリシア語表記はネフタリム。ナフタリもガリラヤ湖の西に位置する土地。
3 ヨルダン――ギリシア語表記はヨルダノス（川）。
4 ヘ⇩「前者はゼブルンの地とナフタリの地を軽んじたが、

彼らの首の上に（あてられた）杖[8]も（取り除かれる）。
主が取り立て人たちの杖を、
ミディアン[9]の日のように[10]折られたからである。
5 ＝ヘ九・四

後者は海辺の道、ヨルダンの彼方、異民族の者たちのガリラヤを重んじた」。
5 ヘ⇩「闇の中を歩んでいる民は」。
6 ヘ⇩「彼らの上に光が輝いた」。
7 ヘ⇩「あなたさまは民を増し加え、彼らの喜びを大きくされた」。ギリシア語訳の訳者は、ヘブライ語テクストに見られる「あなたさまは増し加えた」を意味するヒグダルターを「おまえは連れ戻した／おまえは導いた」を意味する他のヘブライ語と取り違えている。
8 ヘ⇩「肩を打つ杖」。
9 ミディアン――ギリシア語表記はマディアム。この場所はアカバ湾の東側に位置する。
10 ミディアンの日のように――士師記七・一－二五で述べられている、ギデオンがミディアンに勝利した日を指す。
11 ヘ⇩「地を踏み鳴らした（兵士の）軍靴、血にまみれた軍服はことごとく火に投げ込まれ、焼き尽くされた」（新共同訳参照）。ギリシア語訳の訳者は、ヘブライ語テクス

彼らは騙し取って集めたすべての服や
金のために手に入れた服の金銭的償いをする。
彼らは進んでそうする、
——たとえそれらが
火で焼かれていたとしても。[11]

6 [へ]=九・五
まことにひとりの乳飲み子（パイディオン）が
わたしどもに生まれた。[12]
そう、ひとりの息子（フュイオス）が。
その者がわたしどもに与えられた。
その大能（アルケー）は肩の上に置かれ、
彼の名前は《大いなる謀ごと（メガレー・ブーレー）のみ使い》と呼ばれる。[13]
というのも、わたしは支配者たち（アルコンテス）の上には平安を、
彼には平安と健康もたらすからである。[14]

7 [へ]=九・六
偉大なるは彼の大能（アルケー）、
彼の平安に分け隔て（ホリオン）はない、
ダビデの王位や、
またそれを設けるダビデの王国で。
今から未来永劫に至るまで
正義において、
また公正において、
それ（平安）を維持するために。
万軍の主の熱心（ゼーロス）がこれを行う。

北王国イスラエルにたいする主の報復

8 =[へ]九・七
主はヤコブの上に死[15]を送られ、
イスラエルを襲われた。[16]

9 =[へ]九・八
エフライムのすべての民とサマリア[17]に住む者たち
は（それを）知り、
思い上がった尊大な心で言う。[18]

10 =[へ]九・九

「煉瓦が落ちてしまった。
さあ、石を切り出そう。[19]
桑の木と杉の木[20]を切り倒そう。[21]
おれたちの安全のために
（見張りの）塔を建てよう[22,23]」と。

トに見られる「（兵士の）軍靴」を意味するセオン（アッカド語からの借用語）を「軍服」を意味する他のヘブライ語と、また「血にまみれた」を意味するヴェダミームを「金のために」を意味する他のヘブライ語と取り違えている。

12　キリスト教徒は古来、このあたりの一文がイエスの誕生を予告するものだと読んできたが、この一文がそれを予告するものだとする保証はどこにもない。

13　[へ]⇩「その名は奇しき議官、力ある神、永遠の父、平和の君（ペレ・ヨエツ・エル・ギッボール・アビ－アド・サル－シャローム）と唱えられる」。

14　というのも、わたしは支配者（アルコンテス）たちの上に平安を、彼には平安と健康もたらすからである——ヘブライ語テクストでは欠落。

15　[へ]⇩「言葉」（ダバール）。

16　[へ]⇩「そしてそれ（＝言葉）はイスラエルの上に降りた」。

11
＝[へ]九・一〇
神はシオンの山でご自分に立ち向かう者たちを撃ち、
（ご自分の）敵たちを打ち、散らばされる。[24]

12
＝[へ]九・一一

17　サマリア——北王国イスラエルの首都。

18　[へ]⇩「すべての民、エフライムとサマリアに住む者たちでさえ知り、思い上がった尊大な心で言う」。ギリシア語テクストに「エフライムのすべての民とサマリアに住む者たちは知り、思い上がった尊大な心で言う者たちは……と（言う）」の訳文を与えることも文法的には可能。

19　[へ]⇩「われわれは切り石で建て直す」。

20　石……桑の木……杉の木——これらは通常の建築資材。

21　[へ]⇩「桑の木が切り倒されたので、杉の木で代えよう」。

22　おれたちの安全のために（見張りの）塔を建てよう——ヘブライ語テクストでは欠落。

23　創世記一一・一以下参照。

24　[へ]⇩「主は民にたいしてレチンの敵対者たち（＝アッシリア）を興し、その敵どもを奮い立たせられた」。

25　東の——ギリシア語は「太陽の昇る所から」。

26　西の——ギリシア語は「太陽の沈む所から」。

27　ギリシア人たち——ギリシア語表記はヘルレーナイ。

東のシリアと[25]、西の[26]ギリシア人たち、[27]
それに、大口を開けて
イスラエルを食い尽くそうとしている者たちを[28]
（散らばされる）。
それでもなお（主の）憤怒はおさまらず、
その手はまだ上げられたままである。
13 ＝ヘ九・一二
この民は撃たれるまで立ち戻ることがなかった。
彼らは主を求めようとはしなかった。[29]
14 ＝ヘ九・一三
そこで主はイスラエルから頭と尻尾[30]を、
大いなる者と小さな者[31]を一日にして切り離された。
長老たちと敬意を払われている者たち、[32]
これが頭（アルケー）（である）。
15 ＝ヘ九・一四
不義・不正を教える預言者、[33]
これが尻尾（ウラ）（である）。
16 ＝ヘ九・一五

この民を祝福する者たち[34]が迷わす者となり、
（彼らを）呑み込むために、迷わしている。[35]
17 ＝ヘ九・一六
このため、神[36]は彼らの中の若者たちを喜ばれない。
（神はまた）彼らの中の孤児たちや
彼らの中の寡婦たちを憐れむことはない。[37]
誰も彼もが教えを足蹴にする者たち（アノモイ）、[38]
悪しき者たち（ポネーロイ）だからである。
どの口も正義に反すること[39]を語る。
それでもなお（主の）憤怒はおさまらず、
その手はまだ高く上がったままである。
18 ＝ヘ九・一七
無法（アノミア）は火のように燃え上がり、
干上がった雑草のように火によりなめ尽くされる。[40]
それは森林の茂みの中で燃え上がり、
丘陵の周辺にあるいっさいのものを焼き尽くす。[41]
19 ＝ヘ九・一八
主の怒りの憤怒のため、[42]

全地が焼かれた。
民は火で焼き尽くされた者のようになる。
人は（誰も）自分の兄弟を憐れまない。[43]
20 ＝[ヘ]九・一九
人は右手の方にそれて行く。

28 東のシリアと、西のギリシア人たち、それに大口を開けてイスラエルを食い尽くそうとしている者たち——ここで挙げられている者たちは、先行する「敵たち」と同格。[ヘ]⇩「アラムは東から、ペリシテは西から大口を開けてイスラエルを食らった」。

29 [ヘ]⇩「この民は自分たちを撃った方に立ち戻らず、万軍の主を求めようとはしなかった」。

30 尻尾（ウラン⇩ウラ）——ここでの「頭」や「尻尾」は、次節から分かるように、社会的カテゴリーとして言及されている。この表現は一九・一五でも見られる。

31 [ヘ]⇩「棕櫚の枝と葦の茎」。ここでの高木の棕櫚は「身分の高い者」、低木の葦は「身分の低い者」を指す。

32 長老たちと敬意を払われている者たち——テクストではこの二つは前行に合わせて対格形。

33 [ヘ]⇩「偽りを教える預言者」。

34 [ヘ]⇩「導く者たち」。

35 [ヘ]⇩「導かれる者たちが惑わされる者たちになった」。

腹をすかすからである。
人は左手の一部を食べる。
人は自分の腕の肉を食べても、
満たされることはない。[44]
21 ＝[ヘ]九・二〇

36 神——写本によっては「主」。[ヘ]⇩「主」。

37 （神はまた）彼らの中の孤児たちや、彼らの中の寡婦たちを憐れむことはない——通常、神は孤児たちや寡婦たちの味方である。

38 [ヘ]⇩「不敬虔な者たち」。

39 [ヘ]⇩「抑制に欠けること」。

40 [ヘ]⇩「茨とおどろをなめ尽くす」。

41 [ヘ]⇩「煙の柱が巻き上がる」。

42 [ヘ]⇩「万軍の主の憤怒のため」。

43 [ヘ]⇩「誰も自分の兄弟を容赦しない」。

44 [ヘ]⇩「右の腕をひっつかんでもなお飢えており、左手を食べてもなお飽くことがなく、おのおのが自分の腕の肉を食らう」。ここではカニバリズムの世界が描かれている。

45 マナセ——ギリシア語表記はマナッセー。

46 エフライム——ギリシア語表記も同じ。マナセとエフライムはイスラエルの北王国を構成する代表的な部族。

47 食らう——ヘブライ語テクストでは欠落。

マナセ[45]はエフライムを、[46]
エフライムはマナセを食らう。[47]
彼らが一緒になって
ユダ（ユーダ）[48]（王国）を包囲するからである。[49]
それでもなお、（主の）怒りはおさまらず、
その手はまだ高くされたままである。

第10章

不正な裁き

1 禍いあれ、悪しきこと（ポネーリア）を書き記す者たちに。
彼らは（人びとの）労苦を書き留めるとき、[1]
2 貧しい者たちの訴え（クリシス）を歪め、
わが民の中の貧しい者たちの権利を奪っているか
らである。
寡婦が彼らの強奪の餌食となり、
孤児が略奪される。
3 天罰（エピスコペー）の（下される）日、[2]
彼らは[3]一体どうするつもりなのか？
苦難は遠方からおまえたちを襲う。[4]
おまえたちは誰のもとへ逃れて
助けをもとめるのか？
おまえたちはどこに
おまえたちの栄光を残すのか？
4 悲嘆に暮れないために。[5]
（それでもなお、主の）憤怒はおさまらず、
その手はまだ高く上げられたままである。

傲慢なアッシリア人たちへの呪い

5 禍いあれ、アッシリア人たちに。[6]
わが憤怒と怒りの杖は彼らの[7]手の中にある。[8]
6 わたしは教えを足蹴にする民（エスノス・アノモス）に
わが怒りを[9]ぶつけ、

わが民に命じて[10]、略奪と分捕りを行わせ、
町々を踏みにじらせ、
それらを土ぼこりに変えさせる。[11]
7 しかし、彼自身[12]はそうは望まず、
心の中でもそうは思わなかった。
彼は考えを変え、
少なからぬ数の民族を滅ぼそうとした。

8 もし彼らが彼に
「あなただけが支配者(アルコーン)である」
と言えば、
9 彼は（それに答えて）言うであろう。
「わたしはバビロン[13]の上領地と
（見張りの）塔が建てられたカルノ[14]を取らなかったか？

48 ユダ――南王国を指す。
49 [ヘ]⇩「立ち向かうからである」。

第10章

1 [ヘ]⇩「禍いだ、偽り（不正義）の判決を下す者たちは。労苦を負わせる判決文を書く者たち（＝書記たち）は」。
2 [ヘ]⇩「天罰の日に、遠くから来る嵐のときに」。
3 [ヘ]⇩「おまえたちは」。
4 苦難は遠方からおまえたちを襲う――ヘブライ語テクストでは欠落。
5 [ヘ]⇩「囚われ人のもとに膝づき、殺された者たちの傍らに倒れるしかない」。
6 [ヘ]⇩「アッシリア」。
7 彼ら――イスラエルを指すように思われる。
8 この一文の理解は容易ではない。アッシリア人たちに「禍いあれ」と言っておきながら、「わが憤怒と怒りの杖は彼らの手の中にある」と言っているからであるが、アッシリアは神の民を罰する道具として神によって用いられている、とする理解がイザヤにあるように思われる。[ヘ]⇩「禍いだ、アッシリア。わが怒りの鞭よ。彼らの手にある杖はわが憤怒」。
9 [ヘ]⇩「不敬虔な民に彼（＝アッシリア）を」。
10 [ヘ]⇩「わが憤怒をかった民に」。
11 [ヘ]⇩「街路の泥のように踏みにじらせる」。
12 彼自身――アッシリア（の王）を指す。
13 バビロン――ギリシア語表記はバビュローン。
14 カルノ――ギリシア語表記はカランネー。カルノは前七三八年にアッシリアのティグラト・ピレセル三世によっ

わたしはアラビアとダマスコとサマリアも取った。[15]
10 わたしは、これら（の都市）を取ったように、
（他の）すべての領地も取る。
エルサレムとサマリアの彫像(タ・グリュプタ)たちよ、
泣き喚(わめ)くがよい。[16]
11 わたしは、サマリアと彼女の偶像(タ・ケイロポイエータ)[17]を破壊
したように、[18]
エルサレムと彼女の偶像(ホイ・エイドーロイ)[19]を破壊するであろ
う」と。
12 主はシオンの山やエルサレムで（これら）すべ
てを成し遂げられると、次にその驕った心——ア
ッシリア人たち[20]の支配者(アルコーン)の（心の）ことである[21]
——と、その目の驕り高ぶりを撃たれる。
13 というのも、彼[22]が（こう）言ったからである。
「予は力と知恵で
（きゃつらを）撃ちのめし、[23]
異民族の者たちの国境を取っ払い、
きゃつらの富を奪い、
14 人の住む町々に揺さぶりをかける。[24]
予は（わが）手で全世界を、
鳥の巣を（手に入れる）ようにして手に入れ、
また残された卵を（失敬するようにして）奪っ
てみせる。[25]
予から逃れ得る者はひとりもいないし、
予に楯突く者もいない[26]」と。
15 斧はそれを使って切り倒す者なくして[27]
栄光を得ることができようか？
また、鋸(のこぎり)はそれを引いてみる者なくして、[28]
杖や木の棒を振りかざす者のように
高ぶることができようか？
そんなことできるわけがない。[29]
16 万軍の主は不名誉(アティミア)を
おまえの名誉(ティミア)の中に送り込まれ、

燃え盛る火がおまえの栄光の中で点(とも)される。[30]
17 イスラエルの光は火に転じる。
（万軍の主）は彼（＝イスラエル）を

て滅ぼされた北シリアの町（関根訳の註）。

15 [ヘ]⇩「彼は言う。『わが君主（＝サル）たちはみな王たちではないか？　カルノはカルケミシュのようではないか？　ハマトはアルパドのようではないか？　サマリアはダマスコのようではないか？』と」。

16 ギリシア語訳の訳者はヘブライ語テクストに見られる「偶像」を意味するハエリルを「大声を上げて泣き叫ぶ」を意味する他のヘブライ語と取り違えている。[ヘ]⇩「その彫像がエルサレムやサマリアのそれよりも多い偶像の王国を、わが手が襲ったように」。

17 偶像――文字通りには「手でつくられたもの」。

18 破壊したように――テクストでは「したように」。動詞 ποιέω は多岐的な意味を取り得る。

19 偶像――「神の似姿」くらいの意味か。

20 [ヘ]⇩「アッシリア」。

21 [ヘ]⇩「アッシリア王の驕った心の実」。

22 彼――アッシリア人たちの王を指す。

23 撃ちのめし（ποιήσω）。ここで使用されている動詞ポイエオーについては、前註18参照。

24 [ヘ]⇩「力ある者として住民たちを引きずり落とした」。

燃え盛る火で聖なるものとし、
枯れ草であるかのようにして
木々(ヒュレー)を焼き尽くされる。[31]

ヘブライ語テクストでは、この一節は一三節の末文を構成する。

25 [ヘ]⇩「わが手は異民族の者たちの富を巣のように見出し、捨てられた卵を集める者のようにわたしは全地を集めた」。

26 [ヘ]⇩「そのとき翼を動かす者はなく、嘴(くちばし)を開いてさえずる者もいなかった」。

27 [ヘ]⇩「それを振るう者にたいして」。

28 [ヘ]⇩「それを引く者にたいして」。

29 [ヘ]⇩「それは杖が自分を振り上げる者を動かし、棒が木でない者を持ち上げようとするに等しい」。ギリシア語訳の訳者は、ヘブライ語テクストに見られる否定辞（「棒が木でない」のない）を「あるいは（また）」を意味する他のヘブライ語と取り違えている。

30 [ヘ]⇩「それゆえ万軍の主なる神は、肥えた者たちのうちにやせ衰えを送り、主の栄光のもとに火が点火され、火が燃え上がるように燃え上がる」。

31 [ヘ]⇩「聖なる方は炎となり、一日のうちに茨とおどろを焼き尽くす」。

32 [ヘ]⇩「そして、その（主の）林や果実を実らせる土地の栄光を」。ギリシア語訳の訳者は、ヘブライ語テクストに

18 その日、山々や、丘陵、
そして森林（の木々）は消え失せ、[32]
内から外まで、[33]食い尽くされる。[34]
逃げる者は燃え盛る火から逃れる者のようになる。[35]
19 彼らの中で生き残る者たちは[36]
（わずかの）者である。
幼子でさえその者たち（の数）を書き留めること
ができる。

残れる者は救われる

20 その日、イスラエルの残れる者とヤコブの救わ
れた者たちは、[37]自分たちに不義・不正を働いた者
たち[38]に依り頼むことは二度となく、イスラエルの
聖なる方、神[39]に、誠をもって依り頼む。
21 そしてヤコブの残れるものは力ある神に（依り
頼む）。
22 たとえイスラエルの民が海の砂のように（多
く）なっても、残れるもの（カタレインマ）は救われる。（神）は
（ご自分の）言われたこと（ロゴス）を成し遂げ、[40]（その成就
の時を）正義を行使して近未来のものとされる。[41]
23 神は、全世界において、近未来に（ご自分の）
言われたことを実現される。[42]

救いの託宣

24 それゆえに、万軍の主[43]はこう言われる。
「シオン[44]に住むわが民よ、
アッシリア人たち[45]を恐れてはならない。
主はおまえを杖で撃つからだ。
わたしはおまえの上に災禍をもたらす。
おまえがエジプトの道を見るために。[46]
25 もう暫くすると、（わが）怒りはおさまる。
しかし（当面）、わが憤怒は彼らの思い[47]に（向けら
れる）」と。

26 そして、神は、[48]
《粉砕の場所（トポス・トリプセオース）》でミディアンに加えたあの一撃を
もって、[49]
彼らに立ち向かわれる。
そして海沿いの道でのその憤怒は、
エジプトに至る道まで（続く）。[50]

見られる「そして、……栄光を」を意味するウヘヴォッドを「消え失せる」を意味する他のヘブライ語と取り違えている。

33 内から外まで——テクストでは「魂から体まで」。

34 内から外まで、食い尽くされる——ヘブライ語テクストも同じであるが、何を言おうとしているのかよく分からない表現である。

35 [ヘ]⇩「それはまるで病む者がやせ衰えるときのようになる」。ギリシア語訳の訳者は、ヘブライ語テクストに見られる「やせ衰えるときのように」を意味するキムソスを「逃れる者のように」を意味する他のヘブライ語と取り違えている。

36 [ヘ]⇩「その林の木の残りは」。

37 [ヘ]⇩「ヤコブの家の逃れた者たち」。

38 [ヘ]⇩「彼らを撃った者たち」。

39 [ヘ]⇩「主」。

40 たとえイスラエルの民が海の砂のように（多く）なっても……成し遂げ——この一文はローマの信徒への手紙九・二二―二三で引用されている。

41 [ヘ]⇩「まことにあなたの民イスラエルは海の砂のようであるが、その中の残れる者だけが立ち帰るであろう。滅びは定められており、正義が満ち溢れる」。

42 この一文はローマの信徒への手紙九・二七―二八で引用されている。[ヘ]⇩「万軍の主なる神が、定められた滅びを、全地のただ中で行われるからだ」。

43 [ヘ]⇩「主なる神」。

44 シオン——エルサレムを指す。

45 [ヘ]⇩「アッシリア」。

46 [ヘ]⇩「彼らがエジプト流儀で杖でおまえを撃ち、棒をおまえに向かって振りかざしても」。

47 [ヘ]⇩「滅び」。

48 [ヘ]⇩「万軍の主」。

49 [ヘ]⇩「かつてオレブの岩場でミディアン人を撃たれたように」。この出来事は士師記七・二五参照。

50 そして海沿いの道でのその憤怒は、エジプトに至る道まで（続く）——この一文は文意が鮮明ではない。[ヘ]⇩「エジプト流儀のやり方で、杖を海の上に振り上げられる」。出エジプト記一四・二一、二八参照。

51 [ヘ]⇩「彼の重荷はおまえの肩から、彼の軛はおまえの首から取り去られる。その軛は肥えているがゆえに砕かれ

27 そしてその日になると、
彼（＝アッシリア人の王）への恐れはおまえから
取り去られ、
彼の軛はおまえの肩から（取り去られ）、
彼の軛はおまえたちの肩から砕かれる。[51]

北からの敵（センナケリブ）の侵攻

28 彼（＝アッシリア人の王）はアヤト[52]の町に入り、
（そこを）通過してメギド[53]に入り、
29 ミクマス[54]で彼の（部隊の）荷物を預ける。
ついで彼は渓谷を通過し、アンガイ[55]に至る。
恐怖がサウル[56]の町ラマ[57]を捉える。[58]
30 ガリム[59]の娘は逃げ去り、
ライシャ[60]は耳を傾け、
アナトテ[61]も耳を傾ける。[62]
31 マドメナ[63]は驚愕する。
ゲビム[64]に住む者たちも。[65]

32 おまえたちは今日、
（遠征の）途次であっても、
（そこに）踏み留まるよう
説得してみるのだ。
手振りでそうしてみるのだ。
おお山よ、シオンの娘よ、
おまえたちエルサレムの中にある丘陵よ。[66]

レバノンへの裁き

33 見よ、万軍の主である主君（デスポテース）は、
栄光に包まれている者たちを大いに恥ずかしめる。
思い上がった者たち（ホイ・ヒュプセロイ）は、
その大きな態度のゆえに、打ち砕かれ、
舞い上がっている者たち（ホイ・ヒュプセロイ）は低くされる。[67]
34 思い上がった者たちは剣（つるぎ）に倒れ、
レバノン[68]は思い上がった者たちと一緒に倒れる。[69]

る」。

52 アヤト――ギリシア語表記はアンガイ。[ヘ]⇩「アヤト」。

53 メギド――ギリシア語表記はマゲドー。[ヘ]⇩「ミグロン」。この場所はエルサレムの北一六キロ、ハイファの南南東三〇キロに位置する。

54 ミクマス――ギリシア語表記はマクマス。この場所はエルサレムの北一二キロに位置する。

55 アンガイ――この地名が二度出て来る。写本上に混乱がある。

56 サウル――ギリシア語表記はサウール。

57 ラマ――ギリシア語表記もラマ。この場所はエルサレムの北八キロに位置する現在のエル・ラム。サムエルの生地については、サムエル記上一・一九、二・一一参照。

58 [ヘ]⇩「彼らは峠を過ぎ、ゲバに宿営した。ラマは身震いし、サウルのギブア（ギブアト・シャウル）は逃げ去る」。

59 ガリム――ギリシア語表記はガルリム。この場所はエルサレムの北五キロに位置する（関根訳）。

60 ライシャ――ギリシア語表記はライサ。この場所はエルサレムの北二キロに位置する（関根訳）。

61 アナトテ――ギリシア語表記はアナトート。この場所はエルサレムの北五キロほどの所に位置する現代のラス・エル－ハルベー。

62 [ヘ]⇩「ガリムの娘よ、甲高い声を上げるのだ。ライシャよ、耳を傾けるのだ。哀れなアナトテよ」。

63 マドメナ――ギリシア語表記はマデベーナ。この場所は不明とされることが多いが、一部の研究者はエルサレムのスコポス山の北二キロに位置するシュファットと想像する。

64 ゲビム――ギリシア語表記はギッビル。この場所は不明。

65 [ヘ]⇩「マドメナは逃亡し、ゲビムに住む者たちは避難する」。

66 [ヘ]⇩「この日彼らはノブで立ち止まり、シオンの娘の山、エルサレムの丘陵に向かって手を振り上げる」。

67 [ヘ]⇩「恐怖をもって小枝が切り落とされる。丈の高いものは切り落とされ、聳え立つものは低くされる」。

68 レバノン――ギリシア語表記はリバノス。

69 [ヘ]⇩「彼は鉄（の斧）で森の茂みを切り倒し、レバノンは力ある者によって倒される」。ギリシア語訳の訳者は、ヘブライ語テクストに見られる「力ある者によって／勇者によって」を意味するベアディールを「思い上がった者たち（勇者たち）と一緒に」を意味する他のヘブライ語と取り違えている。

第11章

1 エッサイ――ギリシア語表記はイェッサイ。サムエル記

第11章

動物と人間が共存する新しい秩序について

1 エッサイ[1]の根[2]から、王笏（ラブドス）[3]が出てくる。[4]
（その）**根からは**新芽（アンソス）[5]が上がってくる。
2 **神の**[6]霊、知恵と理解力の霊、
謀りごと（ブーレー）と力の霊、知識（グノーシス）と敬虔（エウセベイア）の霊が、
彼（＝エッサイ）の上で憩う。
3 **神を恐れる霊が彼を満たす。**[7]
彼は予見をもって裁かず、
予断をもって非難したりはしない。[8]
4 彼は弱者（タペイノス）のために**裁きをなし、**[9]
この世の弱者（タペイノイ）たちのために**判決を下す。**[10]
彼は**口から出る言葉で**[11]この世を撃ち、
唇の息で不敬虔な者[12]を成敗する。
5 彼は正義を腰帯とし、
真実（の当て布）で腰部を保護する。

6 狼は子羊と一緒に**草を食み、**[13]
豹は子山羊と一緒に横になり、
子牛と雄牛と若獅子は一緒に草を食み、[14]
幼い小さな子（パイディオン・ミクロン）がそれらを導く。
7 雌牛と熊が一緒に（ハマ）なって草を食み、
その子らが一緒に（ハマ）なっている。
獅子と雌牛は一緒に（ハマ）なって干し草を食らう。
8 幼子は毒蛇の潜む穴の上や、
毒蛇の子らの巣の上にその手を伸ばす。[15]
9 わが聖なる山[16]では、
それらが危害を加えることはなく、
人を滅ぼすこともない。[17]
大量の[18]水が海を覆い隠すように、
全（地）は、主を知る（知識）で満たされる。

その日、離散の民は

10 その日、**エッサイの根（から芽）が現れ、**

異民族の者たちを支配するために立ち上がる者[19]
――その者に異民族の者たちは希望を託す――
が（現れる）。[20]
その者の憩い（の場所）は名誉（ティメー）（の場所）となる。

11 その日、主は今一度ご自分の手を示される。
国民（くにたみ）の中にいる、残された生き残りの者に熱愛を
示すために。[21]
この残された者たちは

上一六・一ほかによれば、エッサイ（イッシャイ）はダビデの父。

2 根（リザ）――このギリシア語はすでに五・二四で使用されている。[ヘ]⇩「株／切り株」。

3 王笏（ラブドス）――ここまでですでに見て来ているように、ギリシア語ラブドスには通常「杖、王笏、（羊飼いの）杖」などの訳語が与えられる。ヘブライ語テクストでは「若芽」を意味するホテル。

4 エッサイの根から、王笏が出てくる――この一文は、前五八七年のエルサレム神殿の破壊とそれに伴うダビデ王朝の終焉に言及するものだとされる。キリスト教徒はここにイエス誕生の予告を読み込もうとするが、それはテクストが支持しない。パウロはローマ人の信徒たちへの手紙一五・一二でこの一節を引き、イエスの福音はユダヤ人と異邦人のためのものであると言おうとする。

5 [ヘ]⇩「彼の根からは」。

6 [ヘ]⇩「主」。

7 [ヘ]⇩「彼の喜びは主を恐れることにある」。

8 [ヘ]⇩「彼は目に見えるもので裁かず、耳にするもので決めない」。サムエル記上一六・七参照。

9 [ヘ]⇩「正義をもって裁き」。

10 [ヘ]⇩「公平をもって裁決を下す」。

11 [ヘ]⇩「彼の口の杖をもって」。「口の杖」は、意味不明の語句である。

12 不敬虔な者――あるいは「悪しき者」。

13 [ヘ]⇩「宿り」。

14 [ヘ]⇩「子牛と若獅子と肥えた家畜は一緒にいて」。

15 [ヘ]⇩「乳離れした子はその手を蝮（まむし）の穴に伸ばす」。

16 聖なる山――シオンの山を指す。前出二・三参照。

17 人を滅ぼすこともない――テクストでは「誰をも滅ぼすことはできない」。

18 大量の――ヘブライ語テクストでは欠落。

19 [ヘ]⇩「異民族の者たちの旗印として立ったエッサイの根」。

20 ここでの一文は、ローマの信徒への手紙一五・一二で引用されている。

アッシリア人たちから、[22]
エジプトとバビロニア[23]とエチオピア[24]から、
エラム人たちから、[25]
太陽の昇る所から、[26]　そしてアラビア[27]から[28]（であ
る）。
12 （主は）異民族の者たちに向かって旗（セーメイオン）を掲げ、
イスラエルの失われた者たち（アポロメノイ）[29]を集め、地の四隅か
ら
ユダ（ユーダ）の散らされた者たち（ディエスパルメノイ）を集められる。[30]
13 エフライムの妬み（ゼーロス）は取り去られ、
ユダ（王国）に敵対する者たちは滅びる。
エフライムはユダ（王国）を妬まず、
ユダ（ユーダス）（王国）はエフライムを苦しめたりはしない。
14 彼らは[31]異部族の者たち（アロフロイ）[32]の船の上で
（彼らを）襲う。[33]
彼らは海と太陽の昇る所（東）の者たちと
イドゥマイア[34]を同時に略奪する。
彼らは、最初、モアブ[35]の上にその手をかける。[36]
しかし、アンモン[37]の子らが聞き従う最初の者[38]とな
る。
15 主はエジプトの海[39]を荒れ地とし、
その手を、強風をもって、（ナイル）川の上に置
き、[40]
七つの水路を撃ち、[41]
（主はそこを）サンダルはいて歩かれる。[42]
16 これはエジプトに残されたわたしの民にとって[43]
通路（ディオドス）となり、
（その日は、）イスラエルにとって、
エジプトの地から出て行った日のようになる。

第12章

救いの感謝と讃歌の歌

1 その日、おまえは言う。

「主よ、わたしはあなたさまを讃美いたします。
あなたさまはわたしに怒りをぶつけられましたが、その憤怒を解かれ、
わたしを憐れんで下さったからです」[1]と。

21 [へ]⇩「……を買い戻すために」。
22 [へ]⇩「アッシリア」。
23 [へ]⇩「パトロス（＝上エジプト）」。
24 エチオピア――ギリシア語表記はアイティオピア。[へ]⇩「クシュ（＝エチオピア）」。
25 エラム人たち――ギリシア語表記はアイラミタイ。[へ]⇩「エラム」。後出二二・六を参照。
26 太陽の昇る所から――あるいは「東から」。[へ]⇩「シンアルから、ハマトから」。シンアルはバビロニアの別称。ギリシア語訳の訳者は、ヘブライ語テクストに見られる「ハマトから」を意味するメハマットを「太陽の昇る所から」を意味する他のヘブライ語と取り違えている。
27 アラビア――[へ]⇩「ハマト」。
28 ヘブライ語テクストでは、この後、「海の島々から」が続き、「買い戻される」の語が暗示される。
29 [へ]⇩「散らされた者たち」。
30 ユダの散らされた者たちを集める――この一文はイザヤの（時代の）ものではなくて、後の捕囚後の時代のもの。
31 彼ら――ユダの民を指す。
32 異部族の者たち――ペリシテびとを指す。[へ]⇩「ペリシテびと」（ペリシティーム）。
33 [へ]⇩「彼らは、西の方、ペリシテびとの肩に飛びかかり」。

34 ここではヘレニズム・ローマ時代のエドムの表記イドゥマイアを尊重する。[へ]⇩「エドム」。エドムは死海の南方に定住していた民族。後の時代のヘロデはこの民族出身。
35 モアブ――ギリシア語表記はモーアブ。モアブは死海の東方に定住していた民族。
36 [へ]⇩「共に東の子らから略奪する。彼らはエドムとモアブに手を伸ばし」。
37 アンモン――ギリシア語表記はアンモーン。アンモンは死海の北東部に定住していた民族。
38 最初の――ヘブライ語テクストでは欠落。
39 [へ]⇩「海の舌（＝入り江？）」。
40 [へ]⇩「その手を、灼熱の風をもって、川の上に動かし」。
41 [へ]⇩「それを撃って七つの水路とし」。
42 [へ]⇩「人びとにサンダルをはいたままで渡らせる」。
43 [へ]⇩「アッシリアに残されていたその方の民の残れる者のために」。

第12章

1 [へ]⇩「慰めて下さったからです」。
2 わが主――ヘブライ語テクストでは欠落。
3 神はわが主、わが救い主――「わが神はわが救い主、主」

2 見よ、神はわが主[2]、わが救い主（ソーテール）[3]、
わたしはその方に依り頼んで、恐れることがない。
それゆえ、**主はわが栄光、わが讃歌の歌**[4]、
わたしの救い（ソーテーリア）となられた。
3 （その日、）おまえたちは救いの泉から
歓喜に溢れて水を汲み出す。
4 その日、**おまえは**言う[5]。
「おまえたちは主を讃美するのだ。
その方のみ名を大声で呼ぶのだ。
その方の**栄えある業**（タ・エンドクサ）[6]を異民族の者たちに宣べ伝え
るのだ。
心に留め置くのだ[7]、
その方のみ名が崇められていることを。
5 おまえたちは**主のみ名**[8]を讃美するのだ。
その方が高貴なる業（ヒュプセーラ）をなされたからである。
おまえたちはこれらのことを
全地で宣べ伝えるのだ。
シオンに住む者たちよ、
おまえたちは小躍りし、歓喜するがよい。
イスラエルの聖なる方が
おまえのただ中で崇められているからだ」と。

第13章[1]

バビロンにたいする託宣

1 バビロンにたいして、アモツの子イザヤの見た
幻[2]。
2 おまえたちは**平地の山**[3]の上で旗を掲げ、
彼らに向かって声を上げるのだ[4]。
恐れてはならない[5]。
手振りを交えて勧告するのだ。
「おまえたち、支配者（アルコンテス）たちよ、
（城門を）開くのだ」と[6]。
3 わたしは（彼らに）命じる。

（しかし、その前に）わたしは彼らを清める。
わたしは彼らを呼び集める。[7]
巨人たちがわたしの怒りを満たすためにやって来る、
喜びながら、また同時に誇らしげにして。[8]

「わが神はわが主、救い主」と訳すことも可能。

4 [ヘ]⇩「主・神はわが力、わが讃歌の歌」。

5 [ヘ]⇩「おまえたちは」。

6 [ヘ]⇩「業」。

7 心に留め置くのだ——ヘブライ語テクストでは欠落。

8 [ヘ]⇩「主」。

第13章

1 第一三章から第二三章までには、イザヤ（前八世紀）より二〇〇年後の時代のものを暗示する言葉や一文が頻繁に見られる。たとえば、一三・二－二二はバビロンへの裁きが告げられているが、一三・一四は前六世紀のバビロン捕囚を前提とするものであり、また一三・一七では前五三九年のペルシアによるバビロニア征服が語られているのであり、また一四・一－二三でも引き続いてバビロンへの裁きが語られているが、一四・一以下では前五三九年のペルシアによるバビロニア征服が前提にある。

4 多くの異民族の者たちのどよめきが山々の上に[9]
（する）。
（それは）多くの異民族の者たちの（どよめき）に似ている、[10]
もろもろの王国と集められた異民族の者たちの

2 [ヘ]⇩「託宣」。

3 [ヘ]⇩「禿げ山」。ギリシア語訳の訳者は「禿げ山」を意味するヘブライ語ハル・ニシュペーを誤読している。

4 [ヘ]⇩「声を上げ、手をふるのだ」。

5 恐れてはならない——ヘブライ語テクストでは欠落。

6 [ヘ]⇩「手を振るのだ。そうすれば彼らは貴族たちの門の中へ突入するであろう」。

7 [ヘ]⇩「わが怒りのため、わたしは聖別された者たちに命じ」。

8 [ヘ]⇩「わが勇士たち、勝ち誇って歓喜する者たちを呼び集めた」。ギリシア語訳の訳者は、ヘブライ語テクストに見られる「わが勇士たち」を意味するギボライを「巨人たち」を意味する他のヘブライ語と取り違えている。もっともギリシア語ギガンテスに「勇士たち」の訳語を与えることは不可能ではない。

9 多くの異民族の者たちの——ヘブライ語テクストでは欠落。

（どよめき）だ。
万軍の主は**戦闘の準備をした民族に、**[11]
5 遠隔の地から、天の最奥の基となる所から[12]
やって来るよう命じられた。
主と戦闘の準備をした者たちが、[13]
全世界を[14]滅ぼすために（やって来る）。
6 大声を上げて泣き喚くがよい。
主の（審判の）日が近づいているからだ。[15]
神から粉砕[16]（のとき）が来るからだ。
7 このためどの手も力なく垂れ下がり、
人間どもの心はどれも**怯える。**[17]
8 **年老いた者たちは動転し、**[18]
苦しみ[19]が、子を産む女を捉えるように、
彼らを捉える。
彼らは互いに泣き喚き、錯乱する。[20]
彼らの顔は炎のように真っ赤になる。[21]
9 見よ、憤怒と怒りの（日）、
回避（アニアトス）などできない主の（審判の）日が来る、
全世界を荒れ野にし、そこから罪人たちを滅ぼす
ために。
10 天のもろもろの星とオリオン、[22]
それに天の全軍勢（コスモス）[23]は光を放つことはなく、
太陽が昇っても暗く、
月はその光を放たない。
11 わたしは人の住む世界（オイクーメネー）すべてに、
災禍（カカ）に見舞われるよう命じ、
不敬虔なる者たちをその罪ゆえに（罰する）。
わたしは教えを足蹴にする者たちの思い上がり（ヒュブリス）を
撲滅し、
驕り高ぶった者たち[24]の思い上がりを低くする。
12 **残された者たちは精錬されていない金よりも尊**
いものとなり、
人間はオフィル[25]**の（宝）石よりも尊いものとなる。**[26]
13 **天は怒り狂い**[27]、地はその基から揺さぶられる、
その方の怒りが襲うその日、
万軍の主の憤怒のゆえに。[28]

14 残された者たちは、
逃げ惑う小さなドルカディオン[29]のようになり、
迷える[30]羊の群れ――集める者もいない――のよう
になる。

10 この一文はタウトロギーであるが、それをそのままにしておく。
11 ヘ⇩「戦いの軍団を召集する」。
12 天の最奥の基となる所から――具体的に何を言おうとしているのか、不明。
13 ヘ⇩「主とその憤怒の武器が」。
14 全世界を（テーン・オイクーメネーン・ホレーン）――ここでのギリシア語 οἰκουμένη は「人の住む世界」を指すが――ヘレニズム・ローマ時代の「人の住む世界」は非常に限定的である――、ギリシア語訳の訳者が文字通り全世界の意味でこの語句を選んだのか、それともバビロンを念頭において選んだのかは不明。
15 主の（審判の）日が近づいているからだ――ゼファニヤ書一・一四、またアモス書五・一八－二〇をも参照。
16 ヘ⇩「全能者から破壊」。
17 ヘ⇩「溶け去る」。
18 ヘ⇩「彼らは怯え」。
19 ヘ⇩「苦しみと痛み」。
20 ヘ⇩「彼らは互いの姿に呆然とする」。

その結果、人は自分の民のもとへ戻り、
自分の土地に逃げ込んで行く。
15 **捉えられた者はみな打ち負かされ**[31]、
集められた者たち[32]はみな剣（つるぎ）に倒れる。

21 彼らの顔は炎のように真っ赤になる――テクストでは「彼らはその顔を炎のように変える」。
22 オリオン――ギリシア語表記はオーリオーン。ギリシア神話のオリオンはポセイドンの子。矢で射殺されたのち、星座になる。ヘ⇩「それらの星座」。
23 それに天の全軍勢――ヘブライ語テクストでは欠落。
24 ヘ⇩「横暴な者たち」。
25 オフィル――ギリシア語表記はスーフィル。この場所は金の産地とされるが、その場所に関しては、南アラビア説、南東アラビア説、アフリカの東海岸説など幾つかの説がある。列王記上九・二八、一〇・一一参照。
26 ヘ⇩「わたしは人を純金よりも、オフィルの金よりも稀なるものにする」。
27 ヘ⇩「それゆえわたしは天を怒らせ」。
28 その方の怒りが襲うその日、万軍の主の怒りの憤怒のゆえに――この一文はタウトロギー的。
29 ドルカディオン――ガゼル（かもしかの一種）を指す。
30 迷える――ヘブライ語テクストでは欠落。
31 ヘ⇩「見つけ出された者はみな刺され」。

16 **彼らは他人の子を彼らの前で殴り倒し、**[33]
よそさまの家を掠め、よそさまの妻を手篭(てご)めにする。
17 見よ、わたしは**おまえたちにたいして**[34]
メディア人たち[35]——彼らは銀を認めず、
金を必要としない者たちである——を興す。
18 **彼らは若者たちの矢を折り、**[36]
おまえたちの子らを憐れむことなどしない。[37]
彼らの目つきは
おまえたちの子[38]らを容赦するものではない。
19 **《栄華に満ちた(エンドクソス)》**と、
カルデア人たち[39]**の王**[40]**が形容するバビロンは、**[41]
神がソドム[42]とゴモラ[43]を滅ぼしたときのようになる。
20 未来永劫の時にわたって
そこに人が住むことはなく、
代々にわたって人びとがそこに入って行くこともない。
アラブ人たち[44]がそこを通過することはなく、
羊飼いたちがそこで休むこともない。[45]
21 **そこには野獣が憩い、**
（彼らの）住処(オイキアイ)は（鳥の）啼き声で溢れかえる。[46]
セイレーンたち[47]がそこに憩い、
悪霊(ダイモニア)たち[48]がそこで踊り、
22 **オノケンタウロス**[49]**がそこに棲息し、**
ハリネズミが彼らの住処の中に巣をつくる。[50]
（この事態は）すぐに来る。
遅れることはない。

第14章

帰還への希望

1 主はヤコブを憐れみ、それでもなおイスラエルを選ばれる。[1]（おかげで）彼らは自分たちの地で憩うことになる。寄留者(ギオーラス)[2]は彼らに連なり、ヤコブの家に連なる。
2 異民族の者たちは彼らを受け入れ、自分たちの所（トポス）に導き入れる。彼らは相続する者となり、神の[3]地で増し加えられる（民の一部）を男奴隷や女奴

32 [ヘ]⇩「捉えられた者」。
33 [ヘ]⇩「彼らの幼子は彼らの前で八つ裂きにされ」。
34 [ヘ]⇩「彼らにたいして」。
35 メディア人たち——ギリシア語表記はメードイ。メディア人は北西イランの高原に住んでいた民族。
36 [ヘ]⇩「彼らの弓は若者たちに向かってこれを粉砕し」。
37 [ヘ]⇩「彼らは胎の実をも憐れまず」。
38 おまえたちの——ヘブライ語テクストでは欠落。
39 カルデア人たち——ギリシア語表記はカルダイオイ。カルデア人はメソポタミア地方の南西部に定住していた民族であるが、関根訳の註によれば、「新バビロニア帝国はカルデア出身のナボポラッサルによって立てられたので、以後バビロニア人と同義に用いられることが多い」そうである。
40 王——ここでの王は単数形で、ナボポラッサルを指すように思われるが、ギリシア語訳の訳者が誰を考えていたのかは不明。
41 [ヘ]⇩「諸王国の誉れ、カルデア人の誇らしげな栄誉であるバベル（＝バビロン）は」（関根訳参照）。
42 ソドム——ギリシア語表記はソドマ。前出一・九参照。
43 ゴモラ——ギリシア語表記はゴモルラ。前出一・九参照。
44 アラブ人たち——ギリシア語表記はアラベス。
45 [ヘ]⇩「群れをそこで休ませない」。
46 [ヘ]⇩「そこには山ネコたちが横になり、彼らの家々にはみみずくが群がり」。
47 セイレーンたち——セイレーンは砂漠（荒れ野）に住む死霊を指すが、同時にこの語は駝鳥やジャッカルを指して用いられる。[ヘ]⇩「駝鳥たち」。
48 [ヘ]⇩「雄山羊」。
49 オノケンタウロス——神話上の生き物。後出三四・一一、一四にも登場。
50 [ヘ]⇩「ジャッカルは彼らの宮殿で吠え、山犬は歓楽の宮で（吠えたける）」。

第14章

1 それでもなお選ばれる——文脈からすれば「それでもなお見捨てられない」。
2 寄留者（γιώρας）——このギリシア語（単数形）は、本箇所においてのみ使用されているアラム語からの借用語。なお出エジプト記一二・一九ではゲイオーラスの使用が認められる。
3 [ヘ]⇩「主」。
4 [ヘ]⇩「イスラエルの家は主の地で彼らを所有し、男奴隷、女奴隷とする」。

隷として（使用する）。[4] 彼らを囚われの身とした者たちが囚われの身とされ、[5] 彼らを支配した者たちが支配される者となる。
3 その日、神はおまえを憩わせる。おまえの痛みと怒りから、おまえが彼らに奴隷として奉仕した過酷な労役から（解放して）。

バビロンの王についての哀歌

4 おまえはバビロンの王[6]についてこの哀歌[7]を選び、[8] その日（うたって）言う。
いったいどうして厳しい取り立て人が（のうのうと）憩い、
過酷な労働を強いる者が（のうのうと）憩えるのか！[9]
5 神は罪人たちの軛を、
支配者（アルコンテス）たちの軛を粉々にされた。[10]
6 （神はかつて）民（エスノス）を憤怒[11]で、
癒されることのない一撃で打たれ、
民に容赦ない憤怒の一撃を加えられた後、
安心し切って憩われた。[12]
7 全地は歓喜の大声を上げ、[13]
8 レバノンの樹木はおまえに向かって歓喜し、
レバノンの杉の木は（言った）。[14]
「おまえが眠りについてから[15]このかた、
われわれを伐採する者[16]は上って来なかった」と。
9 下なる黄泉[17]は、
（落下してくる）おまえに出会って悲嘆に暮れた。
巨人族の者たち[18]はみな
——彼らは地を支配した者たちで、
その玉座から異民族の王すべてを立ち上がらせた——、おまえにたいして一致団結して立ち上がった。
10 彼らはこぞっておまえに答えて言う。
「おまえも（かつての）われわれと同じように、
捕らえられている。

おまえもわれわれの員数仲間だ[19]」と。
11 おまえの栄光は黄泉（ハデース）に落ちて行った、
おまえの大いなる歓喜もだ。[20]
彼らはおまえの足下に汚物[21]をまき散らす。
5 彼らを囚われの身とした者たちが囚われの身とされ――あるいは「彼らを囚われの民とした者たちが囚われの民とされ」と訳すことも可能。この一文はイザヤの時代のものではない。
6 バビロン――[ヘ]⇩「バベル（＝バビロン）」。
7 [ヘ]⇩「嘲る歌（ハ・マシャール）」。
8 選び（レーンプセイ⇩ランバノー）。ここでの動詞 λαμβάνω の意味の選択は難しい。ここでの動詞「選ぶ」を意味するものと理解すると――ヘブライ語テクストの動詞もそれを指示してくれるように思われるのだが――、ここでの動詞の使用は、少なくともギリシア語聖書の訳者は「バビロンの王を嘲る戯れ歌」みたいなものが巷間出回っていたことを承知していたようにみえる。
9 [ヘ]⇩「虐げる者は滅んだ！ 金の強要は終わった！」。ギリシア語訳の訳者は、ヘブライ語テクストに見られる「金の」を意味するマドゥヘヴァー（アラム語のドゥハブに由来）を「強要する者」を意味する他のヘブライ語と取り違えている。
10 [ヘ]⇩「主は悪人たちの杖、支配者たちの鞭を折られた」。
11 民（あるいは民族）――ここで使用されている「一撃」が「災禍」をも意味し得るので、ギリシア語訳の訳者は
「民」をエジプト人と考えているようにもみえる。
12 [ヘ]⇩「激怒して諸民族の者たちを撃ち、とどまることなく撃ちつづけた者たちよ。怒りで諸国民を支配し、容赦なくこれを迫害した者たちよ」。
13 [ヘ]⇩「憩い、平穏であり」。
14 レバノンの樹木はおまえに向かって歓喜し、レバノンの杉の木は（言った）――「レバノンの樹木はおまえのために歓喜し、レバノンの杉も（歓喜した）」と訳出することも可能。[ヘ]⇩「糸杉もおまえのことで喜ぶ。そしてレバノンの杉も」。
15 [ヘ]⇩「倒れてから」。
16 伐採する者――宮殿建設のために木材を伐採する者を指す。
17 黄泉――ギリシア語表記はハデース。ヘブライ語ではシエオール。
18 [ヘ]⇩「（死者の）亡霊たち」。
19 [ヘ]⇩「おまえもわれわれのように弱くされた。おまえもわれわれと同じようにされた」。
20 [ヘ]⇩「おまえの驕りは、おまえの竪琴の響きとともに、黄泉に落とされた」。
21 [ヘ]⇩「蛆虫」。

おまえの覆いとなるのは蛆虫ども。
12 **暁に現れた明けの明星**[22]**は**
どうして（天から）墜落したのか？[23]
すべての民族に（光を）放ったその星[24]**は**
地に（落下して）砕け散った。[25]
13 しかし、おまえは心の中で言った。
「わたしは天に上る。
わたしはわたしの玉座を
神の星々の上に**置く。**[26]
わたしは**高い山**[27]**の上に、**
北に向く高い山々の上に座る。[28]
14 わたしは雲の上に上(のぼ)る。
そうすれば、わたしはいと高き方と同じだ」と。
15 しかし今、おまえは黄泉へ、
地底へ[29]落ちて行く。
16 おまえを目にする者たちは驚き、
そして言うであろう。
「こいつは王国を揺さぶって、地を怒らせた野郎
だ。
17 人の住む全世界(オイクーメネー・ホレー)を荒れ野にし、町々を破壊し、
苦しみの中にある者たちを解放しなかった野郎
だ」[30]と。
18 **異民族**[31]の王たちはみな、それぞれが自分の宮廷
で、
栄光の中で眠りについた。
19 しかし、おまえは山々の中に投げ捨てられる、
剣(つるぎ)で刺し貫かれ、黄泉に落ちて行く多くの死者と
ともに、
忌み嫌われた屍(しかばね)[32]（のようになって）[33]。
血染めになった服がきれいにならないように、
20 **おまえも穢れなき者にはならない。**[34]
おまえは**わが土地**[35]を破壊し、
わが民[36]を殺したからである。
おまえが――**悪をなす子孫よ**――**永遠のときの中**
に留まることはない。[37]
21 おまえの子らに、**おまえの父祖**[38]の罪のために、

屠られる覚悟をさせるがよい。
彼らは立ち上がることも、
地を継ぐことも、

地を**戦い**[39]で満たすこともできなくなる。
22「わたしは立ち上がって彼らに抗する」
と、万軍の主は言われる。

22 明けの明星――これは比喩的にバビロン王の過去の権力と栄光に言及する。

23 [へ]⇩「どうしておまえは天から落ちたのか、明けの明星、暁の子よ」。

24 すべての民族に（光を）放ったその星（ホ・アポステルローン・プロス・パンタ・タ・エスネー）――動詞 ἀποστέλλω の現在分詞アポステルローンの後には、前行で言及されている「明けの明星」を意味するホ・ヘオースフォロスが略されている。

25 [へ]⇩「どうしておまえは地に投げ倒されたのだ、諸国を打ち破った者よ」。

26 [へ]⇩「上げよう」。

27 山――ここでの山は、北シリアのオロンテス川の河口近くにある、神々が集まり住むとされたザフォン山として知られている山（現在のジェベル・エル＝アクラ）を指すらしい。

28 [へ]⇩「わたしは北の最果ての場所（複数形）、（神々の）集う山（単数形）の上に座る」。

29 地底へ――あるいは「地の基へ」。

30 [へ]⇩「捕虜たちを解き放たず、故郷に帰らせなかった男だ」。

31 [へ]⇩「国々」。

32 屍――ギリシア語訳の訳者は「若枝のように」を意味するヘブライ語ケネツェルを「屍」を意味する他のヘブライ語と取り違えている。

33 [へ]⇩「しかしおまえは、忌み嫌われた若枝のように、おまえの墓から投げ出され、剣で刺し貫かれ墓穴の敷石を、踏みつけられた屍のように、下る死者の服を着て」。

34 [へ]⇩「おまえが彼らと一緒になって葬られることはない」。

35 [へ]⇩「おまえの土地」。

36 [へ]⇩「おまえの民」。

37 [へ]⇩「悪を行う者たちの子孫は、未来永劫にその名を呼ばれることがない」。

38 [へ]⇩「彼らの父祖たち（複数形）」。

39 [へ]⇩「町々」。

40 [へ]⇩「バベル（＝神の門の意⇩バビロン）から名前と、残れる者、子孫と後裔」。

41 と、主は言われる――テクストでは「主はこう言われる」。

「わたしは彼らの名前と、残れる者と、子孫[40]を断ち滅ぼす」

と、主は言われる。[41]
23 「わたしはハリネズミが棲(す)めるように、
バビロニアを荒れ野にする。
そこは何もない場所になる。
わたしはそこを破壊のために泥穴にする」[42]と。
……欠文……。[43]

アッシリア人たちにたいする罵り

24 万軍の主はこう言われる。[44]
「わたしが言ったとおりに、ことはなる。
わたしが計ったとおりに、ことは成就する。
25 わが地から、またわが山々から
アッシリア人たちを滅ぼすために。
彼らは踏みつぶされる(カタパテーマ)ものとなる。[45]
彼らの軛は彼らから取り除かれ、
彼らの栄光[46]は彼らの肩から取り除かれる。
26 これは主が人の住む全世界(オイクーメネー・ホレー)にたいして計られた計画、
そしてこれは人の住む世界のすべての民族にたいして高く上げられた手。
――それが何であれ――、
誰が吹き飛ばすことなどできようか？
いったい誰がその高く（上げられた）手を降ろせるのか？」
27 万軍の神[47]が謀られたものを。

ペリシテびと（異部族の者たち）の没落

28 王アハズが亡くなった年[48]に、この宣告[49]があった。
29 「おまえたち、すべての異部族(アルロフロイ)の者たちよ、[50]
おまえたちは、
おまえたちを撃つ者の軛が粉砕されたからといって、[51]

歓喜してはならない。
蛇の子孫からコブラの子孫が、
その子孫から飛び翔る蛇が出て来るからである。[52]
30 貧しい者たち（プトーコイ）は彼[53]を介して養われ、[54]
貧しい人たち（プトーコイ・アンドレス）は平安の中に憩う。

42 [ヘ]⇩「わたしはそこを山あらしの住む沼地とし、破壊の枝帚で掃き清める」。
43 ヘブライ語テクストでは、この後に「万軍の主は言われる」が続く。
44 [ヘ]⇩「誓って言われる」。
45 前半の一文は先行する一文を修飾する。[ヘ]⇩「わたしはアッシュール（＝アッシリア）をわが地で打ち破り、わが山々の上で踏み躙る」。
46 彼らの栄光（ト・クドス・アウトーン）――ギリシア語訳の訳者はヘブライ語テクストに見られる、「彼の重荷」を意味するスボローを誤読し、そこでの単数形の所有格を、先行する一文のそれに合わせて、複数形に改めている。
47 [ヘ]⇩「主」。
48 アハズの没年は、列王記下一八章の記事から、前七一六－七一五年とされる。アハズの後継の王はヘゼキア。
49 この宣告――あるいは「この託宣」。
50 [ヘ]⇩「ペリシテの全土よ」。

だが、彼はおまえの子孫を[55]飢饉で滅ぼし、
おまえの残れる者を滅ぼす。
31 おまえたち、町々の城門よ、
大声を上げて叫ぶのだ。[56]
すべての異部族の者たちよ、

51 [ヘ]⇩「おまえを撃った杖が折られたからといって」。関根訳の註によれば、「アハズがペリシテを撃った証拠」はないそうである。ここでの杖は、多分、アッシリアの王サルゴン二世。
52 [ヘ]⇩「蛇の根（＝子孫？）から蝮（？）が出る。その実（＝子孫？）は飛び翔る蛇（？）」。
53 彼――具体的に誰を指しているのかは不明。
54 貧しい者たちは彼を介して養われ（ボスケーテーソンタイ・プトーコイ・ディ・アウトゥー）――ここでの「貧しい者たち」（プトーコイ）は、次出の「貧しい人たち」（プトーコイ……アンドレス）と区別されて、動物の中の「貧しいものたち」「弱い動物たち」を指している可能性もある。なお、「養われ」（ボスケーテーソンタイ）の動詞βόσκωの本来の意味は「草を食む」である。
55 [ヘ]⇩「だが、わたしはおまえの根を」。
56 [ヘ]⇩「城門よ、大声を上げるのだ。町よ、泣き叫ぶのだ」。

動転している町々に大声を上げさせるのだ。[57]
北から砂煙が（向かって）来る、
（安全な）居場所などは（どこにも）ない。[58]
32 異民族の者たちの王は何と応答するのか？[59]
『主はシオン[60]の基を築かれた。
民の中の貶められている者たちは、
主を介して、救われる』[61]と」。

第15章

モアブの地にたいする宣告

1 モアブの地[1]にたいする宣告。[2]
モアブの地は夜のうちに破壊される。[3]
モアブの地の城壁が夜の間に破壊されるからだ。[4]
2 おまえたちは自分自身のために嘆くがよい、
デボン[5]が破壊されるからである。
おまえたちは、おまえたちの異教の祭壇（ボーモス）のある所へ、
まさにその場所へ泣くために上ることになる。[6]
おまえたちはモアブの地のネボ[7]（山）の上で泣き喚く。[8]
どの頭にも（剃り落されて）頭髪はなく、
腕という腕は切り落とされている。[9]
3 おまえたちは[10]広場で、粗布（あらぬの）をまとい、胸を打つ。[11]
屋上で、また路地で、おまえたちは[12]みな大声を上げて泣き喚く。
4 ヘシュボン[13]とエルアレ[14]は泣き叫んだ。
その声はヤハツ[15]でも聞こえた。
そのためモアブの地の腰部[16]は大声を上げる。
その魂（プシュケー）は（それを）知る。[17]
5 モアブは、自らの心の中で、
ツォアル[18]まで（届けよとばかりに？）大声を張り上げる。

それは三歳の雌牛のよう。[19]

57 ヘ⇩「ペリシテの全土は恐れおののくがよい」。
58 ヘ⇩「彼の隊伍に落伍者はいない」。
59 ヘ⇩「その国の使いの者たちに何と応えようか？」。
60 シオン――エルサレム、またはユダの全王国を指す。
61 ヘ⇩「その方の民の中の苦しむ者たちはそこに避難する」。

第15章

1 ここでのギリシア語はモーアブではなくてモーアビティス。本訳書においてはモーアブと区別してモーアビティスには「モアブの地」の訳語を与える。モアブは前出一一・一四参照。
2 宣告（ῥῆμα）――あるいは「言葉」。以下で語られるモアブにたいする宣告のヘブライ語資料の出所に関しては、研究者の間でさまざまな意見が表明されてきた。ギリシア語訳の訳者がこの資料問題にどれだけ関心を示していたのかは不明であるが、この箇所をエレミヤ書四八章の記事と比較することは大切。古代の聖書世界におけるコピペの問題が自ずと浮上する。
3 ヘ⇩「まことに、一夜にしてアル・モアブは荒らされて滅ぼされる」。
4 ヘ⇩「まことに、一夜にしてキル・モアブは荒らされ滅ぼされる」。

ルヒトの上り坂で、[20]

5 デボン――ギリシア語表記はレベードーン。この場所は、アルノン川の北六キロに位置する現在のディバン村。
6 ヘ⇩「彼（＝モアブ）は宮（ハ・バイツ）とデボンへ、高い所へ、泣くために上ることになる」。
7 ネボ――ギリシア語表記はナバウ。この場所は「デボンの北二九キロの峰ないしは町」（関根訳）。
8 ヘ⇩「ネボの上で、またメデバの上で、モアブは泣き叫ぶ」。この場所は「ネボの南東六キロの地点にある都市」（関根訳）。
9 ヘ⇩「髭という髭は剃り落される」。これは嘆き悲しみを表現する仕方。
10 ヘ⇩「彼らは」。
11 胸を打つ――この語句はヘブライ語テクストには欠落。
12 ヘ⇩「誰もが」。
13 ヘシュボン――ギリシア語表記はエセボーン。この場所は、アルノン川の北、約四〇キロに位置するモアブ人の町。エレミヤ書四八・二ほかをも参照。
14 エルアレ――ギリシア語表記はエレアレ。ヘブライ語エルアレは「神は崇められる」の意。この場所は、アルノン川の北約四三キロ、ヘシュボンの北東四キロに位置する町（現在のエル・アル）。エレミヤ書四八・三四をも参照。
15 ヤハツ――ギリシア語表記はヤッサ。この場所はモアブの平原の中にあったであろうが、その位置に関しては諸説彼らはおまえに向かって[21]泣きながら上って来る。
ホロナイム[22]への道で彼女は叫ぶ、
「破壊と地震を」と。[23]
6 ニムリム[24]の水は涸れ果て、草は萎(しぼ)む。
緑であった草はなくなる。
7 **これでも彼女は救われない。**
わたしがアラビア人たちを渓谷に導き、
彼らが彼女を連れ去るからだ。[25]
8 その叫びはエグライム[26]の、モアブの地の国境に
達した。
彼女の泣き叫ぶ声は《アイラムの井戸[27]》にまで
（達した）。
9 デモン[28]の水は血で満たされる。
わたしはアラビア人たちをデモンに導き、
モアブの子孫と、アリエルと、アダマの残れる者
たちを取り去る。[29]

第16章

モアブの難民たちは……
1 わたしは（彼らを）
地上の爬虫類(ヘルペタ)の生き物のようにして送り出す。[1]
シオンの山は荒れ野の岩場ではないのか？[2]
2 モアブの娘よ、
おまえは親鳥を奪い取られて飛び去る若鳥のよう
になる。
次にアルノン。[3]
おまえはもっと大きな助言を受け、
3 アルノンのために、
いつでも（退避できる）悲しみの避難所(スケペー)をつくる
がよい。
人びとは昼のさなかの闇の中を逃げ惑う。
慌てふためく彼らを導いてやってはならない。[4]
4 モアブから逃れて来る者たちは、

おまえ（＝アルノン）のもとに寄留する。

ある。

16 [ヘ]⇩「武装した男たち」。ギリシア語訳の訳者は、ヘブライ語テクストに見られる「戦いのための準備をした（分詞）」を意味するハルツェーを他のヘブライ語と取り違えている。

17 [ヘ]⇩「打ち震える」。ギリシア語訳の訳者は、ヘブライ語テクストに見られる「打ち震える」を意味するヤレアーを他のヘブライ語と取り違えている。

18 ツォアル――ギリシア語表記はセーゴール。この場所は「死海の南岸から三キロほどに位置すると思われる場所」（関根訳）。

19 [ヘ]⇩「わが心はモアブのために叫ぶ。逃れて行く者たちはツォアルに達する。三歳の雌牛」。関根訳は、「三歳の雌牛」を意味するヘブライ語エグラト・シェリシャを地名と解する。そこでの註を参照。

20 ルヒト――ギリシア語表記はルーイト。この場所は同定されていないが、エウセビオスはアレオポリスとツォアルの間に位置するとする。

21 おまえに向かって――ヘブライ語テクストでは欠落。

22 ホロナイム――ギリシア語表記はアロニイム、またはハロニイム。この場所は「不詳」（関根訳）。

23 [ヘ]⇩「ホロナイムの道で、彼らは破滅の叫び声を上げる」。

彼らは追う者の前からおまえたちの避難所となる。 5

24 ニムリム――ギリシア語表記はネムリム。この場所は「不詳」（関根訳）。

25 [ヘ]⇩「それゆえ、彼らは手に入れた富と蓄えたものを携え、アラビムの川床を渡る」。

26 エグライム――ギリシア語表記はアガルリム。この場所は「不詳」（関根訳）。

27 アイラムの井戸――[ヘ]⇩「ベエル（＝井戸）・エリム」。

28 デモン――ギリシア語表記はレンモーン。この場所は「不詳」（関根訳）。

29 [ヘ]⇩「わたしはさらなる災禍をデモンの上に、モアブを逃れた者と地（＝アダマ）の残りの者の上にもたらす」。ギリシア語訳の訳者はヘブライ語テクストの「地（＝アダマ）」を固有名詞と解している。

第16章

1 [ヘ]⇩「おまえたちは、この地の支配者に子羊を送るがよい」。ギリシア語訳の訳者は、ヘブライ語テクストに見られる「この地の支配者に子羊を」を意味するハル・モシェル・アレツを「爬虫類の生き物のように」を意味する他のヘブライ語と取り違えている。

2 [ヘ]⇩「荒れ野に向かうセラから娘シオンの山へ」。

3 [ヘ]⇩「モアブの娘たちは、アルノンの渡し場で、逃げ惑う鳥、散らばされた巣のようになる」。ここでのアルノン

おまえとの同盟関係が取り払われ、
地を踏み躙（にじ）る支配者（アルコーン）が滅びたからだ。[6]
5 （その日、）玉座が慈悲をもって堅く立てられ、
彼は[7]その上に誠をもって座す。
彼はダビデの幕屋の中で、
裁き、公義をもとめ、
義しいことを速やかに行う。

モアブの驕り

6 われわれはモアブの驕り（ヒュブリス）を耳にした。
非常に驕っている。
おまえはその驕慢を取り除いた。
おまえの占い（マンテイア）ではこうではなかった、
こうではなかった。[8]
7 モアブは泣き喚く。
モアブの地では、誰も彼もが泣き喚く。[9]
おまえはハラセテ[10]に住む者たちのために心配りする。
恥じ入ることはない。[11]
8 ヘシュボン[12]の平原は嘆き悲しむ、
シブマ[13]の葡萄畑も。[14]
おまえたちは異民族の者たちを呑み込み、
ヤゼル[15]に至るまでの葡萄畑を踏み躙（にじ）った。[16]
おまえたちは一緒に行動することなく、
荒れ野を彷徨する。
送り出された者たちは見捨てられた。
荒れ野を横切ったからだ。[17]
9 このためわたしは、ヤゼルが泣いたように、
シブマの葡萄園のために泣く。
ヘシュボンとエルアレよ、
彼はおまえの樹木を切り倒した。[18]
わたしはおまえの収穫の上を、
おまえの葡萄の収穫の上を踏み荒らす。
そしてそれらはすべて倒れる。[19]
10 おまえの葡萄園[20]からは

歓喜と小躍りする喜びが取り去られる。
おまえの葡萄園では、人びとが歓喜することもなければ、

川は、ヨルダンの東側から死海に注ぐ川で、イスラエルとモアブの国境になっている。

4 〔ヘ〕⇩「おまえは助言をし、指示を与えるがよい。おまえの陰を昼のさなかの暗闇のようにするのだ。追われた者を隠し、逃れて来る者を引き渡すようなことをしてはならない」。

5 〔ヘ〕⇩「わが追われている者たちをおまえのもとに寄留させ、モアブのためにおまえは破壊する者の前から彼の隠れ場となれ」。

6 〔ヘ〕⇩「地上から虐げる者は消え、破壊する者は滅び、踏み躙る者は絶える」。

7 〔ヘ〕⇩「ひとりの裁く者」。

8 〔ヘ〕⇩「(われわれは)その高ぶりと、その高慢と、その傲慢を、その自慢話を(聞いた)」。

9 〔ヘ〕⇩「それゆえ、モアブはモアブのために嘆く。誰もかれもが嘆く」。

10 ハラセテ——ギリシア語表記はアデセト。

11 〔ヘ〕⇩「おまえたちは打ちのめされて、キル・ハラセテの葡萄菓子のために呻くことになる」。ここでのキル・ハラセテは「ヘシュボン南方の葡萄の産地」(関根訳)。

酒ぶねの中で葡萄を踏みつけることもない。
すでに(収穫は)終わっているからである。
11 このため、わが腸(はらわた)は

12 ヘシュボン——前出一五・四参照。

13 シブマ——ギリシア語表記はセバマ。この場所については諸説ある。

14 〔ヘ〕⇩「ヘシュボンの畑、シブマの葡萄は枯れた」。

15 ヤゼル——ギリシア語表記はヤゼール。この場所は、ヘシュボン北方のキルベート・ガズィールとされる。エレミヤ書四八・三二を参照。

16 〔ヘ〕⇩「諸国の支配者たちがその葡萄の房をたたき落とした。それら(=葡萄の房)はヤゼルにまで達し」。

17 〔ヘ〕⇩「(葡萄の房は)彷徨って荒れ野に入り、その蔓(つた)は伸びて、海を越えた」。

18 〔ヘ〕⇩「わたしはわが涙でおまえを潤す」。ギリシア語訳の訳者は、ヘブライ語テクストに見られる「わたしはおまえを潤す/わたしはおまえに水やりをする」を意味するアラヤヴェフを誤読している。

19 〔ヘ〕⇩「夏の果実とおまの収穫の上に、鬨の声が落ちたからだ」。

20 〔ヘ〕⇩「果樹園」。

21 この一文の文意は鮮明でない。〔ヘ〕⇩「それゆえ、わが腸はモアブのために、わが心はキル・ヘレスのために竪琴の

モアブのために竪琴（キタラ）のように響き、
わが内臓はまるで城壁のように、おまえが新しく
した！[21]
12 モアブが異教の祭壇（ボーモイ）[22]の所で疲れ果てていても、[23]
また祈るために偶像（ケイロポイエータ）の所へ入っても、
それはおまえの恥さらしとなるだけだ。
（主は）モアブを救うことなどできない。[24]
13 以上は、主がモアブにたいして語った託宣である。
主はかつて（こう）語られたことがある。
14 「わたしは今言う。雇い人の任期である三年後、モアブの栄光は、そのすべての大いなる富[25]とともに、不名誉なものとなる。少数の者が残される、（何の）栄誉もなしで」と。

第17章

ダマスコとエフライムにたいする宣告[1]

1 ダマスコ[2]にたいする宣告。
「見よ、ダマスコは町々の中から取り去られて倒れ、
2 未来永劫にわたって捨てられる。[3]
そこは家畜の群れが眠りにつき憩う所となる。
家畜を追い立てる者はいない。
3 そこはもはやエフライムの避難の要塞ではなく、
王国（の所在地）はもはやダマスコではなくなる。[4]
シリア人たち[5]の残りの者は滅びる。
おまえがイスラエルの子らや彼らの栄光にまさることがないからだ[6]」。
4 万軍の主はこう言われる。[7]
「その日、ヤコブの栄光に欠け（エクレイプシス）（が生じ）、
その豊かな栄光は揺さぶられる。[8]
5 （その日、）人が立ち穂を刈り集め、
（落ちた）麦の穂を刈り集めているときのように

なる。[9]
（その日はまた、）人が堅固な谷で[10]麦を刈り集めているときのようになる。

6 その中に刈り株が取り残されるように。[11]
オリーブの実の二つ三つは梢の頂に、
四つ五つはその若枝の上に取り残される」と。

ように嘆く」。ギリシア語訳の訳者は地名（キル・）ヘレスを誤読し「おまえが新しくした」と読んでいる。

22 ここでの「異教の祭壇」は、モアブの神ケモシュのための祭壇を指す。

23 疲れ果てていても——ギリシア語は ἐκοπίασε（⇩ κοπιάω）。この一文の理解は難しいが、モアブのケモシュ神を祭る聖所が高台にあったと理解し、麓からそこに到達するのが難儀であったと想像する。

24 [ヘ]⇩「モアブがその高台で疲れ切ったり、祈るためにその聖所に入ることがあっても、もはや役立たない」。この一文の意味は鮮明ではない。

25 [ヘ]⇩「民」。

第17章

1 以下はイザヤの時代（前八世紀）の預言とされる。エフライム（北王国）とシリアとの同盟関係については、第七章参照。

2 ダマスコ——ギリシア語表記はダマスコス。スリア（シリア）の首都。

3 [ヘ]⇩「アロエルの町々は見捨てられ」。ギリシア語訳の訳者はヘブライ語テクストにある、「……の見捨てられた町々」を意味するアズボート・アレーを他のヘブライ語と取り違えている。

4 [ヘ]⇩「エフライムから要塞が、ダマスコから王国がなくなる」。

5 シリア人たち——ギリシア語表記はスロイ。

6 [ヘ]⇩「アラムの残りの者はイスラエルの子らの栄光のようになる」。

7 万軍の主はこう言われる——ヘブライ語テクストでは、この一文は先行する主の言葉を締めくくるものとされるが、ギリシア語テクスト（ゲッチンゲン版）は次節の冒頭に置かれるものとする。

8 テクストの直訳は「彼の栄光の太った部分は揺り動かされる」。[ヘ]⇩「その太った肉はやせ細る」。ギリシア語訳の訳者はヘブライ語テクストに見られる、「やせ細る」を意味するイェラゼーを「揺さぶられる」を意味する他のヘブライ語と取り違えている。

9 [ヘ]⇩「その腕で落ち穂をかり集めるときのようになり」。

10 [ヘ]⇩「レファイムの谷で」。ギリシア語訳の訳者はヘブライ語テクストに見られる地名レファイムを「堅固な」とその日、人は……

イスラエルの神である主はこう言われる。[12]
7「その日、人は自分をつくられた方に依り頼み、[13]
イスラエルの聖なる方を見詰める。
8彼らはもはや異教の祭壇に依り頼まず、
自分たちの手先がつくったものにも依り頼まず、[14]
木々や、その忌むべきもの（ブデルグマタ）を見詰めたりもしない」[15]と。

その日、おまえの町々は……

9「その日、おまえの町々は見捨てられる。
ちょうどアモル人たちとヒビ人たち[16]が
イスラエルの子らを前にして（自分たちの町々を）[17]
見捨てたように。
それら（の町々）は荒れ野になる。[18]
10おまえがおまえの救い主（ソーテール）である神を見捨て、
おまえの守護者（ボエートス）である主[19]を覚えなかったからである。
それゆえ、おまえは木とは言えない木を植え、
種とは言えない種を蒔くことになる。[20]
11おまえは（それを）植える日、
迷わされる。
もし朝に種を蒔けば、
それは収穫の花を咲かし、
おまえがそれを手にする日[21]、
おまえは、人の父のように、
わが子らのために（それを）手にするからである」[22]。

異民族の者たちは騒ぎ立ち……

12「禍いだ、多くの異民族の者たちは！
おまえたちは、膨れ上がる海（面）のように、
騒ぎ立つ。

多くの異民族の者たちの轟は（大）水のように響く。
13 多くの異民族の者たちは大水のようになる、
勢いよく下へ流れ落ちる大水のように（なる）。[23]
彼らは彼を呪い、遠くまで彼を追いかける、[24]
風の前で吹き分けられる籾殻のように（なって）、

か「強い」を意味する他のヘブライ語と取り違えている。

11 ㋬⇩「オリーブを打ち落とすときのように、取り残しの実がその中に残される」。

12 イスラエルの神である主はこう言われる――ヘブライ語テクストでは、この一文は先行する主の言葉を締めくくるものとされるが、ギリシア語テクストは次節の冒頭に置かれるものとする。

13 ㋬⇩「……を仰ぎ」。

14 ㋬⇩「もはやその手の業である祭壇を仰がず」。

15 ㋬⇩「その指のつくったもの、アシェラ（ハ・アシェリーム）と香壇を見ることはない」。

16 アモル人たち――ギリシア語表記はアモルライオイ。

17 ヒビ人たち――ギリシア語表記はエウアイオイ。

18 ㋬⇩「その日、砦（あるいは「力」）の町々は、イスラエルの子らの前で見捨てられた森の中や山の頂のように見捨てられ荒廃に帰する」。ギリシア語訳の訳者はヘブライ語テクストに見られる「力」を意味するマウゾを「見捨てられた」を意味する他のヘブライ語と取り違えている。なお、関根訳の註は「七十人訳は『町々は、かつてイスラエルの子らの面前でヒビ人やアモリ人が見捨てた、見捨てられた土地のようになり』としている」とするが、そこでのギリシア語訳からの引用は正しいものではない。

19 ㋬⇩「砦の岩」。

20 ㋬⇩「それゆえおまえは麗しの木を植え、異教の者の枝を挿す」。

21 手にする――あるいは「くじで手にする」。

22 ㋬⇩「おまえは植える日にそれを育てようとした、また ある朝種を花咲かせようとした。ある日病いと激痛が臨み、結局、刈り入れのときは来ない」。ギリシア語訳の訳者は、ヘブライ語テクストに見られる「おまえは……育てようとした」を意味するテサグセーギを「迷わされる」を意味する他のヘブライ語と取り違えている。

23 この一文の文意は鮮明ではない。㋬⇩「国々は多くの水が騒ぎ立つように騒ぎ立つ」。

24 この一文中の「それ（＝彼）」が何、あるいは誰を指しているのか、またその次に来る目的格の「彼を」の彼が誰を指すのか不明。㋬⇩「だがその方（＝主）が譴責されると、彼らは遠方へ逃げる」。

25 これもよく分からない一文である。㋬⇩「風の前の山の上の籾殻のように、つむじ風の前で舞い上がる塵のように粉塵を一掃するつむじ風のように（なって）。[25]
14 夕べになると、悲嘆（の声）がある、[26]
朝になる前に、彼は[27]（もう）いない。
これはおまえたち[28]を略奪した者たちの取り分（メリス）であ
り、
おまえたちから相続権を奪った者たち[29]の相続であ
る」。

第18章

エチオピアからの使者

1 禍いだ、おまえたち、
エチオピアの[1]川々[2]の彼方にある船着き場の翼たち
は！[3]
2 おまえは使者たち（ホメーラ）を海路で送り出し、
パピルスの書簡を水の面（おもて）に（浮かべて）送り出し
ている。[4]
足の早い使者たち（アンゲロイ）が、異邦の国民（くにたみ）で残酷で、
背高のっぽの民族のもとへやって来るからだ。[5]
その向こうにいるのは誰だ？
希望のない踏み躙られた民族だ。
もうすぐ、地のもろもろの川は[6]
3 すべて、人家のある土地のようになる。
彼らの土地は人の住む所となる。
合図の音（セーメイオン）が山の上から鳴らされると、
それは角笛の音のように（はっきりと）聞き取れ
る。[7]
4 というのも、主はわたしにこう言われたからで
ある。
「安全な場所がわが町の中にはある、
日盛りの熱暑が照りつけても、
そこ（だけ）は、
刈り入れの日の露をはらんだ雲のように（なる）」[8]
と。

5 花が咲き終わる刈り入れ前のことで、
まだ熟していない葡萄の木が
あま酸っぱい葡萄の実をつけるとき、
人はその小さな房を鎌で切り取り、
その小さな若枝を切り落とす。

6 人は空の鳥たちや[9]地の獣のために
それらをひとまとめにして残してやる。
空の鳥たちはその上に集められ、
地のすべての獣はそのもとへやって来る。[10]
7 そのとき、[11]貢ぎ物（ドーラ）[12]が、**虐げられ髪を引き抜かれ**

追いかけられる」。
26 [へ]⇩「見よ、突然の恐怖（あるいは「破滅」）が」。
27 [へ]⇩「彼ら」。
28 [へ]⇩「われわれ」。
29 [へ]⇩「われわれからかすめ取った者たち」。

第18章

1 エチオピア——ギリシア語表記はアイティオピア。[へ]⇩「クシュ（＝エチオピア）」。
2 川々——ナイル川とその支流を指す。
3 船着き場の翼たちは——テクストでは「舟の地の翼たちは」——これは意味不明の語句。[へ]⇩「蝗（いなご）たちが羽音を立てている地」。
4 [へ]⇩「おまえは、海路、使者たち（？）を遣わす、水面に浮かぶ葦の舟で！」。
5 [へ]⇩「おまえたち、足の早い使者たちよ、行くのだ、背高のっぽの色つやのよい民のもとへ」。

6 [へ]⇩「ここかしこで恐れられている民のもとへ。その国土をもろもろの川が分つ、屈強で踏みにじる国のもとへ！」。ギリシア語訳の訳者は、ヘブライ語テクストに見られる「彼らは分つ」を意味するバゼウーを「今」を意味する他のヘブライ語と取り違えている。
7 [へ]⇩「おまえたち、世界のすべての住民よ。おまえたち、地に住む者たちよ。山々に合図の旗が掲げられたら、おまえたちは（それを）見るのだ。角笛が吹き鳴らされたら、おまえたちは（それを）聞くのだ」。
8 [へ]⇩「わたしは黙して、わたしの住む所から目を注ごう。日盛りの照りつける熱暑のように、刈り入れどきの熱暑のときの露をはらんだ濃い雲のように」。
9 [へ]⇩「山々の猛禽」。
10 [へ]⇩「猛禽はその上で夏を過ごし、野の獣はすべてその上で冬を過ごす」。
11 「そのとき」ではじまる七節は、イザヤの託宣にたいする後の時代のコメントであるという指摘がある。

た国民（くにたみ）から、[13] これからは未来永劫の時にわたって
偉大になる国民（くにたみ）から、万軍の主のもとにもたらさ
れる。（その貢ぎ物は）希望をもつが、踏み躙られ
ている民——その民は、主の地を流れる川の一部
の中にある[14]——から、[15] 万軍の主のみ名が（呼ばれ
る）場所、シオンの山へ（もたらされる）。[16]

第19章

エジプトにたいする宣告

1 エジプト（について）の幻。
見よ、主は脚の早い雲に乗って、
エジプトに入って来られる。
エジプトの偶像（タ・ケイロポイエータ）たちは主を前にして打ち震え、
意気沮喪（いきそそう）する。
2 エジプト人たちは同胞を相手に立ち上がり、[2]
人は自分の兄弟や近隣の者を相手に戦う。
町は町を相手に、州都（ノモス）は州都を相手に[3]（戦う）。
3 エジプト人たち[4]の霊は自らのうちで攪乱（かくらん）される。[5]
「わたしは彼らの謀りごと（ブーレー）を吹き飛ばす。[6]
すると彼らは、自分たちの神々や、自分たちの
偶像（タ・アガルマタ[7]）たち、
霊媒師たち、[8] 占い師たち[9]に伺いを立てる。
4 わたしはエジプトを人間たちである
非常に厳格な主人たちの手に引き渡す。
（これからは）厳格な王たち[10]が彼らを治める」
と、万軍の主は言われる。
5 エジプト人たちは海の近くの水を飲む。[11]
しかし、（ナイルの）川は水がなくなり、ひび割
れする。
6 河川や川の水路は干上がり、
水の集まる所はどこもひび割れする、
葦（あし）とパピルスの生い茂るすべての沼地において。[12]
7 （ナイル）川周辺のすべての緑地帯と、

川のおかげで種が蒔かれた所もすべて干上がり、[13]
（蒔かれた種は）風で吹き飛ばされる。
8 漁夫たちは呻き声を上げ、
釣り糸を川に垂らす者たちもみな呻き声を上げ、
網を打つ者たちや釣り師たちも[14]
悲しみの声を上げる。
9 恥ずかしい思いにさせられるのは、
上質の亜麻を扱う職人たちや
亜麻布をつくる職人たち。[15]
10 亜麻を織機にかける者たちは

---

12 貢ぎ物――あるいは「贈り物」。
13 [へ]⇩「背高のっぽの、色つやのよい民から」。
14 [へ]⇩「その地をもろもろの川が分かつ、屈強で踏み躙る国から」。
15 [へ]⇩「そのはじめからそれ以降にわたって恐れられている民から」。
16 万軍の主のみ名が（呼ばれる）場所、シオンの山へ（もたらされる）――テクストでは、この一文は文末に置かれる。

第19章

1 偶像（τὰ χειροποίητα）――あるいは「手でつくった物」。
2 [へ]⇩「わたしは煽ってエジプトに対立させる」。ここでの記述はエジプトに内乱が起こることを予告する。
3 [へ]⇩「王国は王国を相手に」。
4 [へ]⇩「エジプト」。
5 エジプト人たちの霊は自らのうちで撹乱される――「エジプト人たちは動転する」の意であろう。
6 [へ]⇩「空しいものにする」。
7 [へ]⇩「口寄せ」。
8 霊媒師たち――テクストでは「地底から声を発する者たち」。[へ]⇩「死霊たち」。
9 占い師たち――テクストでは「腹話術師たち（エンガストリミュトゥース⇩エンガストリミュトス）」。[へ]⇩「占い師たち」。
10 [へ]⇩「残忍な王（単数形）」。
11 [へ]⇩「海からの水は干され」。
12 [へ]⇩「もろもろの河川は悪臭を放ち、下エジプトの支流は細り乾いて、葦やよしも枯れ果てる」。
13 [へ]⇩「ナイル川のいぐさも、川沿いに蒔かれたすべてのものも枯れ、吹き飛ばされて、消え失せる」。
14 ……や釣り師たち――ヘブライ語テクストでは欠落。
15 [へ]⇩「恥じ入るのは、これを梳く女たちと、これを織る男たち」。

悲しみの中に置かれ、
濃い酒[16]をつくる者たちもみな、
悲嘆に暮れ悩み抜く。
11 ツォアンの支配者（アルコンテス）[17]たちは愚か者となる。
王[18]の賢い顧問官たち、
――彼らの献策（ブーレー）は愚かなものとされる。
どのツラ下げておまえたちは王に、
「**わたしどもは**[19]知者の子孫です。
かつての王たちの末裔です」
と、言えるのだ？
12 おまえの知者たちは、
今[20]どこにいるのだ？
彼らをしておまえに告げ知らせ、
万軍の主はエジプトにたいして何を計画されたの
かを、
言わせるのだ。
13 ツォアンの支配者たちは**役立たずだった**[21]。
メンフィス[22]の支配者たちは**舞い上がってしまった**[23]。

彼らはエジプトを迷わす、部族ごとに[24]。
14 というのも、主は彼らにたいし迷妄（プラネーシス）の霊を混ぜ
入れ、
エジプトを、そのすべての業において、迷わせた
からである。
酔っぱらいや反吐（へど）にまみれている者が肩を組んで[25]
迷い出ているように。
15 頭（ケファレー）と尻尾（ウラ）[26]、
初め（アルケー）と終わり（テロス）のある仕事は
エジプト人たちのもとでは[27]なくなるであろう。

エジプトは結局……

16 その日、**エジプト人たち**[28]は、彼らに手をかける
万軍の主を前にして、恐怖で震え上がり、女たち
のようになる。
17 **ユダヤ人（ユーダイオイ）**[29]**たち**の土地は**エジプト人たち**[30]にとって
恐怖となる。その名を彼らにたいして口にする者

はみな、主がそれにたいして謀られた思いのゆえ
に、恐れられる。
18 その日、エジプトに、カナンの土地（カナニティス）の言葉を話
し、**主**[31]の名で誓う五つの町が興る。そのひとつは
《ポリス・アセデク》[32]と呼ばれる。
19 その日、**エジプト人たちの土地に**[33]主に（捧げ
る）祭壇が、またその国境近くに主に（捧げる）
石柱（ステーレー）が（立てられる）[34]。

16 [ヘ]⇩「賃金のために（働く者たち）」。ギリシア語訳の訳者はヘブライ語テクストに見られる、「賃金」を意味するセヘルを読み間違えている。

17 ツォアン――ギリシア語表記はタネオース。この場所はナイルのデルタ地帯にあり、一時期エジプトの首都であった。

18 [ヘ]⇩「ファラオ」。次出も同じ。

19 [ヘ]⇩「わたしは」。

20 今――この副詞はヘブライ語テクストには見出されない。

21 [ヘ]⇩「愚か者となった」。

22 メンフィス――[ヘ]⇩「ノフ」。ノフはエレミヤ書二・一六ほかで言及される「カイロの南の都市」（関根訳）で、一時期エジプトの首都。

23 [ヘ]⇩「騙される」。ギリシア語訳の訳者は、ヘブライ語テクストに見られる「彼らは騙される」を意味するニシェウーを「彼らは高く上げられる」を意味する他のヘブライ語と取り違えている。

24 [ヘ]⇩「諸部族の酋長たちはエジプトを迷わせた」。

25 [ヘ]⇩「酔っぱらいが反吐にまみれて」。

26 頭と尻尾――これは社会的カテゴリーである。ギリシア語訳申命記二八・一三、四四参照。

27 [ヘ]⇩「ナツメヤシの葉や葦のなすべき仕事はエジプトに」。

28 [ヘ]⇩「エジプト」。

29 [ヘ]⇩「ユダ」。

30 [ヘ]⇩「エジプト（ミツライム）」。

31 [ヘ]⇩「万軍の主」。

32 Πόλις ασεδεκ（⇩ポリス・ハツェデク）――これは「正義の町」の意。[ヘ]⇩「イル・ハヘレス」。ヘブライ語テクストでは「破滅の町」。ギリシア語訳の訳者の使用するヘブライ語テクストに「イル・ハツェデク」とあり、訳者はそれをそのまま直訳してみせたのか、それともヘブライ語テクストの「イル・ハヘレス」を何らかの意図から「イル・ハツェデク」に読み替えたのか、その辺りは不明である。もし次々行の註の内容をこの一行に読み込むことが可能であれば、少なくともこの一行を含むギリシア語訳の成立が

20 それはエジプトの地で、**主に**（捧げる）**未来永**
劫の印（セーメイオン）**となる。**[35] 彼らは、彼らを虐げる者たちが
いるために、主に向かって叫び、主は彼らのため
に彼らを救うひとりの人物を遣わす。（その者は）
裁き、[36] そして彼らを救い出す。
21 主は**エジプト人たち**[37] に知られる存在（グノーストス）となり、そ
の日、エジプト人たちは主を知り、**犠牲の献げ物**
を捧げ、主に祈りを捧げ、償いをする。[38]
22 主は大きな一撃で**エジプト人たち**[39] を撃ち、[40] 彼ら
を**癒しでもって**[41] 癒される。彼らが主のもとへ立ち
帰えれば、主は彼らに耳を傾け、彼らを癒される。
23 その日、**アッシリア人たちのもとへ**[42] 向かうエジ
プトの街道がつくられ、**アッシリア人たち**[43] はエジ
プトに入って行き、**エジプト人たちはアッシリア**
人たちのもとへ向かう。[44] **エジプト人たち**[45] **はアッシ**
リア人たち[46] に仕える。
24 その日、イスラエルは**エジプト人たち**[47] と**アッシ**
リア人たち[48] につぐ第三の者となり、**地で**[49] 祝福され
る者となる。
25 万軍の主はそのとき、祝福して言われる。「祝
福されるのは、**エジプトにいるわが民、アッシリ**
ア人たちの中にいる（わが民）[50]、わが相続のイス
ラエルだ」と。

第20章

エジプト人とエチオピア人は捕虜となる

1 **アッシリア人たち**[1] の王サルゴン[2] によって遣わさ
れたタルタン[3] がアシュドド[4] に侵攻し、アシュドド
を相手に戦い、そこを攻め取った年に、[5]
2 そのとき主[6] は**イザヤ**[7] に向かって「行って、おま
えの腰から粗布[8] を剥ぎ取り、おまえの足からサン
ダルを脱ぐのだ」と言われた。彼はそのようにし、
裸、裸足（はだし）で歩いた。

3 主は言われた。「わが僕（パイス）イザヤは三年間、裸、裸足で歩いたが、それは**エジプト人たちとエチオ**

前一五〇年か、それ以前のものとなる。

33 [ヘ]⇩「エジプトの土地の真ん中に」。

34 前二世紀の半ば、エルサレムでの大祭司職争いに敗れたオニアス四世は、エルサレムの神殿から祭司たちとレビとの一部を引き連れてエジプトに逃亡し、プトレマイオス六世により下賜された土地にエルサレムの神殿を模した神殿を造営してエルサレムの神殿と対抗したが、オニアス四世の神殿造営を正当化したのはイザヤのこの預言であったと思われる。ヨセフス『古代誌』一三・六二－六四ほか参照。拙著『マカベア戦記』上（京都大学学術出版会）一五〇ページ以下参照。

35 [ヘ]⇩「万軍の主への徴となり、また証しとなる」。

36 裁き——この動詞はヘブライ語テクストに見出せない。

37 [ヘ]⇩「エジプト」。

38 [ヘ]⇩「生け贄の献げ物と供え物をもって拝し、主に誓願を立ててこれを果たす」。

39 [ヘ]⇩「エジプト」。

40 大きな一撃で……撃ち——あるいは「大きな災禍で……撃ち」。ギリシア語訳の訳者の念頭には「十の災禍」があるが、そのことは、ヘブライ語テクストでは必ずしも明瞭ではない。

41 [ヘ]⇩「打って」。

42 [ヘ]⇩「アッシリアへ」。

43 [ヘ]⇩「アッシリア」。

44 [ヘ]⇩「エジプト人はアッシリア人と一緒に（主を）拝する」。

45 [ヘ]⇩「エジプト」。

46 [ヘ]⇩「アッシリア」。

47 [ヘ]⇩「エジプト」。

48 [ヘ]⇩「アッシリア」。

49 [ヘ]⇩「地の中心で」。

50 [ヘ]⇩「わが民エジプト、わが手の業アッシリア」。

第20章

1 [ヘ]⇩「アッシリア」。

2 サルゴン——ギリシア語表記はサルナン。サルゴン二世（前七二七ころ－七〇五）を指す。

3 タルタン——ギリシア語表記はタナサン。ヘブライ語表記は「指揮官」を意味するタルタンであるが、ギリシア語訳の訳者はこれを固有名詞と解している。

4 アシュドド——ギリシア語表記はアゾートス。この場所は、ガザの北々東三五キロに位置するペリシテびとの町。

5 前七一一年。

6 そのとき——[ヘ]⇩「そのとき／その当時」。ここでのヘブライ語テクストの理解については、関根訳の註参照。

7 [ヘ]⇩「アモツの子イザヤ」。

ピア人たちへの[9]徴と前兆になる。
4 アッシリア人たち[10]の王がエジプト（人たち）とエチオピア人たちの捕虜を、若い者も老いた者も、裸、裸足で、[11]エジプトの恥部をむき出しにさせて引いて行く事態になるからである。
5 エジプト人たちは、頼みとしたエチオピア人たちの前に破れ、とんだ恥をかかされる。彼らは彼らにとって栄光だったからである。[12]
6 その日、[13]この島[14]に住んでいる者たちは言う。『見よ、われわれはアッシリア人たち[15]の王のもとから脱出できなかった者たちを頼りにして、彼らのもとへ逃げ込もうとした。いったい、どのようにすればわれわれは救われるのか？』と」。

第21章

バビロン崩壊の預言

1 荒れ野の幻。[1]
つむじ風が荒れ野[2]を横切るように、
恐ろしきもの[3]が荒れ野から、
地（の果て）から[4]やって来る。
2 かくも恐ろしい幻がわたしに示された。[5]
背く者[6]は背きつづけ、
教えを足蹴にする者は（いつも）足蹴にする。[7]
わたしのもとにエラム人たちが、[8]
そしてペルシア人たち[9]の使節の者たちもやって来る。[10]
わたしは今（思わず）呻き声を上げ、わたし自身を慰める。[11]
3 そのため、腰をぬかし、
痛みが産婦を（捉える）ようにわたしを捉えた。
わたしは（この事態を）聞かないようにと馬鹿なことをした。

わたしは（この事態を）見ないよう躍起になった。[12]
4 わたしの心は迷い出て、
無法（アノミア）がわたしにしみ込み、[13]

8 粗布――この単語は、前出一五・三でも見られた。
9 [へ]⇩「エジプトへの、またクシュ（＝エチオピア）への」。
10 [へ]⇩「アッシリア」。
11 ヘブライ語テクストでは、この箇所に「尻をあらわにし」が挿入される。
12 [へ]⇩「彼らは、彼らの期待であるクシュのために、また彼らの栄光であるエジプトのために狼狽し恥じ入る」。
13 その日――ヘブライ語テクストより補う。
14 [へ]⇩「この海辺」。
15 [へ]⇩「アッシリア」。

第21章

1 荒れ野の幻――ここでの「荒れ野」は「バベル（＝バビロン）とパレスチナの間のシリア・アラビアの砂漠」（関根訳の註）を指すらしい。[へ]⇩「海の荒れ野についての託宣」。ここでの荒れ野の形容語句「海の」については、関根訳の註参照。
2 [へ]⇩「ネゲブ（＝「南の地」の意）」。
3 恐ろしきもの（フォベロン）――ここではフォベロンを主格と見なしたが、実は曖昧。ヘブライ語テクストでも同

わたしの魂は恐怖へ向かった。[14]
5 「おまえは食卓を用意するのだ。
おまえたちは飲むのだ、食べるのだ」[15]。

じ。「彼は」（新共同訳）、「それは」（関根訳）。
4 [へ]⇩「恐ろしい地から」。
5 かくも恐ろしい幻がわたしに示された――テクストでは「幻と恐ろしい（もの）、それがわたしに示された」。
6 背く者――具体的に誰を指すかは不明。
7 [へ]⇩「荒らす者は荒らしつづける」。
8 エラム人たち――ギリシア語表記はアイラミタイ。[へ]⇩「エラム」。前出一一・一一参照。
9 ペルシア人たち――ギリシア語表記はペルソイ。[へ]⇩「メディア」。前出一三・一七参照。
10 [へ]⇩「エラムよ、上れ。メディアよ、包囲するのだ」。ギリシア語訳の訳者は「ペルシア人たちの使節たち」に言及するが、これはイザヤの時代（前八世紀）のものではなくて、後の捕囚からの帰還前の出来事とされる。
11 [へ]⇩「わたしはすべての嘆きを終わらせる」。
12 [へ]⇩「わたしは身をかがめていたため聞くことができなかった。わたしは怯えたため見ることもできなかった」。
13 無法がわたしにしみ込み――テクストの直訳は「無法がわたしをじゃぶじゃぶ浸けにし」。
14 [へ]⇩「恐怖がわたしを圧倒した。わたしが待ち望んだ黄

「おまえたち、支配者（アルコンテス）たちよ、
立って、長楯を準備するがよい[16]」。
6 主はわたしに向かってこう言われたのである。
「行って見張りを立てるのだ。
おまえが目にするものは何でも報告するのだ[17]。
7 わたしは騎乗した二人の男を見た。
一人は驢馬（ろば）に乗り、一人は駱駝（らくだ）に乗っていた[18]。
全身を耳にして聞くのだ。
8 そしてウーリアを主の見張り台に呼ぶのだ[19]」と。
すると彼は言った。
「わたしは昼間ずっと立っておりました。
夜間も、陣営で立っておりました。
9 見て下さい。彼自身が二頭立てに乗ってやって
来ます」と。
彼は答えて[20]言った。
「倒れた、バビロンが[21]。
彼女の彫像や彼女の偶像はすべて[22]砕かれて地に散
った」と。

10 おまえたちは聞くのだ、
残された者たちよ、
苦しみの中にある者たちよ[23]。
おまえたちは、
わたしが万軍の主から聞いたことを聞くのだ。
イスラエルの神はわれわれに（こう）伝えた[24]。

イドゥマイアについての託宣

11 イドゥマイア[25]（について）の幻[26]。
その方はセイル[27]からわたしに向かって呼ばれて
言う。
「防備を固めるのだ」と[28]。
12 「わたしは朝も夜も見張りの者を立てている。
もし求めるのであれば、求め、わたしの傍らに住
むがよい[29]」。

アラビアについての託宣

13 茂みの中で、夕刻、

おまえはデダン[30]の道（の傍ら）で寝入る。[31]

14 おまえたちは、喉の渇いた者に出会うので、

昏時はわたしをおののきの中に突き落とした」。ギリシア語訳の訳者は、ヘブライ語テクストに見られる「黄昏」を意味するネシェフを「わが魂」を意味する他のヘブライ語と取り違えている。

15 へ⇩「彼らは食卓を用意し、座を整え、食い、（そして）飲む」。

16 へ⇩「司たち（＝ハサリーム）よ、立って、楯に油を塗るのだ」。

17 へ⇩「彼に彼が見るものを告げさせるのだ」。

18 へ⇩「彼は二人ひと組の兵士の部隊や、驢馬部隊、駱駝部隊を見たならば」。

19 へ⇩「そして彼は獅子のように叫んだ」。ギリシア語訳の訳者はヘブライ語テクストに見られる「獅子」を意味するアルイエーを誤読している。

20 へ⇩「声を上げて」。

21 へ⇩「倒れた、倒れたバベル（＝バビロン）が」。バビロンが言及されているところから、この一文は前五世紀のもので、イザヤ時代（前八世紀）のものではない。なお、この一文はヨハネ黙示録一八・二の「倒れた。大バビロンが倒れた。……」の中で引用されている。

22 へ⇩「その神々の彫像はすべて」。

23 へ⇩「わが踏みにじられた民よ、わが打ち場の子よ」。

24 へ⇩「わたしはイスラエルの神、万軍の主から聞いたことをおまえたちに告げたのだ」。

25 イドゥマイア――エドム。ここではヘレニズム・ローマ時代のギリシア語表記を使用する。この表記から、ギリシア語訳がヘレニズム時代のものであることが分かる。前出一一・一四参照。

26 へ⇩「ドゥマへの託宣」。ここでの地名ドゥマはエドムの誤写とされる。

27 セイル――ギリシア語表記はセーイル。この場所は死海南東の山地で（セイルは山地を意味する）、エドム人が住んでいた。

28 へ⇩「見張りの者よ、夜の何どきか？ 見張りの者よ、夜の何どきか？」。ギリシア語訳の訳者は、ヘブライ語テクストに見られる「夜」を意味するライラーを「防備」を意味する他のヘブライ語と取り違えている。

29 へ⇩「見張りの者は言った。『朝が来て、また夜が来る。求めたければ、求めるがよい。もう一度来るがよい』と」。

30 デダン――北西アラビアの町。

水を携えるがよい。
テマ[32]の地に住む者たちよ、
パンをもって、逃れて来た者たちを迎えるのだ。
15 **逃れて来る者たちの数ゆえに、**
彷徨する者たちの数ゆえに、
剣（つるぎ）の数ゆえに、
引き絞られた弓の数ゆえに、
戦いに倒れた者たちの数ゆえに。[33]

ケダルについての託宣

16 主がわたしにこう言われたのである。
「もう一年もすれば、雇い人の（奉公期間の）一年のように、[34]ケダル[35]の子らの栄光[36]は尽き果てる。
17 ケダルの子ら[37]の勇士たちの弓の残りも少なくなる」と。イスラエルの神、主がこう語られたのである。

第22章

エルサレムについての託宣

1 シオンの谷（について）の幻。[1]
おまえに今何が起こったのだ？
おまえたちがみな[2]徒（いたずら）[3]に屋上に上がって行くからだ。
2 **都は大声を上げる者たちで一杯だ。**[4]
おまえの中の負傷者たちは剣（つるぎ）で負傷したのではないし、
おまえの中の死者たちは戦って死んだのでもない。
3 おまえの支配者（アルコンテス）たちはみな逃げ出した者、
捕らえられた者たちは縄できつく縛り上げられた。[5]
おまえの中の力ある者たちは遠くへ逃げ去った。[6]
4 そこでわたしは言った。
「**わたしをひとりにしてくれ。**[7]
号泣したいからだ。

精一杯のことをしてわたしを慰めようとするので
はない、
わが民族の娘の苦悩のことで」。[8]
5 それは騒乱と破壊と蹂躙の日。
（それは）シオンの谷での、万軍の主のもとから
彷徨い（出る日）。[9]
小さな者から大きな者まで彷徨する。
彼らは山々の上を彷徨する。[10]

31 [ヘ]⇩「アラビアについての託宣。デダン人の隊商たちよ、おまえたちはアラビアの茂みの中で宿らねばならない」。ギリシア語訳の訳者は、ヘブライ語テクストに見られる「アラビアについての（に関する）」を意味するバアラブを「夕方に」を意味するバエレブと取り違えている。

32 テマ――ギリシア語表記はタイマン。この場所は、北西アラビアの隊商路に位置する砂漠のオアシス。

33 [ヘ]⇩「彼らは、剣から、抜き身の剣から、引き絞られた弓から、そして戦いの耐え難さから逃れて来たのだから」。

34 前出一六・一四では、雇い人の年期は「三年」。

35 ケダル――ギリシア語表記はケーダル。ケダルは北アラビアの遊牧民を指す。

36 子らの――ヘブライ語テクストでは欠落。

37 子らの――ヘブライ語テクストでは欠落。

第22章

1 ここでの「幻」はホラシスではなくてホラマ。[ヘ]⇩「幻の谷についての託宣」。ここでの「幻の谷」は、エルサレムの南にある「ヒンノムの谷」とされる。

2 おまえに……おまえたちが――[ヘ]⇩「おまえたちに……おまえたちが」。

3 徒に――この副詞はヘブライ語テクストには見出せない。

4 [ヘ]⇩「汝、叫喚に満ちた騒々しい都よ。喜びに浮かれた都よ」。

5 [ヘ]⇩「弓も引かずに捕らえられた」。

6 [ヘ]⇩「おまえの中の見つけられた者はみな縛り上げられた」。

7 [ヘ]⇩「わたしから目をそらしてくれ」。

8 [ヘ]⇩「破滅」。

9 [ヘ]⇩「それは混乱と蹂躙と破壊の日であり、万軍の主なる神からである」。

10 [ヘ]⇩「幻の谷に騒音が、山に向かって叫ぶ声が」。

11 [ヘ]⇩「エラム」。エラム人たちは、前出一一・一一参照。

12 [ヘ]⇩「エラムは矢筒を背負い、部隊の兵士と騎兵を引き連れ、キルは楯の覆いをはずした」。ここでのキルはアラム人の郷土を指し――場所は不明――、関根訳の註によれ

6 **エラム人たち[11]は矢筒（の矢）を手にした。**
人びとは馬にまたがる。
隊伍の集結[12]。
7 おまえの谷間という谷間は戦車で埋め尽くされ、
騎手たちがおまえの城門を塞ぐ。
8 **彼らはユダの城門を露にする。**
その日、彼らは町の人家という人家に目をやり、[13]
9 **ダビデの要塞の人の住む秘密の場所を暴露する。**
彼らは（秘密の場所が）もっとあることや、
古い溜め池の水が町の中に引き入れられたこと、[14]
10 エルサレムの人家を**破壊して**[15]町の城壁を堅固にしたことなどを知った。
11 おまえたちはおまえたち自身のために、
古い溜め池の内側の二つの壁の間に、
貯水地をつくった。
しかし、おまえたちは昔そこ（＝都）をつくられた方に目をやらず、
そこを創建された方を見ようとはしなかった。

12 その日、万軍の主[16]は、
泣くことと、嘆くことと、頭を剃ることと、
粗布をまとうことをもとめたが、
13 彼らは喜び祝った。
牛を殺し羊を屠って肉を食らい、
葡萄酒を飲んではほざいた。
「さあ、われわれは食べたり飲んだりしよう。
明日は死ぬ身だから」[17]と。
14 **そしてこれらのことは万軍の主の耳に入っていた。[18]**
「この罪はおまえたちが死ぬまで、おまえたちに
許されるものではない」[19]
（と、主は言われた）[20]。

執事シェブナに向けられる主の仕打ち

15 万軍の**主**[21]はこう言われる。
「部屋の中に入り執事シェブナ[22]のもとへ赴き、[23]

そして言うのだ。
16『ここでおまえは何をしているのだ？
おまえにとって何がここにあるというのだ？
おまえはここでおまえ自身のために[24]墓石を切り出し、
高い所におまえ自身のための**墓**[25]をつくり、
岩肌におまえ自身のための**天幕**[26]を刻んでいる。
17 見よ、**万軍の主は人を追放し粉砕する。**[27]
その方はおまえの外衣とおまえの栄えある冠を取り払う。[28]
18 その方はおまえを広大無辺の地に放り投げるので、

ば、「前七一三年ないしは七〇一年に、エラムとともにアッシリア軍に加わってユダを攻めた」。

13 ヘ⇩「こうしてユダの覆いは取り除かれた。その日おまえは林の家（＝宮殿？）の武器に目をやった」。

14 ヘ⇩「おまえたちはまた、ダビデの町に破れを見て、しかもそれが多いのを（知って）、下の池の水を集めた」。

15 ヘ⇩「数え、人家を破壊して」。

16 ヘ⇩「神」。

17 さあ、われわれは食べたり飲んだりしよう。明日は死ぬ身だから――パウロはコリントの信徒への手紙一五・三二で、この一文を引いている。

18 ヘ⇩「そこで万軍の主はご自身をわたしの耳に顕された」。

19 ヘブライ語テクストでは、この後に、「万軍の神なる主は言われる」が来る。

20 ……と、主は言われた――ヘブライ語テクストから補う。

21 ヘ⇩「神なる主」。

22 シェブナ――ギリシア語表記はソムナン。この人物は後出三六・三でも登場するが、列王記下一八・一八以下でも言及されている。

23 ヘ⇩「行ってこの執事、家（＝宮廷）を司るシェブナに会うのだ」。ギリシア語訳の訳者は「執事のもとへ」を意味するエル・ハソヘンを「部屋の方へ」を意味するエル・ハルシュカーと取り違えている。なおこの訳者は「家（＝宮廷）を司る」者を「執事」（タミアス）で表現している。

24 おまえ自身のために――ヘブライ語テクストでは欠落。

25 おまえ自身のための――ヘブライ語テクストでは欠落。

26 ヘ⇩「住まい」。

27 ヘ⇩「主はおまえを、人を投擲するように、上に下にと振り回す」。

おまえはそこで死ぬことになる。
その方はおまえのご大層(カロン)な[29]戦車をただのがらくた(アティミア)
と見なし、
おまえの主人(アルコーン)の家（＝宮廷？）を踏みにじられる
ものにする。[30]
19 おまえはおまえの執事職と、
その地位を取り上げられる』[31]と」。
20 その日わたしは、
わが僕(しもべ)ヒルキヤの[32]子エルヤキム[33]を召し出し、
21 彼におまえの長衣を着せ、
彼におまえの冠を与え、
彼の手に権力とおまえの統治職を[34]与える。
彼はエルサレムに住む者たちとユダに住む者たち[35]
にとって、
父のような存在となる。
22 わたしは彼[36]にダビデの栄光を与える。
彼は支配するが、
彼に楯突く者はひとりもいない。[37]
23 わたしは彼を確かな場所の支配者(アルコーン)に立てる。[38]
彼は父の家の栄光の座になる。
24 彼の父の家で栄光の座にある者はみな、小さい
者から大きい者まで、彼を信頼し、彼に依り頼む。[39]
25 「その日」と万軍の主は言われる。「確かな所に
打ち立てられた人も動かされ、倒れる。その者の
上にあった栄光は取り去られる」[40]と。
主が（こう）語られたのである。

第23章

ツロとシドンへの託宣

1 ツロ[1]（について）の幻[2]

おまえたち、**カルタゴ**[3]の船舶よ、泣き叫ぶがよい。
彼女は滅びたからだ。[4]
船舶はもはやキッティム[5]の地からは来ない。
彼女は囚われの身となって連れて行かれてしまった。[6]
2 いったい彼らは何に似たのか、

---

28 [へ]⇩「その方はおまえをまるく丸める」。
29 [へ]⇩「栄えある」。
30 [へ]⇩「おまえの主人の家の恥さらしよ」。
31 [へ]⇩「わたしはおまえをおまえの職から放逐し、おまえはおまえの地位から引き下ろされる」。
32 ヒルキヤ――ギリシア語表記はケルキアス。
33 エルヤキム――ギリシア語表記はエリアキム。この人物は、列王記下一八・一八以下で「宮廷長」として登場する。前出三六・一―三七・六参照。
34 [へ]⇩「彼におまえの飾り帯を締め、おまえの権力を」。
35 [へ]⇩「ユダの家」。
36 彼――ヘゼキアを指す（二二・一参照）。
37 [へ]⇩「わたしは彼の肩にダビデの家の鍵を置く。彼が開けば、閉じる者はなく、彼が閉じれば、開く者はいない」。
38 [へ]⇩「わたしは彼を釘として、確かな場所に打ち付ける」。
39 [へ]⇩「彼らは彼の上に、彼の父の家のすべての栄光、子孫と後胤、すべての小さな祭具、椀からすべての蓋付き瓶にいたる容器をかける」。
40 [へ]⇩「確かな場所に打ち付けられた釘は動き、抜け落ち、その上にかけられていたものは取り壊される」。

第23章

1 ツロ――ギリシア語表記はテュロス。この場所はカルメル山北方に位置するフェニキアの町。
2 [へ]⇩「託宣」。
3 カルタゴ――ギリシア語表記はカルケードーン。[へ]⇩「タルシシュ」。タルシシュは地中海のフェニキア系の島国で、パレスチナの町々との交易で知られている。ギリシア語訳の訳者は六節でもタルシシュをカルタゴとし、交易範囲を狭いものにしている。
4 [へ]⇩「それ（＝ツロ）は破壊され、そのため住む家もなくなり、入港することもできない」。
5 キッティム――ギリシア語表記はキッティーム。本来キッティムはキプロスかその町々を指すようであったが、後の時代（ギリシア語訳の訳者の時代）には、ギリシアが含まれていたであろう。
6 [へ]⇩「キッティムの地から（の帰途）、そのことが彼らに知らされた」。
7 フェニキア――ギリシア語表記はフォイニケー。

島に住んでいる者たちや、フェニキア[7]の交易商人
たち、
大海原を横断する者たち、
3 **それに商人たちの子孫は！**[8]
収穫が刈り集められるときのよう（だった）、
異民族の者たちと交易する商人たちは。[9]
4 「シドンよ、恥じ入るのだ」
と、海は言った。
海の**力**（イスクス）[10]は言った。
「わたしは産みの苦しみを覚えることも
子を産むこともなく、
若い男子を育てたことも、
若い娘を育て上げたこともない」と。
5 しかし、このことがエジプトの耳に入るとき、
ツロについての戦慄（せんりつ）が彼らを捉える。
6 おまえたちは**カルタゴ**[11]に行くがよい。
この島に住んでいる者たちよ、泣き叫ぶのだ。
7 **彼女が引き渡される前の、**
本来のおまえたちは尊大ではなかった。[12]
8 いったいどこの誰がツロ[13]にこれらの謀（はか）りごとを
したのだ？
彼女は劣っているのか？
強くないのか？
ふんぞり返っている者たちよ。[14]
9 万軍の主は、ふんぞり返っている者たちの驕り
という驕りを貶め、
地の上のふんぞり返っているすべての者を卑しめ
るために謀りごとをされた。
10 **おまえは自分の地を耕作するのだ。**
カルタゴからの船舶はもはや来ないからだ。[15]
11 **王たちを挑発していた彼女（＝カルタゴ）よ、**
おまえの手はもはや海では強くない。[16]
万軍の主[17]は、
彼女の**力**[18]を破壊するために
カナンについて命令を下された。

12 彼らは言う[19]。
「おまえたちがこれ以上シドンの娘に尊大に振舞ったり、
不義・不正を働くことは許されない。
たとえおまえがキッティムの地に入って行っても[20]、
そこはおまえにとって安住の地ではない[21]」と。

13 カルデア人たちの土地に（入って行ったところで）、
そこもアッシリア人たちによって荒らされている。
（その証拠に）そこの城壁は崩れ落ちている[22]。
14 カルタゴ[23]の船舶よ、泣き叫ぶがよい。
おまえたちの要塞は破壊されたからだ。

---

8 [ヘ]⇩「黙せ、海辺に住む者たちよ、海を渡るシドンの交易商たちがおまえを豊かにしていた」。

9 [ヘ]⇩「大海原で、シホルの穀物、ナイルの刈り入れが彼女（＝シドン）の収入であり、彼女は異民族の者たちと交易する商人たちだった」。

10 [ヘ]⇩「砦」。

11 [ヘ]⇩「タルシシュ」。

12 [ヘ]⇩「これがおまえたちの賑やかだった海辺の町か。その足（である船）は昔移住の地を求めて、彼女を遠隔の地へ運んだ」。

13 [ヘ]⇩「冠をかぶせられた（町）ツロ」。

14 [ヘ]⇩「その商人たちは君侯たち（サリーム）で、その商人たちは土地の尊ばれた者たちではなかったか?」。

15 [ヘ]⇩「タルシシュの娘よ、ナイルのようにおまえの地を進め。もはや遮るものはない」。ギリシア語訳の訳者は、ヘブライ語テクストに見られる「進め」を意味するイヴリーを「耕作する」を意味する他のヘブライ語と取り違えている。

16 [ヘ]⇩「その方（＝主）はその手を海の方に伸ばし、諸王国を震撼させた」。

17 万軍の――ヘブライ語テクストでは欠落。

18 [ヘ]⇩「砦」。

19 [ヘ]⇩「そしてその方（＝主）は」。

20 [ヘ]⇩「立って、キッティムへ渡れ」。

21 [ヘ]⇩「おまえは二度と喜んではならない。虐げられた処女、シドンの娘よ」。

22 [ヘ]⇩「見よ、カルデア人たちの地を。（カルデア人たちは）もはや存在しない民である。アッシリアは彼らを荒れ野の獣に渡した。彼らは塔を建て、もろもろの館（＝宮殿）を略奪し、廃墟にした」。

ツロへの託宣

15 その日、ツロは、ひとりの王の（生涯の）時間に等しい、人の（生涯の）時間に等しい[24]七〇年にわたって見捨てられる。[25] そして七〇年後、ツロは遊女の歌でうたわれているようになる。

16 「ちょいと、忘れ去られた遊女（おまえ）さん、
竪琴（キタラ）手にして、町内を巡り、
キタラを美しく奏でてご覧。
次から次にうたうがよい。
そうすりゃ、おまえを思い起こす」。

七〇年後、神はツロを顧みられ、**彼女は再び往時の繁栄に戻され、**
17 **人の住む世界のすべての王国の市場となる。**[26]
18 ツロの商いと稼ぎは主にとって聖なるもの。**それは彼らのために集められるのでなく、**[27] 彼女の商いはすべて主の前に住む者たちのもので、彼らが腹一杯食べたり飲んだりし、**主の前に覚えられる（特別な）結びつきのためである。**[28]

第24章

人の住む世界は裁かれる[1]

1 見よ、主は**人の住む世界**（オイクーメネー）[2]を破壊し、
そこを荒廃させ、その面（おもて）を**裸にし、**[3]
そこに住む者たちを散らされる。
2 民は祭司のように、
家僕は主人のように、
女家僕は女主人のようになる。
買う者は売る者のように、
貸す者は借りる者のように、
債権者は債務者のようになる。

3 地は破壊し尽くされ、
強奪の限りを尽くされる。
――主の口[4]がこれらのことを語られたのである。
4 **地は呻き声を上げ、**
人の住む世界は破壊された。[5]
地の高貴な者たちも**呻き声を上げた。**[6]
5 地はそこに住む者たちのゆえに**罪を犯した。**[7]
彼らが教え（ノモス）を犯し、
永遠の契約[8]である掟を**変えたからである。**[9]
6 このため、禍いが地を食い尽くす。

23 [ヘ]⇩「タルシシュ」。
24 人の（生涯の）時間に等しい――ヘブライ語テクストでは欠落。
25 この背景にあるであろう史実は確認されていない。
26 [ヘ]⇩「彼女は再び遊女の報酬を受け取り、地の面にある世界のすべての王国と姦淫する」。ギリシア語訳の訳者は「遊女の報酬を受け取る」を意味するヘブライ語ヴェザネターを「市場となるであろう」を意味する他のヘブライ語と取り違えている。
27 [ヘ]⇩「それは積み立てられることはなく、貯えられることもない」。
28 [ヘ]⇩「華やかに祭衣をまとうためである」。

第24章

1 以下の四章はイザヤ（前八世紀）よりもはるかに後の時代（捕囚期およびそれ以降）に書かれたものとされるが、四章すべてが同じ時代、同じ人物によって書かれたものとはされない。関根訳の註参照。
2 [ヘ]⇩「地」。ヘブライ語テクストの地を意味するエレッツ（＝土地）はイスラエルを意味するが、ギリシア語訳の訳者は、イスラエルの外に住んで翻訳しているためか、「イスラエル」を「人の住む世界（オイクメーネー）」に拡大している。
3 [ヘ]⇩「（地の面を）歪めて」。ギリシア語訳の訳者は、ヘブライ語テクストに見られる「歪め」を意味するヴェイヴァーを「裸にし」を意味する他のヘブライ語と取り違えている。
4 ……の口――ヘブライ語テクストでは欠落。
5 [ヘ]⇩「地は渇き衰え、世界は萎れ衰える」。
6 [ヘ]⇩「呻き声を上げた」。
7 [ヘ]⇩「穢された」。
8 永遠の契約――これは創世記九・一－一七に見られる、ノアとの契約を指すらしい。
9 [ヘ]⇩「破ったからである」。

そこに住む者たちが罪を犯したからである。[10]
このため、地に住む者たちは貧しくなり、[11]
少数の者たちだけが残る。

恐怖と歓呼と裏切りと

7 葡萄酒[12]は嘆きの声を上げ、
葡萄の木も嘆きの声を上げ、[13]
陽気で明るかった者たちもみな呻き声を発する。
8 タンバリン（テュンパノン）の騒々しい音は絶え、
不信仰な者たちの傍若無人と富も絶え、[14]
竪琴（キタラ）の音色（ねいろ）も絶えた。
9 彼らは恥じた。
彼らは葡萄酒を飲まなかった。[15]
濃い酒[16]が飲む者にとって苦いものとなった。
10 町の至る所が荒廃した。[17]
（誰も）中に入らぬようにと家は閉じられる。[18]
11 おまえたちは至る所で葡萄酒をもとめて[19]喚き立てる。
地上の楽しみはことごとく終わった。[20]
12 町々は荒れ放題になって残され、
取り残された人家が破壊される。
13 これらのことはすべて地のただ中で、
もろもろの民の間で起こる。
ちょうどオリーブの木（の取り残し）をかき集めるように、
彼らはそれら（の残骸）をかき集め、
そして収穫が終わりに近づくと……。[21,22]

主の栄光は讃えられる

14 この者たちは声を上げて叫ぶが、
地に残された者たちは主の栄光と一緒に喜ぶ。
海の水は騒ぎ立てる。[23]
15 それゆえ、主の栄光は海の島々で（讃えられ）、
主のみ名は栄えあるものとなる。[24]

16 イスラエルの神、主よ。[25]
わたしどもは地の果てから驚くべきこと（テラタ）[26]を耳にしました。

「敬神の念の篤（あつ）き者には希望が（ある）」[27]と。
そして彼らは申します。
「教え（ノモス）を無視する者たちに、
10 [ヘ]⇩「そこに住む者たちは罰を受ける」。
11 [ヘ]⇩「やせ衰え」。
12 [ヘ]⇩「新しい葡萄酒」。
13 [ヘ]⇩「萎れ」。
14 [ヘ]⇩「陽気な歓声を上げる者たちの騒ぎも絶え」。ギリシア語訳の訳者は、ヘブライ語テクストに見られる「陽気な歓声を上げる者たち」を意味するアリズィームを「悪事を行う者たち」を意味するオリームと取り違えている。
15 [ヘ]⇩「彼らは歌いながら葡萄酒を飲むことはなかった」。ギリシア語訳の訳者は、ヘブライ語テクストに見られる「歌いながら」を意味するバシールを「彼らは恥じた」を意味する他のヘブライ語と取り違えている。
16 濃い酒――ギリシア語はシケラで、ヘブライ語シェカルからの借用語。
17 [ヘ]⇩「荒廃の町は壊される」。
18 テクストの直訳は「（誰も）中に入らないように彼（彼女？）は家を閉じる」。[ヘ]⇩「すべての家は閉ざされて、入ることができない」。
19 葡萄酒をもとめて――あるいは「葡萄酒のことで」。
20 [ヘ]⇩「すべての喜びは黄昏時を迎え、地の楽しみは消え失せてしまった」。
21 そして収穫が終わりに近づくと……――この箇所には欠落があるように思われるが、ギリシア語訳の訳者は次節の第一行目を主文と考えているようにも見える。一四節は新しい内容のものである。
22 [ヘ]⇩「オリーブの木を打つときのように、収穫が終わって（取り残しを）かき集めるときのように」。
23 [ヘ]⇩「向こうの者たち（＝破壊後に生き残った少数の者たち）は声を上げ、喜びの歌をうたい、主の威光のゆえに、人びとは海から歓呼の声を上げる」。
24 [ヘ]⇩「それゆえ、光り出る国々（＝地域）では主を、海の島々ではイスラエルの神、主の名を誉めたたえるがよい」。
25 イスラエルの神、主よ――この語句は前節の末尾に置かれることもある。前註のヘブライ語テクストには「……イスラエルの神、主……」が認められる。
26 [ヘ]⇩「ほめ歌」。
27 [ヘ]⇩「義しい者には誉れあれ」。
28 [ヘ]⇩「しかしわたしは言う。『わたしは衰える、わたしは衰える。呪いあれ、わたしに！ 欺く者たちが欺き、欺無視する者たちに禍いあれ」と。[28]

裁きが地に住む者たちの上に

17 地に住む者たちよ、
恐怖と落とし穴と罠がおまえたちの上に（ある）。
18 **恐怖**[29]から逃れる者は落とし穴の中に落ち、
落とし穴から這い上がる者は罠にかかる。
まことに、**天の窓**[30]が開け放たれ、
地の基が揺さぶられたからである。[31]
19 地は激しく揺さぶられ、
激しく引き裂かれる。
20 地は傾き、（見張りの）番小屋のように、
酒に飲まれて酩酊している者のように（右や左に）揺れ動く。
倒れると、立ち上がることができない。
不法が彼女の上に（重く）のしかかっているからだ。

主は諸王にまさる王になる

21 神はご自分の手を天の万象の上に、
また地の諸王の上に置かれる。[32]
22 （王たち）は（人びとを）集め、
要塞や監獄の中に閉じ込める。[33]
忘れられた頃に、[34]彼らは罰せられる。
23 **煉瓦**は（ぼろぼろに）欠け、城壁は倒壊する。[35]
主[36]はシオンとエルサレムで王となり、
長老たちの前で栄光が帰せられる。

第25章

あなたさまを讃美いたします

1 わが神、主よ。[1]
わたしはあなたさまを崇め、

あなたさまのみ名を讃美いたします。
あなたさまが驚くべき業——古くて誠である思い（ブーレー）——をなされたからです。[2]
主よ、
そうなりますように。[3]

2 あなたさまは町々を、
要塞堅固な町々を（石）塚とし、
その基が倒れるまでにされました。[4]
不信仰な者たちの町は、[5]
未来永劫にわたって再建されることがありません。

く者たちが徹底的に欺いた』と」。

29 へ⇩「恐怖の叫び」。

30 テクストでは「天からの窓（複数形）」。へ⇩「高き所の窓（複数形）」。ここでは「天の窓が開かれた」（創世記七・一一）「天の窓が閉じられた」（同書八・二）と表現するノアの洪水時の大雨が想像されよう。

31 この一文はパレスチナでの地震が念頭に置かれている。

32 へ⇩「その日になると、主は、高き所では高き所の天の軍勢を、地では地の王たちを罰する」。

33 へ⇩「彼らは、囚人たちが監獄に閉じ込められるように、一緒に集められ、獄屋に閉じ込められる」。

34 忘れられた頃に——テクストでは「多くの世代を経た後」。

35 へ⇩「満月は恥をかき、太陽は恥ずかしめられる」。ギリシア語訳の訳者は、ヘブライ語テクストに見られる「満月」を意味するレバナーを「煉瓦」を意味するルベナーと取り違えている。

36 主——へ⇩「万軍の主」。

第25章

1 へ⇩「主よ、あなたさまはわが神」。

2 へ⇩「あなたさまは驚くべきことを、遠い昔からのご計画を信実と真実をもってなされました」。

3 主よ、そうなりますように——ヘブライ語テクストでは欠落。

4 へ⇩「あなたさまは町（単数形）を（石）塚に、要塞堅固な町（単数形、エルサレム？）を廃墟にされました」。

5 へ⇩「見知らぬ者たち（＝異教徒たち）の宮殿は町から消え失せ」。

6 へ⇩「強い」。ギリシア語訳の訳者はヘブライ語テクストに見られる、「強い」を意味するアズを「貧しい」を意味するアニと取り違えている。

7 へ⇩「暴虐な民の町もあなたさまを恐れる」。

8 へ⇩「貧しい者たちの要塞」。

3 このため、貧しい国民（くにたみ）[6]があなたさまをほめ讃え、
不義・不正を働かれた者たちの町々も
あなたさまを讃美いたします。[7]
4 あなたさまは虐げられたすべての町の守護者[8]で
あり、
貧しいがためにうだつが上がらない者たちの避難
所[9]でした。
あなたさまは彼らを悪しき者たちから救い出され
ます。
（あなたさまは）渇きを覚える者たちの避難所、
不義・不正を働かれた者たちの涼風です。[10]
5 あなたさまがわたしどもを引き渡された不信仰
な者たちのおかげで、
（わたしどもは）シオンで渇きを覚える、
意気沮喪（いきそそう）した者たちのようです。[11]

諸国民のための宴

6 万軍の主は、すべての民族のために、
この山の上で（宴を）張られます。
彼らは陽気になって飲みます。
彼らは葡萄酒を飲みます。
彼らは軟膏（ミュロン）を体に塗ったりします。[12]
7 おまえは、この山で、
これらのものすべてを
異民族の者たちに引き渡すがよい。
なぜなら、これがすべての民族のかかわる
（主の）ご意志だからだ。[13]
8 死は打ち勝ち、（彼らを）呑み込み、[14]
神[15]は再びすべての（者の）顔から
一滴残さず涙を拭い取られた。[16]
その方はすべての地から（ご自分の）民の恥辱を
取り除かれた。[17]
主の口[18]は（そう）言われたのである。
9 その日、彼らは言う。
「見よ、（この方こそ）われらの神。

その方の上にわれらは希望を置き、
われらの救いのため、われらが喜び踊った方だ」
と。
10 神[19]はこの山[20]の上で憩われ、
ちょうど脱穀場が戦車で踏みつけられるように、[21]
モアブ[22]の地は踏みつけられる。

11 その方は、その手を前に広げ、
滅びのために貶めるように、
その手をかけた者の驕(おご)りを貶められる。[23]
12 その方はおまえの城壁である避難所の高さを、
基に達する低いものにされる。[24]

9 [へ]⇩「苦難の中で欠乏する者たちの要塞」。
10 [へ]⇩「あなたさまは嵐からの避難所、暑さからの陰、暴虐な者たちの息は壁にあたる嵐のようなものでした」。
11 [へ]⇩「乾燥した地の熱暑のように、あなたさまは異邦人たちの騒ぎを鎮められました。雲の陰が暑さを和らげるように、暴虐な者たちの歌声を低くされました」。
12 [へ]⇩「脂身のご馳走、漉された葡萄酒、栄養分たっぷりの脂身、よく漉された葡萄酒を（主は供される）」。
13 [へ]⇩「主は、この山で、すべての人の顔を包んでいた覆い布とすべての民族を覆っていた覆いを引き裂かれる」。
14 [へ]⇩「その方（＝主）は死を永久に呑み込まれる」。「死」を主語とするのは不自然。コリントの信徒への手紙一五・五四に「死は勝利に呑み込まれた」とあるが。
15 [へ]⇩「神なる主」。
16 [へ]⇩「拭い取られる」。
17 [へ]⇩「取り除かれる」。
18 [へ]⇩「主」。
19 [へ]⇩「主の手」。
20 この山——シオンの山を指す。前出一四・三二参照。
21 [へ]⇩「ちょうど藁(わら)が肥だめの汚水で踏み躙(にじ)られるように」。ギリシア語訳の訳者は、ヘブライ語テクストに見られる「肥だめの汚水で」を意味するベミ・マドゥメナーを「戦車で」を意味する他のヘブライ語と取り違えている。
22 モアブ——ここでのモアブは、イスラエルの敵を代表しているように見える。
23 [へ]⇩「彼が汚水の中で両手を伸ばすとき、泳ぐ者が泳ごうとして両手を伸ばすように、彼の驕りは彼の手の巧みさとともに押さえつけられる」。
24 [へ]⇩「その方はおまえの城壁を引き下ろして低くし、地に落として塵にする」。

第26章

勝利の歌

1 その日、彼らはユダの地でこの歌をうたい、言う。[1]
見よ、要塞堅固な町を。[2]
その方は城壁と塁壁をわたしどもの救いとされる。
2 おまえたちは城門を開いて正義を守り、真実を
守り、
3 真実を守護し、平和を守る国民（くにたみ）を中に入れるの
だ。[3]
なぜならば、主よ、あなたさまの上に、
4 彼らは未来永劫にわたる希望を置いたからです、
未来永劫にわたる大いなる神よ。[4]
5 あなたさまは高き所に住む者たちを貶め、低く
されました。
あなたさまは要塞堅固な町々を投げ落とし、
基に至るまで低くされます。[5]
6 弱い者たちや貶められた者たちの足が
それらを踏みつけます。[6]

神を待ち望む祈り

7 敬虔なる者たちの道[7]はまっすぐに伸び、
その道は整えられる。[8]
8 主の道は裁きであるから。[9]
わたしどもはあなたさまのみ名の上に、
9 わたしどもが渇望する[10]思いの上に、希望を置き
ました。[11]
神よ、わたしの魂は、夜、あなたさまを慕います。
あなたさまの命令は地上を照らす光だからです。
正義を学ぶのだ、
地の上に住むおまえたちは。[12]
10 不信仰な者は（学ぶことを?）止めた。[13]

彼は地上で正義を学ばず、真理を実践しない。
不信仰な者が取り除かれるようにするがよい、
主の栄光を見ることがないためである。14
11 主よ、あなたさまの腕が高く上げられても、
彼らが気づくことはありません。
しかし、彼らは知るとき、
恥じ入るはずです。
熱心が訓導なき民を捉え、15

第26章

1　言う――ヘブライ語テクストでは欠落。
2　ヘ⇩「わたしどもには要塞堅固な町があります」。
3　ヘ⇩「信義を尊ぶ義しい国民を入れるのだ」。
4　ヘ⇩「あなたさまは志の堅い者を完全な平安で守護されます。彼があなたさまに依り頼むからです。未来永劫にわたって主に依り頼むのだ。主は神、未来永劫にわたる岩なのです」。
5　ヘ⇩「その方（＝主）は高き所に住む者たちを低くされ、聳え立つ町を、これを低くし、地に至るまで低くし、これを投げつけて塵とされる」。
6　ヘ⇩「足がそれを踏みつける、貧しい者の足が、困窮せる者の歩みが」。
7　ヘ⇩「義しい者」。
8　ヘ⇩「あなたさまは義しい者の道を平坦にされる」。
9　ヘ⇩「まさしく、主よ、あなたさまの裁きの道で、わたしどもはあなたさまを待ち望みました」。
10　わたしどもが渇望する――テクストでは「わたしどもの魂が欲する」。
11　ヘ⇩「あなたさま名を呼び、覚えることはわたしどもの魂の欲することです」。
12　ヘ⇩「まことにわたしどもの内なる霊はあなたさまを熱心にもとめました。あなたさまの公正が地の上に現れるとき、世に住む者たちは正義を学びます」。
13　ヘ⇩「悪しき者は祝福されても」。ギリシア語訳の訳者は、ヘブライ語テクストに見られる「祝福されても」を意味するユハンを「止めた」を意味する他のヘブライ語と取り違えている。
14　ヘ⇩「（悪しき者……正義を学ばず、まっすぐの（＝公正の行われている）地で不正を働き、主の威光を顧みようとはしない」。
15　ヘ⇩「しかし彼らは、民にたいするあなたさまの熱心を恥じ入る思いで見るのです」。
16　ヘ⇩「しかり、火があなたさまの敵対者たちを焼き尽くします」。
17　わたしどもの神――ヘブライ語テクストでは欠落。

今こそ火が敵対する者たちを焼き尽くします。[16]
12 わたしどもの神、[17] 主よ、
わたしどもに平安をお与え下さい。[18]
あなたさまはわたしどもにすべてをお返し下さっ
たからです。[19]
13 わたしどもの神、主よ、
わたしどもを所有して下さい。
主よ、わたしどもはあなたさま以外に誰をも知り
ません。[20]
わたしどもはあなたさまのみ名を唱えます。
14 死者たちは命（の再生）を見ることがなく、
祈祷師たちが（彼らを）起き上がらせることなど
できません。[21]
それゆえに、あなたさまは（彼らの）上に（破滅
を）もたらして破滅させ、
彼らの中のすべての男子を取り除かれたのです。[22]

蘇り

15 主よ、悪を彼らに増し加えて下さい。
悪を地の上の栄えあるすべての者たちに増し加え
て下さい。[23]
16 主よ、わたしは苦難の中でもあなたさまを覚え
ました。
あなたさまは、小さな苦難で、わたしどもを懲ら
しめられました。[24]
17 陣痛の苦しみにある女は出産のときが近づくと、
陣痛の痛みのあまり泣き叫ぶように、[25]
主よ、あなたさまへの恐怖のゆえに、
わたしどもは（泣き叫び）、
あなたさまの愛する者になりました。[26]
18 わたしどもは孕（はら）み、産みの苦しみを覚え、
子を産み落としました。[27]
わたしどもは救いの霊を地上につくれなかったの
ですが、

地に住む者たちは倒れます。[28]
19 死者は立ち上がり、
墓の中にいる者たちも蘇ります。[29]
そして地上の者たちは喜びます。
あなたさまから降りて来る露が彼らのための癒しだからです。

しかし、不信仰な者たちの地は倒れます。[30]

わが民よ、しばらく身を隠すのだ
20 わが民よ、行って、
おまえの部屋に入り、

---

18 ヘ⇩「あなたさまはわたしどものために平和を備えて下さいます」。

19 あなたさまはわたしどもにすべてをお返し下さったからです――あるいは「あなたさまはわたしどもにすべてを回復して下さったからです」。ヘ⇩「あなたさまはわたしどものためにわたしどものすべての業をなされたからです」。

20 ヘ⇩「あなたさま以外の多くの主人がわたしどもを支配してきました」。

21 ヘ⇩「死者たちは生き返らず、亡霊は立ち上がりません」。

22 ヘ⇩「彼らについての記憶をことごとく滅ぼされたのです」。

23 ヘ⇩「あなたさまはこの国民（くにたみ）を増し加えられました。あなたさまはこの国民を増し加え、栄光を大いに現し、その地の境を最果てにまで広げられました」。

24 ヘ⇩「彼らは、苦難に出会うと、あなたさまを求め、あなたさまの懲らしめが彼らに臨むと、まじないをもごもごと唱えます」。

25 陣痛の苦しみにある女性のイメージは、前出一三・八ですでに見られたが、ヨハネ一六・二一、ローマの信徒への手紙八・二二を参照。

26 ヘ⇩「わたしどももあなたさまの前でそのようでした」。

27 ヘ⇩「風を産み落とすようなものでした」。

28 ヘ⇩「わたしどもは地に救いをもたらすこともできず、地に住む者たちが命にあずかることはありません」。

29 ヘ⇩「あなたさまの死者たちは生き返り、わたしどもの屍は立ち上がります」。

30 ヘ⇩「塵の中に住む者たちよ、目を覚まし、うたうのだ。あなたさまの露は光の露。地は死霊を生き返らせます」。

31 主の――ヘブライ語テクストでは欠落。

戸口を閉めるのだ。
主の[31]怒りが通り過ぎるまで、
しばらくの間、身を隠すのだ。
21 見よ、主は聖なる所から、
地に住む者たちの上に怒りをもたらされる。[32]
地は（そこに流された）血を露にし、
（そこで）殺された者たちを覆うことをしない。[33]

第27章

神はドラコーンを殺される

1 その日、**神**[1]は
（ご自分の）祝福された、聖にして、大きな、強
い剣（つるぎ）を携えて
逃げ惑う蛇、すなわちドラコーン[2]と、
くねくねする蛇、すなわちドラコーンに**立ち向か**
い、[3]
ドラコーンを殺される。[4]

葡萄園の収穫

2 その日、美しい葡萄畑[5]について（歌い）はじめ
ることは、
（わたしの）欲するところのもの。[6]
3 わたしは包囲されている強い町に、[7]
水をやったりはしない。[8]
夜間そこは攻略され、
昼間その城壁は崩れ落ちるからである。[9]
4 襲われなかった（町？）はひとつとしてない。
誰がわたしを畑の刈り株の見張りに立てるのだ？
わたしはこの敵ゆえに彼女（＝町）を別にしてお
いた。
そこでこのため、神なる主は定められたすべての
ことをなされた。

わたしは焼き払われる。[10]
5 そこに住む者たちは大声を上げて叫ぶ。
『さあ、その方と和を結ぼう。
さあ、その方と和を結ぼう』と。[11]

32 [ヘ]⇩「ご自分の場所から出て来て、地に住む者たちの咎を罰せられる」。
33 創世記四・八以下の「カインのアベル殺し」を参照。ここでは「殺された者たち」と複数形である。

第27章

1 [ヘ]⇩「主」。
2 ドラコーン――通常表記はドラゴン。この単語はギリシア語訳の出エジプト記七・九、一〇、一二、申命記三二・三三に見られる。[ヘ]⇩「レビア（ヤ）タン」。レビアタンは海の怪獣を指すが（詩編七四・一四、一〇四・二六、ヨブ記三・八、四〇・二五）、実際には、次節の「竜」を含めてそれが何を指しているのかは不明とされる。アッシリアやバビロンを指しているかもしれない。関根訳の註参照。
3 [ヘ]⇩「を罰し」。
4 [ヘ]⇩「海にいる竜を殺される」。
5 美しい葡萄畑――主の民イスラエルを指すようである。
6 [ヘ]⇩「おまえたちは彼女（＝葡萄畑）について歌うのだ。

6 やって来る者たちはヤコブの子ら。[12]
イスラエルは蕾(つぼみ)をもち、花を咲かす。
そして人の住む世界[13]はその果実で満たされる。

泡立つ葡萄酒を（産み出す）葡萄畑よ！」。
7 [ヘ]⇩「わたし主はそこを見守り」。
8 [ヘ]⇩「わたしはどの瞬間にも水をやる」。ギリシア語訳の訳者は、ヘブライ語テクストに見られる「どの瞬間にも」を意味するリルガイームを「無駄に」を意味する他のヘブライ語と取り違えている。
9 [ヘ]⇩「そこが損なわれないよう、わたしは夜も昼もそこを見守る」。
10 [ヘ]⇩「憤りはわたしにはないが、もし茨(いばら)とおどろがわたしと戦おうとするならば、わたしは（それを）踏みつぶし、それと一緒に焼き払うであろう」。ギリシア語訳の訳者は、ヘブライ語テクストに見られる「わたしは踏みつぶし」を意味するエフセアーを「わたしは別にした」を意味する他のヘブライ語と取り違えている。
11 [ヘ]⇩「わたしを力（＝砦）と頼む者は、わたしと和解するがよい。和解をわたしとするがよい」。
12 ヤコブの子ら――ギリシア語訳テクスト（ゲッチンゲン版）では、この「ヤコブの子ら」は呼格扱いされているが、

ヤコブの不法は取り除かれる

7 その方（＝主）が撃たれたときのように、
彼（＝イスラエル）は一撃を加えられるのであろうか？
その方が破壊[14]したときのように、
彼は破壊されるのであろうか？
8 戦いと譴責(けんせき)を繰り返しながら、
彼は彼らを追い立てる。[15]
おまえは憤怒の霊で彼らを破壊するために、
激しい霊でもって画策する者ではなかったか？[16]
9 それゆえ、ヤコブの無法(アノミア)が取り除かれる。
そしてこれが、わたしが彼の罪を取り除くときの、
彼らが異教の祭壇(ボーモイ)のすべての石を塵のように粉砕するときの、
彼の（受ける）祝福である。[17]
彼らの樹木は（ひとつとして）残らず、
遠隔の地の森のように、
彼らの偶像は切り倒される。[18]

寂れた町

10 （そこに）住む家畜は、
打ち捨てられた家畜のように、
置き去りにされる。[19]
しかし、そこは長期にわたって牧草地となり、
彼ら（＝家畜ども）はそこで憩う。[20]
11 その後しばらくすると、
そこに緑のものはいっさい無くなる。
枯れるからだ。
その光景を見ようとやって来る女たちよ、
こちらに来るがよい。[21]
民は（事態の深刻さを）理解しない。[22]
それゆえ、彼らをつくられた方は
（彼らを）憐れまず、
彼らを形づくられた方は

(彼らに) 同情しない。[23]

終りの日のエルサレム

12 その日、主は、
(エウフラテス) 川の水路からリノコルーラに至
るまで、
彼らを囲み入れられる。[24]
そしておまえたちはイスラエルの子らを[25]一人ひと
り集める。
13 その日、彼らが大きな角笛を吹くと、
アッシリア人たち[26]の地に失われていた者たちや、

ここでは「やって来る者たち」と同格の主語と見なす。[へ]⇩「とき至れば、ヤコブは根を張り」。

13 [へ]⇩「大地のおもて」。

14 破壊——あるいは「虐殺」。

15 この一文の文意は鮮明ではない。[へ]⇩「おまえは彼女を追い立てるさい、彼女(=敵国)と争った」(関根訳を参照)。

16 [へ]⇩「東風の日に、その方(=主)は激しい風をもって彼を吹き払われた」。

17 [へ]⇩「それゆえ、ヤコブの不義・不正はこれによって贖われ、彼の罪が取り除かれると、その結果はこのようになる」。

18 [へ]⇩「アシェラ像と香台が二度と立たないことが」。

19 [へ]⇩「要塞堅固な町が孤立し、荒れ野のように置き去りにされる」。

20 [へ]⇩「子牛はそこで草を食み、またそこに伏して、その小枝を食い尽くす」。

21 [へ]⇩「そこの小枝は枯れると折られ、女たちがやって来てそれを燃やす」。

22 [へ]⇩「これは分別のまったくない民だ」。

23 [へ]⇩「恵みを与えられない」。

24 [へ]⇩「その日、（エウフラテス)川からエジプトの大河に至るまで、主は脱穀をされる」。ギリシア語訳の訳者は、

25 [へ]⇩「そして、イスラエルの子らよ、おまえたちは」。

26 [へ]⇩「アッシリア」。

27 [へ]⇩「に散らされていた者たち」。

28 聖なる山——前出二・三参照。

エジプト（の地）で失われていた者たちがやって[27]
来て、
エルサレムの聖なる山[28]で主を拝する。

第28章

エフライムの陥落

1 禍いあれ、尊大（ヒュブリス）の冠に。
エフライム[1]の雇われ人ども[2]（よ）、
肥沃な山の頂で栄光から落ちた花[3]（よ）、
葡萄酒なしで酔いしれる者たちよ。[4]
2 見よ、主の憤怒は激しくかつ厳しく、[5]
逃げ場のない所に降り落ちてくる雹に似ていて、
激しい力で降りかかって来る。
大地に浸潤（しんじゅん）する大量の水のように、
（主）は（ご自分の）手と足でもって
地に憩いを与えられる。[6]
3 尊大の冠——エフライムの雇われ人どものこと
であるが——は踏み躙（にじ）られ、[7]
4 そして高い山の頂にある栄光の希望の萎みゆく
花は、
初なりの無花果（いちじく）のようになる。[8]
それを見る者は、手に取る前にそれを呑み込もう
とする。
5 その日、万軍の主は、残りの民のために、
希望の冠、[9]栄光の花飾りとなる。
6 彼らは破壊を阻止する[10]裁きと力のために、
裁きの霊のための残れる者とされる。[11]

酒をあびる祭司や預言者たち

7 だが、これらの者たちは
葡萄酒のせいでふらついている者たちであった。[12]
彼らは濃い酒（シケラ）のためにふらついた。

祭司と預言者は葡萄酒を飲んで羽目をはずし、
濃い酒に酔いしれてよろける始末だ。[13]
これは幻である。[14]

第28章

1　エフライム――北イスラエル王国の初代の王ヤロボアムはエフライムの地出身であったため、北イスラエル王国は、前七四五年ころから、エフライムと呼ばれるようになったらしい。

2　エフライムの雇われ人ども――サマリア人たちを指す。サマリア人にたいするこの蔑視的な表現はヘレニズム・ローマ時代のものであろう。ヨセフスも『古代誌』の中で、サマリア人を蔑視する言葉をしばしば吐く。

3　肥沃な山の頂で栄光から落ちた花――肥沃な谷の丘陵にあるサマリアは、前七二一年にアッシリアに陥落している。

4　[へ]⇩「禍いだ、エフライムの酔いどれどもの誇る冠は。その麗しい輝きは、葡萄酒で打ちのめされた者たちの肥沃な谷にある丘陵を飾っているが、萎（しぼ）んでゆく花にすぎない」。

5　[へ]⇩「主は勇壮で強力なものをもっておられる」。ヘブライ語テクストの「勇壮で強力なもの」はアッシリアを指すようであるが、ギリシア語訳の訳者がそう理解したかどうかは不明。

6　[へ]⇩「主は、激しく降る雹、破壊をもたらす大嵐、溢れ出て流れる大量の雨水のように、手ずから（これを）地に投げつける」。

8 呪いがこの助言を食い尽くす。
というのも、この助言は貪欲のためのものだから
である。[15]

7　[へ]⇩「エフライムの酔いどれどもの誇りの冠は足の下に踏み躙られる」。

8　[へ]⇩「こうしてそれは、肥沃な谷の頂にある、その栄光ある美しさの萎みゆく花となる」。

9　[へ]⇩「飾りの冠」。

10　破壊を阻止する――あるいは「殺戮を阻止する」。ここでの動詞「阻止する」の現在分詞は単数形なので、文法的には「裁きと力」の二つを修飾するのではなくて、「力」のみを修飾する。

11　[へ]⇩「(万軍の主は）裁きの座につく者のためには裁きの霊（となり）、戦闘を城門まで押し返す者たちのためには力（となる）」。

12　「だが（あるいは、なぜならば）」ではじまるこの一文と前行との関係は不明。

13　これはいつの時代にも見られる光景。

14　[へ]⇩「幻を見るときよろめき、裁きのさいによろける」。

15　[へ]⇩「どの食卓も吐いた汚物であふれ、きれいな所はどこにもない」。

9 「わたしどもは誰に向かって悪しきこと（カカ）を告げたのか？
誰に向かって宣告を告げたのか？[16]
（母親の）乳から離されたばかりの子らにか？
それとも乳房から引き離された子らにか？
10 『受け入れるのだ、
苦難に苦難を、希望に希望を。
もう少し、もう少し』と[17]」。
11 舌をもつらせながら聞き慣れない言語で。
というのも彼らは、次のように言って
この民に語りかけるからである。[18]
12 「これは飢える者のための安息、
これは苦痛[19]」と。
しかし、彼らは聞こうとはしなかった。
13 それゆえ、神なる主[20]の託宣（ロギオン）が彼らに臨む。
「苦難の上に苦難、希望の上に希望を。
もう少し、もう少し[21]」と。
彼らが（前に）行こうとしても、後に倒れ、
危険に曝され[22]、打ち砕かれ、捉えられるためである。

神のくすしき業

14 それゆえ、
おまえたち苦難のもとにある者たちと、
エルサレムにいるこの民の支配者たち（アルコンテス）よ[23]、
主の言葉を聞くのだ。
15 まことにおまえたちは言った。
「われわれは黄泉と契約を結び、
死と協定を結んだ。[24]
突風が過ぎ去れば、
それがわれわれのもとに（戻って）来ることはない。
われわれは偽りをわれわれの希望とした。
われわれは偽りでもって守られる[25]」と。

16 それゆえ、主はこう言われる。
「見よ、わたしはシオンの礎石に高価な極上の石
を据える。
その礎石にこの上もなく貴重な隅石を（用いる）。
彼に依り頼む者[26]は恥じ入ることがない。[27]
17 わたしは裁きを希望に変える、
すると、わが憐れみは測り縄[28]に（変わる）。[29]
空しい偽りのものに依り頼んでいるおまえたちは

---

16 [へ]⇩「誰に知識を授けようとしているのか？　誰にお告げを解き明かそうというのか？」。

17 [へ]⇩「戒めに戒め、戒めに戒め、規則に規則、規則に規則、そこに少し、そこに少し、などと」。ギリシア語訳の訳者は、ヘブライ語テクストに見られる「戒め」を意味するツァヴを「苦難」を意味する他のヘブライ語と取り違え、また「規則に規則」を意味するカヴ・ラカヴを「希望に希望」を意味する他のヘブライ語と取り違えている。一三節も同じ。

18 [へ]⇩「それはこの民に語りかけられるからである」。

19 [へ]⇩「これは憩いの場所である。疲れた者を憩わせるがよい。これは休息」。ギリシア語訳の訳者は、ヘブライ語テクストにみられる「休息」を意味するマルゲアーを「苦痛」を意味する他のヘブライ語と取り違えている。

20 神なる――ヘブライ語テクストでは欠落。

21 前註と同じ。

22 [へ]⇩「罠にかけられ」。

23 [へ]⇩「おまえたち嘲る者たちと、エルサレムでこの民を物笑いにする者たちよ」。ギリシア語訳の訳者は、ヘブライ語テクストに見られる「侮る者たち」を意味するラツォンを「虐待されている」を意味する他のヘブライ語と取り違えている。

24 [へ]⇩「死と契約を結び、黄泉と協定を結んだ」。関根訳の註によれば、これは「アッシリアに対抗して、死者と黄泉の神オシリスを戴くエジプトと同盟した」ことを指すらしい。

25 [へ]⇩「洪水があふれ、氾濫しても、われわれのもとには達しない。われわれは欺きを避難所とし、偽りの中に身を隠したのだから」。

26 彼に依り頼む者――あるいは「それ（隅石）に依り頼む者」。

27 ローマの信徒への手紙九・三三、ペトロの第一の手紙二・六参照。[へ]⇩「信ずる者は慌てることがない」。

28 測り縄――先端に錘がついた測り縄は、城壁が垂直に建てられているかどうかを知るためのもの。

29 [へ]⇩「わたしは公平を測り縄に、正義を錘（おもり）にする」。

……
突風がおまえたちの傍らを通り過ぎることはない。[30]
18 さもなければ、おまえたちの死との契約は反古（ほご）
にされ、
おまえたちの黄泉への希望[31]は成り立たなくなる。
突風が襲えば、[32]
おまえたちはそれに踏みにじられる。
19 それは傍らを通るたびに、[33]
おまえたちを連れ去る。
朝な朝なそれは通過し、
昼に、また夜に、悪しきこと（ポネーラ）への希望がある。[34]
おまえたちは聞くことを学ぶのだ[35]」と。
20 われわれは身動きが取れず、
戦うことなどできない。
われわれ自身は弱すぎて、
集結することなどできない。[36]
21 （主）は、
さながら不敬神な者たちの山のようにして
立ち上がり、
ギブオン[37]の谷の中におられる。[38]
（主）は憤怒をもってご自身の業、
苦渋の業をなされる。
（主）の憤怒は異なる仕方で用いられる。
（主）の苦渋が異なるものだからである。[39]
22 （それゆえ、）おまえたちは歓喜してはならない。
おまえたちの縛りをきついものにしてはならない。
わたしは万軍の主から聞いている。
その方が全地で行おうとされ、
すでに手をつけ（そのため、実現の時が）短縮さ
れていることを。[40]

農作業をする者の譬え

23 おまえたちは耳を傾け、
わたしの声を聞くのだ。
わたしの言葉をよく聞くのだ。

24「耕す者は一日中耕すであろうか？
その者は大地を耕す前に
種をあらかじめ準備するだろうか？[41]
25 大地の面をならしたならば、
そのとき彼は小粒なメランスィオン[42]やクミノン
（の種）を、
そしてまた**小麦や、大麦**[43]、裸麦を
おまえの（畑の）端に蒔かないだろうか？
26 **そしておまえは神の裁きにより諭され歓喜する。**[44]
27 まことにメランスィオンは脱穀後も白くはなら

30 〈ヘ⇩〉「雹は欺きという避難所を一掃し、水は隠れ家を押し流す」。
31 〈ヘ⇩〉「黄泉とのおまえたちの協定」。
32 〈ヘ⇩〉「洪水があふれ、氾濫するならば」。
33 〈ヘ⇩〉「氾濫するたびに」。
34 〈ヘ⇩〉「まことに朝な朝な、昼にまた夜に、それは氾濫する」。
35 〈ヘ⇩〉「このお告げを理解することは、ただ恐怖でしかない」。
36 〈ヘ⇩〉「寝床は小さすぎて身を伸ばすことができず、覆いも小さすぎて身を覆うことができない」。
37 ギブオン——ギリシア語表記はガバオーン。
38 〈ヘ⇩〉「主はペラツィム山のときのように、ギブオンの谷のときのように憤られる」。ペラツィム山はサムエル記下五・二〇、歴代誌上一四・一一参照。ギブオンはダビデがペリシテびとを打ち破った地のひとつ。歴代誌上一四・一六参照。

39 〈ヘ⇩〉「その業をはたされるため。しかしその業は異なっている。またその働きをされる。その働きは特異である」。
40 〈ヘ⇩〉「それゆえ今、おまえたちは嘲笑する者にならないように、縄目がきつくならないためである。わたしは万軍の主から、全地の上に滅びが定められていることを聞いたのだ」。
41 〈ヘ⇩〉「土を起こして、まぐわで均してばかりいるだろうか」（関根訳を参照）。
42 メランスィオン——通常「黒色クミン」の訳語が与えられるが、この後にもクミノン（⇩クミン）が登場する。これはセリ科の一年草で、その種子は香料として使用されるらしい。
43 〈ヘ⇩〉「小麦を畝に、大麦を定められた所に」。
44 〈ヘ⇩〉「その方（＝主）は彼（＝耕す者）に正しく教え、彼の神は彼に教え諭す」。
45 〈ヘ⇩〉「パン（にする麦）は砕かれるが」。
46 〈ヘ⇩〉「脱穀をいつまでもつづけることはない。脱穀車の

ず、
また脱穀車の車輪はクミノンの上を回転しない。
否、メランスィオンは棒で打たれるものであり、
他方クミノンは、
28 パンと一緒に食せられるものである。[42]
わたしは未来永劫にわたって
おまえたちに怒りをぶつける者ではない。
わが苦渋の声がおまえたちを踏みつぶすわけでも
ない」[46]。
29 これらの驚くべき言葉は万軍の主から出たもの
である。
おまえたちは（主の）心遣いを受け入れ、
空しい慰めなどほかすのだ。[47]

第29章

エルサレムの破壊

1 禍いだ、ダビデが戦いをしたアリエル[1]の町は。[2]
おまえたちは毎年農産物を集めるのだ。
おまえたちがモアブと一緒に食事をするからだ。[3]
2 わたしはアリエルを粉砕するので、
彼女の力と富はわたしのものとなる。[4]
3 わたしはダビデのようにおまえを取り囲み、
おまえの周囲に土塁を築き、
おまえの周囲に（見張りの）塔を置く。[5]
4 おまえの言葉は低くされて地底に行き、
おまえの言葉は地底に沈んで行く。
おまえの声は地底から語りかける者たちの（声
の）ようになる。
おまえの声は地の基に向かって（行くにしたがい）、
か細くなる。[6]
5 不敬神な者たちの富は
戦車の車輪から舞い上がる砂塵[7]に似て、

吹き飛ぶ籾殻（もみがら）のようになる。[8]
そして万軍の主から、《突然》が、
一瞬のようにしてやって来る。[9]
6 それは、雷鳴と地震と大音響をともなった報復
である。
そして勢いよく吹きつける突風[10]と焼き尽くす火炎
がある。
7 すべての民族の者たちの富、
すなわちアリエルに遠征した者たち、
エルサレムで戦いをしたすべての者たち、
彼女（＝エルサレム）に立ち向かおうと集結し
彼女を粉砕しようとしたすべての者たち（の富）

車輪をまわすことはしても、馬がこれを砕き潰すことはない」（関根訳を参照）。

47 [へ]⇩「驚くべきは主の計らい、偉大なるはその方の知恵」。

第29章

1 アリエル——ギリシア語表記はアリエール。

2 [へ]⇩「アリエル、アリエル、ダビデが陣を張った町よ」。アリエル（「神のライオン」か、「エル［＝神］の祭壇」か、「炉の祭壇」の意）はエルサレムを指す別称。

3 [へ]⇩「年に年を加え、もろもろの祭を巡り来させよ」。

4 [へ]⇩「そのときわたしはアリエルを苦しめるので、そこには悲嘆と悲哀が生じ、そこはわたしにとって祭壇の炉（アリエル）のようになる」。ギリシア語訳の訳者は、ヘブライ語テクストに見られる「と悲哀」を意味するヴァアニヤーを「と富」を意味する他のヘブライ語と取り違えている。

5 [へ]⇩「おまえにたいして砦を築く」。

6 [へ]⇩「おまえは倒されて地から語り、おまえの言葉は塵でくぐもらされる。おまえの声は地からの死霊のよう。おまえの言葉は塵の下からか細く響く」。

7 [へ]⇩「敵どもの大軍も」。ヘブライ語テクストのこの主語はアッシリア人を指す。次節の主語も同じ。

8 ヘブライ語テクストの主語は「暴虐の者たちの大軍」。

9 [へ]⇩「しかもそれは突然、一瞬にして起こる。おまえは万軍の主から顧みられる」。

10 [へ]⇩「突風と嵐」。

11 [へ]⇩「アリエルに戦いを仕かけた諸民族の大軍、彼女を攻め、彼女を取り囲み、彼女を虐げる者たちすべての群れは、夜の幻のようになる」。

は、
夢の中で夢見る者の（富の）ようになる。[11]
8 彼らは夢の中で飲み食いする者たちのようにな
り、
（目が覚めて）起きると、その夢は空しいものと
なる。[12]
そして喉の渇きを覚えている者が水を飲む夢を見
ても、
（目が覚めて）起きると、依然として喉はからか
らだ。
彼の魂はありもしないものに希望をつなぐ。
シオンの山の上で戦ったすべての民族の富も
このようなものである。[13]

おまえたち指導者は、酔いしれるがよい
9 おまえたちはたがを外し、
へべれけれに酔いしれるがよい、
ただし、濃い酒や葡萄酒によってではなく。[14]
10 主がおまえたちにまどろみの霊を飲ませたから
だ。
その方は彼らの目を閉じられ、
彼らの預言者たちや
彼らの支配者たち（アルコンテス）の（目をも閉じられる）。
隠されたものを見る先見者たちよ。[15]

これらの言葉はおまえたちにとって
11 これらの言葉（レーマ）すべて[16]はおまえたちにとって、
この封印された巻物（ビブリオン）の言葉（ロゴイ）のようになる。
それを文字が読める者に手渡して、
「これらを読んでみろ」と言ってみたところで、
その者は言うであろう。
「読むことなどできない。封印されているから
だ」と。
12 ついでこの巻物は字が読めない者の手に渡され、

彼に向かって、「これを読んでみろ」と言ったと
ころで、
彼は答えるであろう。「字が見えない」と。

不思議な業

13 そこで主は言われた。
「この民はわたしに近づいて来る。
彼らは口先ではわたしを敬うが、
その心はわたしから遠く離れている。[17]
彼らは人間たちの命令や教えを教えながら、
空しくわたしを拝している。[18]
14 見よ、このためわたしは再び**この民を**（他所
に）移す。
わたしは彼らを（他所に）**移し、**
知恵ある者たちの知恵を滅ぼし、
賢い者たちの理解力を隠す[19]」**と。**

12 [へ]⇩「飢えた者が、見よ、夢の中で食べても、目が覚めれば、腹はすいたままであった」。
13 [へ]⇩「シオンの山を攻め立てる異民族すべての大軍もこのようになる」。
14 [へ]⇩「おまえたちはためらい、立ちすくむのだ。目を閉ざして見えなくするのだ。彼らは酔うが、葡萄酒によってではない。彼らはよろめくが、濃い酒によってではない」。
15 [へ]⇩「その方はおまえたちの目を閉じられた。預言者たちと、おまえたちの頭である先見者たちを覆われた」。
16 [へ]⇩「これらの啓示すべて」。
17 人間たちの命令や教え――コロサイの信徒への手紙二・二二参照。
18 [へ]⇩「彼らがわたしを恐れるのは、そらんじて覚えた人間たちの命令からである」。なお、「この民は……空しくわたしを拝している」は、マタイ一五・七－九、マルコ七・六－七で引用されている。
19 [へ]⇩「この民の中で驚くべき業を重ねて彼らを驚かす。知者たちの知恵は滅び、聡明な者の分別は隠される」。ギリシア語テクストの「わたしは……知恵ある者たちの……隠す」は、コリントの信徒への第一の手紙一・一九で引用されている。
20 主を避けて――テクストでは「主を介するのではなく」。

倒錯

15 禍いだ、主を避けて、[20]
謀（はか）りごとをどこまでも隠す者たちは。[21]
禍いだ、謀りごとを秘密裏にする者たちは。[22]
彼らの業は闇の中にある。
そこで彼らは言う。
「誰がおれたちを見たのか？
誰がおれたちを、おれたちのやっていることを知るのか？」と。
16 おまえたちは陶工のための陶土とは
見なされはしないではないか？[23]
造られたものが造ったものに向かって
「あなたはわたしを造りはしなかった」
とは言わないし、
「あなたはわたしを賢くは造らなかった」
とも言わない。[24]

未来への希望

17 もうしばらくのことではないか、
レバノンがカルメル山[25]のようになり、
カルメル山が森のように見なされるようになるのは？
18 そしてその日、
耳の聞こえぬ者たちは巻物の言葉を聞く、
闇の中にいる者たちや暗がりにいる者たちも。
目の見えぬ者たちの目は（それに）見入る。[26]
19 貧しい者たちは、主のゆえに、
歓喜の中に小躍りする。[27]
人びとの中で希望を失っている者たちは、
喜びに満たされる。[28]
20 無法な者[29]は消え失せ、尊大な者は滅び、
悪しきことのために律法を足蹴にする者たち（ホイ・アノムーンテス）は滅びた。[30]
21 そして言葉巧みに人びとに罪を犯させる者たち

も（滅びた）。
彼らは城門で咎（とが）め立てをしているすべての者たちを躓かせ、
義しい者を義に反する者たちの間で迷わせた。[31]
22 それゆえ、アブラハム[32]から区別されたヤコブの家について、

21 ……隠す者たちは――関根訳の註によれば、この者たちは「二八・一五のように、アッシリアに対抗して、エジプトとひそかに同盟を結ぶユダの指導層」を指すらしいが、ギリシア語訳の訳者がそう理解していたという保証はどこにもない。
22 禍いだ、謀を秘密裏にする者たちは――ヘブライ語テクストでは欠落。
23 [ヘ]⇩「おまえたちつむじ曲がりの者たちよ。陶工が陶土と同じに見なされ得るのか」。
24 [ヘ]⇩「陶器が陶工に向かって『彼には分別がない』などと言えるであろうか」。この辺りは、ローマの信徒への手紙九・二〇－二三参照。なおまた、エレミヤ書一八・一－一〇をも参照。
25 カルメル山――ギリシア語表記はケルメル山。[ヘ]⇩「果樹園」。

主は[33]こう言われる。
「今となっては、ヤコブが恥を受けることはないし、
今となっては、イスラエルがその顔色を変えることもない。
23 しかし、彼らの子らがわが仕事を目にするとき、[34]

26 [ヘ]⇩「盲人たちの目は闇と暗がりの中から見えるようになる」。
27 [ヘ]⇩「苦しんでいる者たちは主にある喜びを増し加えるであろう」。
28 [ヘ]⇩「貧しい者たちは、イスラエルの聖なる方にあって喜び楽しむ」。
29 [ヘ]⇩「暴虐な者」。
30 [ヘ]⇩「悪事を待ち構える者はみな断たれる」。
31 [ヘ]⇩「彼らは言葉巧みに人を罪に陥れ、城門で咎め立てをしている者に罠を仕かけ、義しい者を不当に押しのける」。
32 アブラハム――ギリシア語表記はアブラアム。
33 [ヘ]⇩「それゆえ、アブラハムを贖われた主は、ヤコブの家について」。
34 [ヘ]⇩「彼がわが両の手の業である彼の子らを彼の中に見

彼らは、わたしの（存在）ゆえに、わが名を聖なるものとする。
彼らはヤコブの聖なる方を聖なるものとし、
イスラエルの神を恐れるようになる。
24 霊において迷い出た者たちは理解を知り、
口ごもる者たちも聞き従うことを学び、
（ごもごもと）口ごもる者たちも
平和について語ることを学ぶ[35]」と。

第30章

禍いだ、謀りごとをめぐらす者たちは

1「禍いだ、反抗する子らは[1]
――と、主は言われる。
おまえたちは謀りごと[2]（ブーレー）**を**めぐらしたが、
（それは）わたしから出たものではない。
おまえたちは[3]罪に罪を重ねるために協定を結んだが、
それはわが霊から出たものではない。
2 エジプトに下って行こうとしている者たちは[4]、
わたしに相談したことは一度としてなく、
ファラオの[5]**庇護下に入り、**
エジプト人たちに保護されようとしている[6]。
3 だが、ファラオの**保護**[7]はおまえたちには屈辱となるもの、
エジプトに依り頼む者たち[8]には恥となる。
4 **頭たち**（アルケーゴイ）[9]**、邪悪な使いの者たちは、**
ツォアンに[10]**いるからである**[11]。
5 彼ら（＝頭たち）は、
何の支援も何の益も自分たちに与えてくれない
国民（くにたみ）に、
見返りもなく労し、かえって屈辱となり恥となる」。

エジプトの空しい助け

6 **荒れ野にいる四足獣たち（について）の幻。**[12]

「足場の悪い狭い場所に、

獅子や獅子の子[13]**（が棲息し）、**

そこからはまた、

蛇たちや飛び交う蛇たちの子らが飛び出してくる。

その富を驢馬や駱駝の上に乗せ、

自分たちの益となる支援も与えられずに、

ただ屈辱と恥を与えてくれる[14]**民族のもとへ運ぶ者**

出すとき」。

35 口ごもる者たちも平和について語ることを学ぶ――写本によってはこの一文は欠落。その場合、先行する一文の末尾は「聞き従うことを学ぶ」となる。

第30章

1 「反抗する子ら」の取り扱いは、申命記二一・一八参照。

2 [ヘ]⇩「彼らは」。

3 [ヘ]⇩「彼らは」。

4 エジプトに下って行こうとしている者たち――前七〇三年ころ、ユダ王国は、アッシリアに抗するためにエジプトと同盟関係を結ぼうとした。

5 ファラオ――ギリシア語表記はファラオー。

6 [ヘ]⇩「ファラオ――ファラオの砦に難を避け、エジプトの陰に身を寄せる！」。

7 [ヘ]⇩「砦」。

8 [ヘ]⇩「エジプトの陰に身を寄せること」。

9 頭たち――テクストではこの語の後に「（と）悪しき使いの者たち」が続くが、テクストに接続詞の「と」（カイ）が欠落していることにより、またヘブライ語テクストを参考にして、「悪しき使いの者たち」を次節の主語と理解する。

10 ツォアン――ギリシア語表記はタネイ。この場所は「エジプトのデルタの北東部にあった古い重要な都市」（関根訳）。

11 [ヘ]⇩「そしてその使いの者たちがハネスにやって来る。彼らは……」。

12 [ヘ]⇩「ネゲブ（＝南）の獣たちについての託宣」。

13 [ヘ]⇩「雌獅子や雄獅子」。

14 ただ屈辱と恥を与えてくれる――ヘブライ語テクストで

たち。
7 エジプト人たち[15]は一銭の得にもならないことを
おまえたちにする。
彼らに伝えるがよい。
『おまえたちのこの慰めは空しいものだ』と[16]。

背く民への預言

8 そこで今、腰をおろし[17]、
これらのことを書字板[18]の上や巻物[19]に書き記すがよい。
これらは後の日のためのものであり、
未来永劫に至るもの（である）。
9 民は背く者たちであり、
（その）子らは偽りであったからである。
彼らには神の教え（ノモス）に聞き従う意志はなかった。[20]
10 彼らは預言者たちに向かって、
「われわれに宣べ伝えるな」
と、言い、
幻を見る者たちに向かっては、
「われわれに語りかけるな。
他のいかさまの話ならば、
われわれに語り告げるがよい。[21]
11 おまえたちはわれわれをこの道から外し、
われわれからこの小径を取り上げ[22]、
われわれからイスラエルの聖なる方を取り上げるがよい」
と、ほざく。
12 それゆえ、イスラエルの聖なる方、主[23]はこう言われる。
「おまえたちはこれらの言葉に聞き従わず、
偽り（の言葉）の上に希望を置いたので、
そしておまえが口ごもり、
この（偽りの）言葉に信を置くようになったので[24]、
13 それゆえに、おまえたちにとってこの罪は[25]、
一瞬にして崩れ落ちる城壁のようになる。

要塞堅固な町が攻略され、
その崩壊が突然やって来るとき（のように）。[26]
14 その崩壊のさまは陶器の壺が砕けるときに似ている。
壺は砕け、（炉の中の）火種をかき集めたり
僅かばかりの水をすくう破片ですら
その中に見出すことはできない」と。
15 まことにイスラエルの聖なる方、主[27]はこう言われる。
「おまえが立ち帰って不運を嘆くならば、
そのときおまえは救われる。
おまえはおまえがどこにいたかを知るであろう。

は欠落。

15 [ヘ]⇩「エジプト」。

16 [ヘ]⇩「それゆえわたしは、彼女（＝エジプト）を《静かに座っているラハブ（＝「尊大」の意）》と呼ぶ」。

17 [ヘ]⇩「行って」。

18 書字板（πυξίον）——プクシオンは、古典ギリシア語ではつねに木製のものを、ギリシア語訳聖書では石のものを指す。

19 巻物（βιβλίον）——あるいは「書」「小冊子」。

20 [ヘ]⇩「まことにこれは背く民、虚偽を口にする子ら、主の教え（＝トーラー）を聞こうとしない子らである」。

21 [ヘ]⇩「彼らは先見者たち（ローイーム）に向かって『見るな』と言い、予見者たち（ホズィーム）たちに『われわれに向かって正しいことを予見するな。われわれには滑らかな言葉を語り、欺きを予見せよ』（とほざく）」。

22 [ヘ]⇩「道から外れ、小径から逸れ」。

23 主——ヘブライ語テクストでは欠落。

24 [ヘ]⇩「おまえたちがこの言葉を侮り、強奪と邪まに依り頼み、それをあてにしているがゆえに」。ギリシア語訳の訳者は、ヘブライ語テクストに見られる、「邪ま（＝逸脱）」を意味するナロズを「おまえが口ごもり」を意味する別のヘブライ語と取り違えている。

25 ヘブライ語テクストでは、この後に「高い城壁に破れ目が生じ、破れ落ちるように」が続く。

26 城壁のようになる。要塞堅固な町が攻略され、その崩壊が突然やって来るとき（のように）——ヘブライ語テクストでは欠落。

27 [ヘ]⇩「神なる主」。

28 [ヘ]⇩「静けさと自信の中におまえたちの力はある。それなのにおまえたちはそうしようとはしなかった」。

おまえたちが空しいものに依り頼んでいたとき、
おまえたちの力は空しいものになった。
しかし、おまえたちは聞こうとはしなかった。[28]
16 それどころか、おまえたちは、
『われわれは馬に乗って逃げ去ろう』
と、言った。
そこで、おまえたちは逃げ去る。
そしておまえたちは言った。
『われわれは早馬に乗ろう』と。
それゆえ、おまえたちの追っ手たちも早足だ。
17 ひとりの者の（威嚇の）声ゆえに、
千の者が逃げる。
五人の者の声ゆえに、
多くの者が逃げる。[29]
おまえたちが山の上の旗竿のようにして、
丘の上に旗を運ぶ者のようにして、[30]
置き去りにされるまでは[31]」と。

神はおまえたちを待っている
18 神はおまえたちに憐れみをかけるために
今一度[32]留まられる。
そしてこのため、（神）は、
おまえたちを憐れまれるために
高められる。[33]
それゆえ、[34] わたしどもの神なる主は裁き人なので
ある。[35]
それにしてもどこに、
おまえたちはおまえたちの栄光を残すのか？[36]
幸いなるかな、その方の傍らに立つ者たちは。[37]
19 聖なる民はシオンに住むことになる。
エルサレムは号泣して、
「わたしに憐れみを」[38]
と、言った。
（主）はおまえの騒々しい泣き叫びの声（ゆえに）、

おまえを憐れまれる。
（主）は（おまえを）見、
おまえの声を聞かれた。[39]
20 主はおまえたちに
苦渋のパンと僅かばかりの水を与えられる。
おまえを迷わす者たちは、
二度とおまえに近づかない。
おまえの目がおまえを迷わす者たちの上に注がれるからである。[40]
21 おまえの耳は
おまえの背後にあっておまえを迷わす者たちの[41]言葉を聞く。
彼らは言う。[42]
「これが道だ。さあ、行こう、右か左に」と。
22 おまえは銀や金をかぶせた偶像を取り除こうとする。

29 [へ]⇩「おまえたちは逃げる」。
30 [へ]⇩「丘の上の旗のように、わずかしか残らない」。
31 置き去りにされるまでは――ヘブライ語テクストでは欠落。
32 [へ]⇩「主はおまえたちに恵み深くあるために待たれ」。
33 [へ]⇩「立ち上がる」。
34 ここでの接続助詞「それゆえ」（ディオティ）の使用は、別の話題に移行するので不自然。接続の不自然さを取り除くために、先行する一文との間を一行空ける。
35 [へ]⇩「主は義の神だからである」。
36 それにしてもどこに、おまえたちはおまえたちの栄光を残すのか？――ヘブライ語テクストでは欠落。
37 [へ]⇩「その方を待ち望むすべての者たちは」。
38 [へ]⇩「まことにエルサレムに住むシオンの民よ。おまえはもはや泣くことはない」。
39 [へ]⇩「その方はおまえの泣き叫びの声を聞いて必ずおまえに恵みを与えられ、（おまえの声を）聞けば、おまえに答えて下さる」。
40 [へ]⇩「おまえの師たる者はもはや身を隠すことはなく、おまえの目はおまえの師たる者を見る」。
41 おまえを迷わす者たちの――ヘブライ語テクストでは欠落。
42 彼らは言う――ヘブライ語テクストでは欠落。
43 席を同じくできない女――月経のために同席することを

おまえはそれらを粉末にし、まき散らす。
席を同じくできない女[43]**に**（まき散らす）**水のようにして。**
おまえはそれらを、あたかも汚物であるかのようにして拒否する。[44]
23 そのとき、おまえの土地の種子のために雨が降る。[45]
そしてその日、おまえの家畜は広々とした場所で草を食む。
24 土地を耕作する**おまえの雄牛や去勢牛は、**
吹き飛ばされてきた大麦混じりの籾殻を食べる。[46]
25 多くの者が滅び、（見張りの）塔が倒れるその日、
すべての聳え立つ山やすべての高い丘陵の上に、
水が流れ落ちる。
26 そして月の光はさながら太陽の光のようになり、
太陽の光はその七倍となる。[47]
主がご自分の民の傷を癒し、
おまえの（受けた）一撃の痛みを癒されるその日には。

アッシリアに臨む裁き

27 見よ、主のみ名が、**長い時を経た後、**[48] やって来る。
燃え上がるのは憤怒。
栄光とともにあるのはその方の唇の託宣。
その託宣は怒りで満ち溢れる。
憤怒の怒りは火のように焼き尽くす。[49]
28 **（主）の息は、渓谷の中を流れ出る水のようにして、**
首もとにまで達し、ついで（異民族の者たちのもとへと）分かたれる。
その空しき欺瞞にたいし異民族の者たちを揺さぶるためである。
欺瞞が彼ら（異民族の者たち）を追いかけ、

彼らを対面で捕捉する。[50]
29 おまえたちは、
祭を執り行うときのように、
また陽気になった者たちが
笛の音に合わせて主の山に入り
イスラエルの神のもとに行くときのように、
いつも歓喜し、いつもわが聖所に入って行く必要はないのか？[51]

許されない女を指す。レビ記一五・三三、二〇・一八ほか参照。

44 [へ]⇩「おまえはそれを穢れたもののように遠くに投げ捨て、消え失せろと言うであろう」。

45 そのとき、おまえの土地の種子のために雨が降る――ヘブライ語テクストでは主語の「その方」が明示されている。

46 [へ]⇩「牛や驢馬たちは、シャベルや熊手でふるい分けられ、発酵させた飼い葉を食べる」。

47 [へ]⇩「太陽の光は七日分の光のように七倍となる」。

48 [へ]⇩「遠くから」。

49 [へ]⇩「その怒りは燃え、立ち上るあつい煙をともなって、その唇は憤怒に満ち、その舌は焼き尽くす火のようだ」。

30 そして神はご自身の声の栄光を聞こえるようにされ、
憤怒と怒りと焼き尽くす火炎をもって、
ご自身の腕の怒りを示される。
その方はまた、水や激しく降り落ちてくる雹のように、
雷でもって激しく撃たれる。[52]
31 主の声のゆえに、

50 [へ]⇩「その方の息は溢れ出る流れのよう、それは分かれて首にまで達し、もろもろの国民（くにたみ）を滅びのふるいにかけ、迷わす手綱をもろもろの民の顎にかける」。

51 [へ]⇩「おまえたちは歌うようになる、祭が聖なるものとされる夜のように。ちょうど、主の山、イスラエルの岩場に行くために、笛に合わせて進むときのように、心は陽気になる」。

52 [へ]⇩「そして主はその栄えある声を聞こえるようにし、激しい怒りと、焼き尽くす火の炎と、大雨と、嵐と、石のような雹の塊をもって、その腕を振り下ろされたことを示される」。

53 [へ]⇩「アッシリア」。

アッシリア人たちは、[53]
その方が打たれるその一撃で敗れる。
32 そしてこの事態はどの方面からも彼に起こる。
支援への期待――彼が依り頼んできたあの期待
――が彼に起こった、
まさにその所から（起こる）。
そして今度は、彼ら自身が笛と竪琴（キタラ）を手にして
彼を相手に戦う。[54]
33 おまえは（これらの）日が来る前に欺かれる。
おまえは王として統治する用意が、
おまえのためになされたとでも思っているのか？
深く掘られた壕、
積み上げられた丸太、
火と多数の丸太、
主の憤怒は硫黄で燃えている壕に似ている。[55]

第31章

エジプトに依り頼むな

1 禍いだ、助けをもとめてエジプトに下って行く
者たちは。[1]
彼らは（エジプトの）馬や戦車――その数は多い
――に依り頼み、
また**馬**[2]――その数も非常に多い――に（依り頼
む）。
彼らはイスラエルの聖なる方には依り頼まず、
神をもとめることをしなかった。[3]
2 その方は賢く（ソフォス）、
彼らの上に災禍をもたらされた。
その方の言葉は軽んじることなどできない。
その方は邪悪な人間どもの家と
彼らの空しい希望[4]に立ち向かわれる。
3 エジプト人は人間であって神ではなく、
馬どもの肉（になり得ても）、**何の助けにもならな
い。**[5]

主はご自分の手を彼らの上に伸ばされる。
すると、（イスラエルを）助けようとした者たちは
疲労困憊(ひろうこんぱい)となり、[6]
すべての者が同時に滅びる。
4 まことに主がわたしに、
「獅子やその仔が、
取り押さえた獲物に向かって吼(ほ)え、
獲物を前に咆哮(ほうこう)し続け、
山々がその咆哮で満たされて敗れるまで、
凄まじい怒りが（人びとを）身震いさせた」[7]
と、言われたように、
万軍の主がシオンの山の上で、
山々の上で[8]戦うために降りて来られる。
5 飛び交う鳥たちと同じように、
主はエルサレムを覆う楯となり、[9]
救出し、生かし、そして救われる。[10]

---

54 〈ヘ〉⇩「主が彼に下そうと定められた懲らしめの鞭が打たれるたびに、タンバリンと竪琴が鳴らされ、主は（剣などを）振り回す戦いで、彼らと戦われる」。

55 〈ヘ〉⇩「焼き場（＝幼児犠牲の場所）はすでに用意され、しかもそれは王のために深く広くつくられ、燃やすための木が積まれ、多くの薪が置かれ、主の息が硫黄の流れのようにそこに臨む」。

第31章

1 エジプトに下って行く者たち――前出三〇・二参照。

2 〈ヘ〉⇩「騎兵」。

3 〈ヘ〉⇩「主をもとめることもしない」。

4 〈ヘ〉⇩「不義・不法を行う者たちを助ける者たち」。

5 〈ヘ〉⇩「霊(ルアハ)ではない」。

6 〈ヘ〉⇩「すると助ける者は躓き、助けられる者は倒れ」。

7 〈ヘ〉⇩「獅子や若獅子が獲物に向かって吠え立てるとき、たとえそれにたいして大勢の羊飼いが呼び集められても、獅子はその声にたじろがず、彼らの騒ぎにひるむこともない」。

8 〈ヘ〉⇩「その丘の上で」。

9 〈ヘ〉⇩「万軍の主はエルサレムを守られる」。

10 〈ヘ〉⇩「これを保護しつつ救出し、これをかばいつつ救われる」。

11 〈ヘ〉⇩「イスラエルの子らよ、おまえたちが反逆を深めて

6 おまえたちは立ち帰るのだ、
おまえたち、途轍(とてつ)もなく無法なことを画策してい
る者たちよ。[11]
7 なぜなら、その日人間どもは、
自分たちの手でつくった[12]銀や金の偶像の受け取り
を拒否するからだ。
8 そしてアッシリアは倒れる。
人の剣(つるぎ)ではなく人間の剣でもないものがこれを食
い尽くす。[13]
アッシリアは逃げ出すが、剣の前からではない。
しかし、若者たちは敗北に遭遇する。[14]
9 彼らは土塁のような壁で取り囲まれ、
そして打ち破られる。
逃げ去る者は捕まる。[15]
そこで主は言われる。
「幸いなるかな、シオンに子孫を、
エルサレムに親族をもつ者たちは」と。[16]

第32章

ひとりの義しい王が……

1 見よ、ひとりの義しい王が[1]統治し、[2]
高官(アルコンテス)たちが公義(クリシス)をもって支配する。
2 その人は自分の言葉を隠し、
流れ出る水から（身を隠す）かのようにして
自分の身を隠される。
その方は、流れ出る川のようにして、
シオンに現れる。
3 干涸(ひから)びた地での尊いもの(エンドクソス)。[3] 彼らはもはや人間たちに依り頼まず、耳を傾けて聞く。[4]
4 弱き者たちも心から聞こうとし、吃りがちな舌先も平安(エイレーネー)を語ることを速やかに学ぶ。[5]
5 もはや彼らは愚か者に向かって統治せよとは言
わず、

もはやおまえの僕たち（ヒュペーレタイ）が「ご静粛に」と言うこと
もない。[6]
6 愚か者は愚かなことを語り、
その心は空しいことを考える。[7]

いるその方のもとへ」。
12 [ヘ]⇩「おまえたちの手が罪のためにおまえたちのためにつくった」。
13 [ヘ]⇩「アッシリアは人間のものでない剣に倒れ、人間のものでない剣がこれを食い尽くす」。
14 [ヘ]⇩「これ（あるいは「彼」）は剣を恐れて逃げ出し、若者たちは労役に服す」。
15 [ヘ]⇩「岩ですら恐れのあまりその場から動き、彼の長たちも旗を捨てて逃げ去る」。ギリシア語訳の訳者は、ヘブライ語テクストに見られる「旗（から）」を意味するミンネスを「逃げ去る者」を意味する他のヘブライ語と取り違えている。
16 [ヘ]⇩「その火がシオンに、その炉がエルサレムにある主は言われる」。

第32章

1 ひとりの義しい王——関根訳の註によれば、古来、この王の素性についてはいろいろと議論があったらしい。関根

無法なことを成し遂げ、[8]
主にたいして惑わしごとを語り、
飢えている心を散らし、[9]
渇いている心を空にするために。[10]

訳はこの王を「型通りのメシア」を預言した者ではないと説明する。
2 [ヘ]⇩「ひとりの王が正義によって治め」。
3 [ヘ]⇩「人は風から身を隠す所に、嵐からの逃れ場にいるように、また、水のない地を流れる水路によってかのように、また乾いた地の大きな岩陰の中にいるかのようになる」。この一文の文意は鮮明ではない。
4 [ヘ]⇩「見る者たちの目は閉じられず、聞く者たちの耳は聞き分ける」。ギリシア語訳の訳者は、ヘブライ語テクストに見られる「見る者たち」を意味するロイームを「人間たち」を意味する他のヘブライ語と取り違えている。
5 [ヘ]⇩「性急な人の心も知ることを学び、口ごもる舌も明瞭に早口で語るであろう」。
6 [ヘ]⇩「もはや、愚か者が高貴な人と呼ばれることもなく、粗野な男が貴い人と言われることもない」。
7 [ヘ]⇩「その心は不義・不法をたくらむ」。
8 [ヘ]⇩「不敬神なことをするために」。
9 [ヘ]⇩「飢えている者の魂を空にするために」。

7 邪悪な者たちの思いは無法なことを企てる。[11]
虐げられている者たちを正義に反する言葉で痛めつけ、
裁きでは、虐げられている者たちの訴えを聞き流す。[12]
8 敬神の念の篤(あつ)い者たちは賢いことを顧慮し、
この顧慮は（どこまでも）とどまる。[13]

エルサレムの女たちへの警告

9 おまえさんたち、
小金持の女たちよ、[14]
起き上がって、わたしの声を聞くがよい。
期待を膨らませている娘さんたちよ、
わたしの言葉を聞くがよい。
10 おまえさんたちは、
一年のある日々のことを思う、
期待と一緒に痛みの中で。[15]
（葡萄の）収穫の時は過ぎ、
種蒔きの時も終わった。[16]
それは二度と来はしない。
11 驚くがよい、悲しむがよい。
おまえさんたち、（期待を）膨らませている女たちよ。[17]
おまえさんたちは着ているものを脱いで裸になり、
腰に粗布をまとい、
12 胸[15]を打つのだ。
おまえの欲した（葡萄）畑のために、
そして葡萄の実のために。[19]
13 わたしの民の土地、
（そこには）茨と草が生えてくる。
どの家からも喜びが断たれる。[20]
富める都（と）、
14 捨てられた人家。
彼らは都の富と、
愛着のある家を手放す。[21]

村々は未来永劫に洞穴となり、[22]
野驢馬（ろば）の喜ぶ場所、羊の群れ[23]の草を食む所（となる）。

霊の贈り物

15 高い所からおまえたちの上に霊が降りるまで、
カルメル[24]山は荒れ野となり、
カルメル山が森と見なされる。[25]
16 公義（クリマ）は荒れ野に憩い、
正義は**カルメル**[26]山に住む。
17 正義の果実は平安（エイレーネー）[27]である。

10 この一文の文意は鮮明ではない。ヘ⇩「渇いている者に飲み物を与えないために」。
11 ヘ⇩「ならず者の手口は悪質だ。彼は奸策を弄する」。
12 ヘ⇩「貧しい者を偽りの言葉で、正しいことを申し立てても身分の低い者を滅ぼすために」。
13 ヘ⇩「高貴な人は高貴なことを企て、高貴なことを擁護する」。ギリシア語訳の訳者は、ヘブライ語テクストに見られる「高貴なこと」を意味するネディヴォットを「賢いこと」を意味する他のヘブライ語と取り違えている。
14 ヘ⇩「おまえたち恙無く暮らしている女たちよ」。
15 ヘ⇩「一年と幾日かが過ぎると、安逸を貪る女たちよ、おまえたちは慌てふためくであろう」。
16 ヘ⇩「取り入れの時も」。
17 ヘ⇩「恙無く暮らしている女たちは戦（おのの）き、安逸を貪る女たちは慌てふためく」。
18 胸——あるいは「乳房」。
19 ヘ⇩「胸を打って嘆くのだ、美しい畑のことを、実り豊かな葡萄のことを」。
20 ヘ⇩「茨といらくさに覆われたわが民の土地のことを、喜びのすべての人家や賑やかな都のことを」。
21 ヘ⇩「なぜなら宮殿は見捨てられ、賑やかな都はさびれ」。
22 ヘ⇩「見張りの塔のある砦の丘（＝オフェル）は未来永劫に荒れた所になり」。
23 羊の群れ——ギリシア語テクストの「羊飼いたち」を「羊の群れ」に訂正。
24 カルメル——ギリシア語表記はケルメル。
25 ヘ⇩「荒れ野が果樹園（＝カルメル）となり、果樹園（＝カルメル）が森と見なされるようになる」。
26 カルメル——ここでのギリシア語表記はカルメーロス。

正義は憩いを手に入れる。
（この二つは）未来永劫にわたって安心できるもの。
18 その方の民は平安の都で暮らし、
安心してそこに住み、
ゆったりと憩う。[28]
19 たとえ雹（ひょう）が降ってきても、
おまえたちの上には達しない。
森に住む者たちは、
平地に住む者たちと同じように、
（森に）依り頼む。[29]
20 幸いだ、
水のある所に種を蒔く者たちは。
そこには牛や驢馬が放し飼いにされている。

第33章[1]

おまえたちの敵は……
1 禍いあれ、おまえたちを貶める者たちに！[2]
しかし、誰もおまえたちを貶めたりはしてはいない。[3]
おまえたちを裏切る者たちも、
（実際には）裏切りなどしていない。[4]
裏切る者たちは捉えられ、
引き渡される。
彼らは衣服に寄生する蛾のように
打ちたたかれる。[5]
2 主よ、わたしどもを憐れんで下さい。
わたしどもはあなたさまに依り頼んでいるからです。[6]
不従順な者たちの子孫は滅びました。
（あなたさまはまことに）艱難（かんなん）のときのわたしどもの救い主（ソーテール）（です）。[7]
3 あなたさまの恐ろしい声ゆえに、

もろもろの国民はあなたさまへの恐怖で我を忘れ、
異民族の者たちは散らされたのです。[8]
4 しかし今、おまえたちの略奪物は、
小さな物も大きな物も、[9]
(いっしょくたにされて)集められる。
まるで飛蝗を集めるようにと、
彼らはおまえたちを嘲笑して(言う)。[10]
5 聖なる方は高き所に住んでおられる神、[11]
シオンは公義と正義で満たされる。
6 彼らは法により引き渡される。[12]

〈へ〉⇩「果樹園(カルメル)」。

27 正義の果実は平和——あるいは「正義の働きは平和」「正義の産みだすものは平和」と訳すことも可能。

28 〈へ〉⇩「わが民は平和な住みか、堅固な家、静かな休み場に住む」。ギリシア語訳の訳者は、ヘブライ語テクストに見られる「静かな」を意味するシャアナノットを「富」を意味する他のヘブライ語と取り違えている。

29 〈へ〉⇩「たとえ雹が降って森が倒されても、都が低くされ谷になっても」。

第33章

1 第三三章は、ギリシア語イザヤ書の中で、理解がもっとも困難な章節である。わたしは、何を言おうとしているのか、さっぱり分からない状況の中、手探り状態で翻訳を進めるが、読者にとっての最良の読書法は、この章をぶっ飛ばすことである。

2 おまえたちを貶める者たち——バビロニア人たちを指すように思われる。

3 〈へ〉⇩「略奪されもしなかったのに、略奪するおまえは」。

4 〈へ〉⇩「欺かれもしないのに、欺く者は」。

5 〈へ〉⇩「おまえは略奪し尽くしたときに略奪され、欺き終えたときに欺かれる」。

6 〈へ〉⇩「わたしどもはあなたさまを待ち望みます」。

7 〈へ〉⇩「朝ごとにわたしどもの腕となり、艱難のときのわたしどもの救い主となって下さい」。

8 〈へ〉⇩「騒ぎの声に異民族の者たちは逃げ、あなたさまが立ち上がると、諸々の国は散らされます」。

9 小さな物も大きな物も——ヘブライ語テクストでは欠落。

10 〈へ〉⇩「蝗が集めるように。飛び蝗が飛び跳ねるように、人びとはそれに飛びつく」。

11 〈へ〉⇩「主は高められる。その方は(いと)高き所に住んでおられるからだ」。

12 〈へ〉⇩「その方はおまえの時代を固く支えられる」。

13 〈へ〉⇩「主を恐れること」。

もろもろの宝物の中にわれらの救い（ソーテーリア）が（ある）、
そこに知恵と知識と、主への敬虔[13]がある。
これらは正義の宝物である。[14]

主は介在される

7 見よ、彼らはおまえたちへの恐れで恐怖する。
おまえたちがこれまで恐れていた者たちが
おまえたち（の存在）ゆえに恐怖する。
使節の者たちが送られて来る。
彼らは和平をもとめ、
激しく嗚咽（おえつ）し、
和平を乞う。[15]
8 この者たちの公道が荒れ果てるからである。
異民族の者たちの恐怖は終わりを見た。[16]
この者たちとの契約は破棄される。
おまえたちは彼らを人間とさえ見なさない。[17]
9 地は悲しみに暮れ、
レバノンは辱められ[18]、
シャロン[19]は沼地と化し[20]、
ガリラヤ（ガリライア）[21]とカルメルは丸裸にされる。
10「今こそ、わたしは立ち上がる」
と、主は言われる。
「今こそ、わたしは栄光に包まれる。
今こそ、わたしは高きに上げられる。[22]
11 今こそ、おまえたちは見る。
今こそ、おまえたちは認める。[23]
おまえたちの霊（プネウマ）の力は空しい。
火がおまえたちを呑み尽くす。
12 異民族の者たちは焼き尽くされる、[24]
野の茨が投げ捨てられて[25]焼き尽くされるように」
と。

主がなされたことを認めるのだ

13 遠隔の地の者たちは、

わたしがなしたことを聞き、[26]
近くの者たちはわたしの力を知る。[27]
14 シオンにいる教えを足蹴にする者（アノモイ）たちは去った。[28]
戦慄が不敬神な者たちを捉える。
誰がおまえたちに、
火が燃え上がっていると告げ知らせるのだ？
誰がおまえたちに、
悠久（アイオーニオス）の場所を告げ知らせるのだ？[29]
15 正義の中を歩む者、
真っすぐの道を[30]語る者、

14 [へ]⇩「（これは）主からの宝である」。
15 [へ]⇩「彼らの勇士たちは巷で叫び、平和の使者たちは激しく泣く」。
16 [へ]⇩「公道は荒れ果て、道行く者は絶える」。
17 [へ]⇩「彼は契約を破棄し、町々を蔑視し、人間を顧みなかった」。関根訳の註によれば、ここでの「彼」はアッシリアの王センナケリブを指す。
18 [へ]⇩「辱められて枯れ果てる」。
19 シャロン——ギリシア語表記はサローン。この場所はカイサリアとヨッパの間にあるシャロンの平原を指す。
20 [へ]⇩「荒れ地となり」。
21 [へ]⇩「バシャン」。この場所はガリラヤ湖の東部に広がる肥沃な平野を指す。
22 [へ]⇩「今、わたしは自らを高きに上げ、今、わたしは聳え立つ」。
23 [へ]⇩「おまえたち（＝アッシリア人）は枯れ草をはらみ、藁を産む」。ギリシア語訳の訳者は、ヘブライ語テクストに見られる「枯れ草」を意味するハシャシュを「おまえたちは認める」を意味する他のヘブライ語と取り違えている。
24 [へ]⇩「焼かれて石灰となり」。
25 [へ]⇩「刈り取られて」。
26 [へ]⇩「遠隔の地の者たちよ、わたしがなしたことを聞くのだ」。
27 [へ]⇩「近くの者たちよ、わたしの力を知るのだ」。
28 [へ]⇩「シオンで罪人たちは恐れ」。
29 [へ]⇩「われわれの中の誰が、焼き尽くす火のもとに留まりえようか。われわれの中の誰が。未来永劫に燃え盛る炉の中に留まりえようか」。ギリシア語訳の訳者は、ヘブライ語テクストに見られる「誰が留まりえようか」を意味するミー・ヤグールを「誰が告げ知らせる」を意味する他のヘブライ語と取り違えている。
30 [へ]⇩「正直に」。
31 [へ]⇩「虐げによる利得を斥け」。
32 [へ]⇩「このような者は高い所に住み、岩の要害が彼の

不法と不正を憎む者、[31]
手振りで賄賂の受け取りを拒否する者、
耳を塞いで流血の判決を聞こうとしない者、
目を閉じて不義・不正を見ようとしない者。
16 **このような者は堅固な岩場の、**
高い所にある洞窟の中に住む。[32]
パンは彼に与えられ、
彼の水が尽きることはない。

栄光に包まれた王の登場

17 **おまえたちは栄光に包まれた王**[33]**を見詰める。**
おまえたちの目は、
遠くから（おまえたちの）国土を見る。
18 おまえたちの魂（プシュケー）は、
（かつての）恐怖についてじっくりと考える。
どこにいるのか、教える者たち（グランマティコイ）は？
どこにいるのか、助言する者たち（スュンブーレウオンテス）は？
どこにいるのか、大小の民を数える者は？[34]
19 **彼らが彼に相談したわけではないし、**
彼が難しい言葉を知っていたわけでもない。
そのため、蔑視されている民は聞くことがなく、
聞いたとしても理解できなかった。[35]
20 **見よ、都シオンはわれらの救い。**[36]
おまえの目はエルサレムを、
富める都を、揺らぐことのない天幕を[37]**見る。**
天幕の杭は未来永劫にわたって抜かれることはなく、
天幕の綱が断ち切られることもない。
21 **主のみ名はおまえたちにとって大きなものである。**
おまえたちには場所（トポス）がある、
広々とした見晴らしのよい川や運河の。[38]
しかし、おまえがこの道を進むことはなく、
櫓船が（そこに）行くこともない。[39]
22 わが神は大きく、

主が（わたしを無視して）
わたしの傍らを通り過ぎることはない。[40]
わたしどもの裁き司である、主。
わたしどもの**統治者**（アルコーン）[41]である、主。
わたしどもの王である、主。
その方がわたしどもを救われる。
23 **おまえのとも綱は切れた。**
強くなかったからである。
おまえの帆柱は傾いた。
（だが）おまえは帆を緩ませはしない。[42]
（船は）旗を高く掲げたりはしない、
略奪のために引き渡されるまでは。[43]
実際、多くの[44]足なえさえも略奪を働く。
24 彼らの中に[45]住む民は、
「わたしは（略奪に）倦み疲れた」[46]
とは、決して言わない。

砦」。
33 ［へ］⇩「きらびやかに装った」。
34 ［へ］⇩「どこにいるのか、（捕虜の数を）数えた者は？　どこにいるのか、（貢ぎ物の重量を）量った者は？　どこにいるのか、櫓を数えた者は？」。
35 ［へ］⇩「おまえはもう見ることがない、横柄な民を。聞き取りにくい言葉の民を。おまえが理解できないほど吃る舌を」。
36 ［へ］⇩「われらの祝祭の都シオンを見上げるのだ」。
37 ［へ］⇩「安らかな住まいを、移されることのない天幕を」。
38 この一文の文意は鮮明ではない。［へ］⇩「だがそこ（＝エルサレム）では、主は威光をもってわたしどもと一緒におられ、幅広い川や流れの場所がある」。
39 ［へ］⇩「櫓をこぐ船もそこを通らず、偉容を誇る船もそこを通り過ぎることがない」。
40 わが神は大きく、主が（わたしを無視して）わたしの傍らを通り過ぎることはない――ヘブライ語テクストでは欠落。
41 ［へ］⇩「立法者」。
42 ［へ］⇩「おまえのとも綱は解かれた。彼らは帆柱の基を固めることも、帆を張ることもしない」。
43 ［へ］⇩「そのとき多くの戦利品が分配され」。
44 多くの――ヘブライ語テクストでは欠落。
45 彼らの中に――ヘブライ語テクストでは欠落。

彼らの罪(ハマルティア)は赦されているからである。[47]

第34章

異民族の者たちへの審判――イドゥマイア(エドム)

1 異民族の者たちよ、近づくのだ。
支配者(アルコンテス)たちよ、聞くのだ。[1]
聞かせるのだ、地とそこにいる者たちに、[2]
人の住む世界とそこにいる民[3]に。
2 まことに主の憤怒がすべての民族の上に、
怒りが彼ら総員(の兵士)[4]の上にある。
彼らを滅ぼし、彼らを殺戮(さつりく)に引き渡すために。
3 彼らの中の傷ついた者たちが投げ捨てられる、
死者たちもだ。
死臭が立ち込め、
山々は彼らの血で染まる。[5]
4 天は巻物(ビブリオン)[6]のように巻かれ、
すべての星辰は、葡萄の葉が(落ちる)ように、
また無花果(いちじく)の木から葉が落ちるように落ちる。[7]
5 わが剣(つるぎ)は天で酔いしれる。
見よ、それ(=剣)はイドゥマイア[8]の上に降りて
来る、
裁きとともに滅びの民の上に(降りて来る)。[9]
6 主の剣は血に食傷し、
子羊の脂身や、雄山羊や雄羊の脂身でべっとりと
する。
ボツラ[10]で主に生け贄が(捧げられ)、
イドゥマイアで大殺戮が(なされる)。
7 勇士たちは彼らと一緒に倒れる、
雄羊と雄牛も(倒れる)。[11]
地は彼らの血に酔いしれ、[12]
彼らの脂身に食傷する。
8 それは主の裁き(クリシス)の日、
シオン[13]の裁きの報復(アンタポドシス)の年である。[14]

9 （シオン）の**谷**[15]はピッチに変わり、
彼女の土埃は硫黄に（変わる）。
彼女の地はピッチのように燃え上がる。
10 夜も昼も、
それは永遠の時にわたって消えることはなく、
その煙は上に上にと立ち昇る。
そこは代々にわたって**荒れ野と化し**、[16]
長きに渡って荒れ野と化す。[17]
11 そこには**鳥たち**[18]やハリネズミたちが棲息し、
トキ[19]たちや烏たちも（棲息する）。

---

46 [へ]⇩「わたしは病んでいる」。
47 [へ]⇩「その中に住む民は咎を赦される」。

第34章

1 [へ]⇩「もろもろの国よ、近づいて聞くのだ。国民よ、耳を傾けるのだ」。
2 [へ]⇩「そこを満たすもの」。
3 [へ]⇩「そこから生じるすべてのもの」。
4 ここでの「総員」は「兵士の数」に言及するものと理解する。後出三四・一六をも参照。[へ]⇩「軍勢」。
5 [へ]⇩「溶け去る」。
6 [へ]⇩「天の軍勢は衰え、天は」。この読みを支持するギリシア語写本もある。
7 [へ]⇩「その軍勢はすべて落ちる、葡萄の葉が枯れ落ちるように、無花果の木から無花果が落ちるように」。
8 イドゥマイア——ヘレニズム、ローマ時代、エドムはイドゥマイアと呼ばれた。ここでのイドゥマイアの呼称の使用により、ギリシア語訳がヘレニズム時代かそれ以降になされたことが分かる。なお、エドムについては前出一一・一四参照。
9 [へ]⇩「滅びに定められた民を裁くために」。
10 ボツラ——ギリシア語表記はボソル。ボツラは北エドムの町。
11 [へ]⇩「野牛は彼らと一緒に、子牛は雄羊と一緒に倒れ」。
12 [へ]⇩「満ち足り」。
13 シオン——エルサレム、またはユダの全王国を指す。
14 [へ]⇩「まことに主にとって復讐の日、シオンをめぐる争い事を正す年」。
15 [へ]⇩「そこの川」。
16 [へ]⇩「廃墟と化し」。
17 [へ]⇩「未来永劫にわたってそこを通る人はいない」。
18 [へ]⇩「梟」。
19 トキ——この鳥はエジプトの聖鳥。[へ]⇩「木菟」。
20 オノケンタウロスども——前出一三・二二参照。驢馬

そして荒れ野の測り縄がその上に投げられ、
オノケンタウロスども[20]がそこに棲息する。[21]
12 （シオン）の高官（アルコンテス）たちはもはやいない。
彼女（＝シオン）の王たちや、彼女の高官たち、
それに彼女の貴族たちは
滅びるからである。[22]
13 茨の木々が彼らの町々や彼女の要塞に生え、
彼女はセイレーンたち[23]の住処（すみか）、
駝鳥たち[24]の中庭となる。[25]
14 悪霊（ダイモニア）たち[26]はオノケンタウロスどもに遭遇する。
彼らは互いに相手に向かって鳴き声を上げる。[27]
そこにオノケンタウロスどもが憩う。
自分たちの憩い（の場所）を見つけたからである。
15 しかし、そこにはハリネズミたちも巣をつくり、
大地はその子らをしっかりと守る。
そこでは鹿たちが出会うと、互いに見詰め合う。[29]
16 彼らは総員で傍らを通り過ぎたが、
彼らのうちで滅びる者はひとりとしていなかった。[30]
彼らは互いに探し求めたりはしなかった。
主が彼らのために命じられていたからである。[31]
そして主の霊が彼らを集めておられたからである。
17 （主）ご自身が彼らのために籤（くじ）を投げ、
その方の手が、彼らの食べ物を配られた。[32]
おまえたちは[33]永遠の時にわたって（土地を）相続
し、
代々にわたって
彼らはそこに憩う。[34]

第35章[1]

シオンへの歓びの帰還

1 歓喜するのだ、
渇き切った荒れ野よ。
荒れ野を小躍りさせ、

百合の（咲く）ように花咲かせるのだ。[2]
2 ヨルダンの荒れ野は花咲き乱れ、
小躍りする。[3]

（オノス）に似た神話上の生き物。

21 ヘ⇩「その方（＝主）はその上に混乱を測り縄として張り、空虚を錘として下げられる」。

22 ヘ⇩「彼女（＝その土地）の貴族たちにはもはや王国と呼ばれるものはなく、彼女の高官たちはみな用のないものとなる」。

23 セイレーンたち――前出一三・二一の註参照。

24 駝鳥たち（ストゥルートイ⇩ストゥルートス）――あるいは「すずめ」。

25 ヘ⇩「そこの宮殿（複数形）には茨が生え、その要塞（複数形）にはいらくさやあざみが生じ、ジャッカルたちの寝ぐら、駝鳥たちの囲い地となる」。ギリシア語訳の訳者は、ヘブライ語テクストに見られる「囲い地」を意味するハアツィールを「中庭」を意味する他のヘブライ語と取り違えている。

26 ヘ⇩「荒野の獣たち」。

27 ヘ⇩「野山羊はその友を呼ぶ」。

28 ヘ⇩「リリトはそこに憩い」。リリト（リリツ）は夜の魔女。

29 ヘ⇩「そこでは蛇も巣をつくってとぐろを巻き、卵をかえして自分の蔭のもとに集める。そこにはまた、鳶（とび）もそれぞれ番（つがい）で集まる」。

レバノンの栄光がシオンに与えられた。
カルメルの名誉も。[4]
わが民は主の栄光と神の威光を見る。

30 ヘ⇩「主の書に尋ねもとめて、呼んでみるのだ。これらのうちに欠けるものはひとつとしてない」。ギリシア語訳の訳者は、ヘブライ語テクストに見られる「書」を意味するセフェルと「総員」「数で」を意味する他のヘブライ語と取り違えている。

31 ヘ⇩「それぞれ番の一方を見出さぬことはない。まことにその方の口が命じ」。

32 ヘ⇩「その方の手はそれを測り縄によって彼らに分け」。

33 ヘ⇩「彼らは」。

34 ヘ⇩「住むであろう」。

第35章

1 シオンへの帰還をうたった第三五章は、捕囚からの帰還後に書かれたものと思われるが、その正確な著作時期は不明。

2 ヘ⇩「荒れ野と渇き切った土地は歓ぶ。荒れ地は喜び、野バラのように花咲く」。

3 ヘ⇩「それは花咲き乱れて喜び、喜びに喜んではうた

3 強くあれ、
おまえたち、**だらんとした**両の手よ。[5]
おまえたち、がたがたとなった両の膝よ。[6]
4 **慰め合うのだ、**
おまえたち、いくじのない者たちよ。[7]
強くあれ、
恐れるのではない。
見よ、わたしどもの神は裁きを下される。
その方は（間違いなく）下される。[8]
その方は自ら来られ、わたしどもを救われる。[9]
5 そのとき、盲いたちの目は開かれ、
耳の聞こえぬ者の耳は聞こえるようになる。
6 そのとき、足なえは鹿のように飛び跳ね、
どもり[10]の者たちの滑舌（かつぜつ）は**明晰になる。**[11]
水が荒れ野に湧出したからだ。
渇いた地に（**水の流れる**）**渓谷**[12]が（できる）。
7 水のない所が沼地に変わり、
水の湧出する泉は渇いた土地に変わる。

そこには鳥たちの歓びがある、
葦の生い茂る所と沼地が（ある）。[13]
8 そこには**穢れなき道**[14]があり、
それは《聖なる道》と呼ばれる。
穢れた者はそこを通ることができない。
そこには穢れた道があるが、
散らされていた者たちだけがそこを進む。
彼らが迷い出ることはない。[15]
9 そこには獅子はいないし、
獰猛（どうもう）な獣がそこに上って来ることもない。
（その姿さえ）そこでは見出されない。
しかし、贖（あがな）われた者たちは、そこに行くことができる。
10 **主のゆえに集められた者たち**[16]は、
引き返し、歓喜のうちにシオンへ来る。
そして未来永劫にわたる歓喜が彼らの頭上にある。
なぜならば、讃歌（アイネシス）と喜び（アガルリアマ）が彼らの頭上にあり、
歓喜（エウフロスネー）が彼らを捉えるからである。

痛みと悲嘆と苦しみの呻き声は[17]
消え去ったからである。

第36章[1]

センナケリブのユダ侵攻——アッシリアの脅威

1 ヒゼキヤの治世の第一四年に[2]、アッシリア人たち[3]の王センナケリブ[4]がユダヤ（ユーダイア）の要塞堅固な町々[5]に攻め上って来て、それらを略取した。

う」。ギリシア語訳の訳者はヘブライ語テクストに見られる「喜び」を意味するギラットを「荒れ野」を意味する他のヘブライ語と取り違えている。

4　[へ]⇩「カルメルやシャロンの輝き」。前出三三・一九参照。

5　[へ]⇩「弱った」。

6　ヘブライ人への手紙一二・一二参照。

7　[へ]⇩「心おののく者たちに言うのだ」。

8　[へ]⇩「見よ、復讐するためにおまえたちの神が来る」。

9　[へ]⇩「その方は神の報いをもって来られ、おまえたちを救われる」。

10　足なえ……どもり——どちらも差別用語である。当時の世界が差別用語乱発の世界であったことを知ってほしい。

11　[へ]⇩「喜び歌う」。

12　[へ]⇩「流れ」。

13　[へ]⇩「干上がった地が水の噴き出す所に、山犬どもの寝ぐらに、その伏す所が葦やパピルスの生い茂る所となる」。

14　[へ]⇩「大路」。

15　[へ]⇩「これは彼らのためのもの。道行く者や愚か者たちがここに迷い込んではならない」。

16　[へ]⇩「主に買い戻された者たち（＝主に贖われた者たち）」。

17　痛みと——ヘブライ語テクストでは欠落。

第36章

1　以下、三六章から三九章までは、三八・九－二二に挿入されているヒゼキヤの祈りを除けば、ヘブライ語テクストの列王記下一八・一三－二〇・一九と平行する。ただし両者を比較すれば、ヘブライ語テクストの異動がかなりあることが分かる（当然のことながら、ギリシア語テクストとの異動はそれ以上のものとなる）。このヘブライ語テクストの異動の問題は、論じるのに難しい問題を最初からはらむ。イザヤ書の編纂者が列王記から引用するにあたり——この場合の議論の前提は列王記がイザヤ書の編纂者の時代より前のものである——イザヤ書の編者はそれをコピペ（コピ

2 **アッシリア人たち**[6]の王は、ラブ・シャケたち[7]を、ラキシュ[8]からエルサレムにいるヒゼキヤ王のもとへ、大軍とともに送り込んだ。彼は布晒（ぬのさらし）の野に向かう道にある、上（かみ）の溜め池に至る導水管の所[9]に立った。

3 そこでヒルキヤ[10]の子である執事長[11]のエルヤキム[12]と、書記官[13]のシェブナ、[14]それにアサフの子で記録官[15]のヨア[16]が彼のもとへ出て行った。

4 ラブ・シャケは彼らに言った。

「ヒゼキヤに伝えるがよい。**アッシリア人たち**[17]の大王である王はこう言われる。『おまえは何に依り頼んでいるのか？

5 舌先三寸の助言や言葉で隊伍を組めるとでも思っているのか？　今おまえは誰に依り頼んで、わたしに謀反するのか？

6 見よ、おまえはこの折れた葦の杖、エジプトに依り頼んでいる。しかし、それに寄りかかれば、それはその者の手を刺し通すだけだ。**エジプトの王ファラオや彼に依り頼む者たちはみな（これと）同じである。**[18]

7 **おまえたち**[19]は、われわれはわれわれの神・主に依り頼む、とほざいているが、[20]

8 それならばおまえたち[21]は今、わが主君である**アッシリア人たち**[22]**の王と一戦を交えるがよい。**[23]もし**おまえたち**[24]が馬の乗り手を用意できるというのであれば、わたしは**おまえたち**[25]に二〇〇〇頭の馬を与えよう。

9 **おまえはどのようにしてひとりのトパルケース**[26]**にまともに立ち向かうことができるのか？**　戦車**と乗り手に関してエジプト人たちに依り頼んでいる者たちは、**（彼らの）家僕（同然）である。[27]

10 **われわれは**[28]今、主（の助け）なしで、この土地で戦争をするためにここに攻め上ってきた（とでも思う）のか？[29]』

11 そこで彼に向かって、エルヤキムとシェブナとヨアが言った。[30]

「あなたの僕（しもべ）たちに向かってスリア（シリア）語で[31]語りかけて下さい。それならば、聞いて理解で

ー・アンド・ペースト）したとするか、「共通の伝承」（関根訳の註）をそれぞれどちらか一方が、あるいは双方が、改変して用いたか、あるいは改変しないで用いても、転写の過程で改変され、さらにその改変が増幅されたとするかなどなどの問題が生じるが、知っておくべきことは、古代世界においては「転写のプロ」などは存在せず、したがって転写の過程でさまざまな問題が生じるのは当たり前だったことである。まして「ギリシア語訳においておや」なのである。

2　前七〇一年か。この年代設定の問題点は関根訳の註参照。

3　[ヘ]⇩「アッシリア」。

4　センナケリブ——ギリシア語表記はセンナケーリム（在位、前七〇四‐六八一）。

5　[ヘ]⇩「すべての町々」。

6　[ヘ]⇩「アッシリア」。

7　ラブ・シャケ——ギリシア語表記はラプサケース。ラブ・シャケはアッシリア宮廷の役職名で、「献酌長」を意味するらしい。献酌長が遣わされるのであるから、われわれはとまどう。

8　ラキシュ——ギリシア語表記はラキス。この場所はエルサレムの南南西約四五キロに位置する。

9　この場所への言及は前出七・三でも見られたが、その正確な場所は不明。

10　ヒルキヤ——ギリシア語表記はケルキアス。

11　執事長（オイコノモス）。ヘブライ語テクストでは「家（＝宮廷）の上に立つ者」を意味するアシェル・アル・ハバイト。

12　エルヤキム——ギリシア語表記はエリアキム。

13　書記官（グラマテウス）。ヘブライ語テクストではソフェル。宮廷内の地位は高そう。

14　シェブナ——ギリシア語表記はソムナス。

15　記録官（ヒュポムネーマトグラフォス）。このギリシア語は歴代誌上一八・一五、歴代誌下三四・八でも使用されている。ヘブライ語テクストでは「その日、その日の出来事を記録する史官」を意味するマズキールで、こちらも宮廷内での地位は高そう。

16　ヨアー——ギリシア語表記はヨーアク。

17　[ヘ]⇩「アッシリア」。

18　[ヘ]⇩「エジプトの王ファラオは、彼を頼みとするすべての者をそのようにする」。

19　[ヘ]⇩「おまえ」。

20　ヘブライ語テクストでは、この後に、「その主とやらは、高き所と祭壇をヒゼキヤが取り除いておいて、ユダとエルサレムに向かって、『この祭壇の前で礼拝するのだ』とほざいた神ではないか？」が続く。

21　[ヘ]⇩「おまえ」。

きるからです。わたしどもに向かってユダヤの言
葉で[32]語りかけるのはおやめ下さい。なぜ城壁の上
の者たちの聞いている所であなたは語りかけるの
ですか？」
12 すると、ラブ・シャケは彼らに向かって[33]言った。
「わが主君がこれらの言葉を言わせるためにわた
しを遣わされたのは、おまえたちの主君のためな
のか、それともおまえたちのためなのか？　城壁
の上に座っている者たちのためではないのか？
やつらがおまえたちと一緒に糞を喰らい、小便を
飲むためだ」と。
13 ラブ・シャケは立つと、大声を上げ、ユダヤの
言葉で言った。
「**アッシリア人たち**[34]の大王であられる王の言葉を
聞くがよい。
14 王はこう言われる。『ヒゼキヤに**おまえたちを**
騙すような言葉を吐かせてはならない。[35]やつにお
まえたちを救うことなどできはしない。
15 ヒゼキヤに、神はおまえたちを救い出して下さ
る、この都が**アッシリア人たち**[36]の王の手に引き渡
されることがあってはならない、などと言わせて
はならない』と。
16 ヒゼキヤの言葉を聞いてはならない。**アッシリ**
ア人たち[37]の王はこう言われる（からだ）。『**もしお**
まえたちが祝福を受けたいのであれば、[38]予のもと
へ出て来るがよい。そうすれば、おまえたちはそ
れぞれ、自分の葡萄と無花果を食べ、おまえたち
の水ための水を飲むことができる。
17 やがて予がやって来ておまえたちを、おまえた
ちの土地であるかのように、穀物と葡萄酒とパン
と葡萄園のある土地に連れて行く』と。
18 ヒゼキヤに、**おまえたちの神はおまえたちを救**
われる、[39]などと言わせて、おまえたちをだまくら
かせてはならない。異民族の者たちの神々のそれ
ぞれが**アッシリア人たち**の王の手から自分の土地
を救うことなどできたであろうか？

19 ハマト[40]やアルパド[41]の**神**[42]はどこにいるのだ？ セファルワイム[43]の**町の神**[44]はどこにいるのだ？ 彼らはサマリアを予の手から救い出すことなどできなかったではないか？

20 これらすべての異民族の者たちの神々のうちどれが予の手から自分の国を救い出すことができたというのだ？ 神はエルサレムを予の手から救うことなどできるのか？」

22 [へ]⇩「アッシリア」。

23 [へ]⇩「賭けてみるがよい」。

24 [へ]⇩「おまえ」。

25 [へ]⇩「おまえ」。

26 トパルケース（τοπάρχης）――ある「地域」（トポスまたはトパルキア）の統治を委ねられた者を指す。[へ]⇩「総督」。

27 [へ]⇩「おまえに、わが主君の家来のうちのもっとも小さな総督の一人をさえ、どうやって撃退することができるのか。おまえは戦車とその乗り手をエジプトに依り頼んでいるではないか」。

28 [へ]⇩「わたしは」。

29 ヘブライ語テクストではこの後に、「主がわたしに『この地に向かって攻め上り、これを滅ぼせ』と命じられたのだ」が続く。

30 [へ]⇩「ラブ・シャケに言った」。

31 スリア語で――ギリシア語ではΣυριστί. これは「アラム語で」の意。[へ]⇩「アラム語で」。

32 ユダヤの言葉で――ギリシア語ではΙουδαιστί.

33 彼らに向かって――ヘブライ語テクストでは欠落。

34 [へ]⇩「アッシリア」。

35 [へ]⇩「騙されてはならない」。

36 [へ]⇩「アッシリア」。

37 [へ]⇩「アッシリア」。

38 [へ]⇩「わたしと和議を結び」。

39 [へ]⇩「主はわれわれを救い出して下さる」。

40 ハマト――ギリシア語表記はエマト、あるいはヘマト。ハマトは前七二〇年にアッシリアの属州となった、北シリアを流れるオロンテス川東岸の町。

41 アルパド――ギリシア語表記はアルファド。アルパドは前七四〇年にアッシリアの属州になった。この場所はアレッポの北西約三〇キロに位置する現在のテル・リファアット。

42 [へ]⇩「神々」。

43 セファルワイム――ギリシア語表記はセプファリム。この町は前七二二年にアッシリアによって征服された（列王記下一七・二四、三一、一八・三四、一九・一三を参照）。この

21 彼らは押し黙ってしまった。彼に一言でも答え
ることができる者などはいなかった。王（＝ヒゼ
キヤ）がいっさい答えてはならないと命令を下し
ていたからである。
22 ヒルキヤの子で宮廷長であるエルヤキムや、軍
隊の[45]書記官であるシェブナ、それに記録官である
アサフの子ヨアらがヒゼキヤのもとに衣を裂いて
やって来て、彼にラブ・シャケの言葉を伝えた。

第37章

ヒゼキヤ王、預言者イザヤに助言をもとめる

1 ヒゼキヤ王は（これを）聞くと、衣を裂いた。
そして粗布（あらぬの）を身にまとうと、主の神殿（オイコス）に上った。
2 彼は宮廷長のエルヤキムと、書記官シェブナ、
それに祭司たちの中の長老たちにも粗布を身にま
とわせてアモツの子である預言者イザヤのもとへ
遣わした。
3 彼らは彼に言った。
「ヒゼキヤ（王）はこう言っておられます。『今
日は苦しみと、**恥ずかしめと、懲らしめと、怒り**
の日である。[1] **陣痛は産み落とそうとしている女に**
達しているが、[2] 彼女には産み落とす力がない。
4 生ける神を罵るために、そしておまえの神であ
る主が聞いた言葉を罵るために**アッシリア人たち**
の王[3]が遣わしたラブ・シャケの言葉を、おまえの
神である主が聞かれるように。そしておまえは、
おまえの神である主に向かって、これらの残され
た者たちについて祈るように』と」。
5 **王の**[4]家臣たちがイザヤのもとへやって来たとき、
6 イザヤは彼らに言った。
「あなたたちのご主君にこう言いなさい。『主は
こう言われる。おまえは**アッシリア人たち**[5]の王の
長老たち[6]がわたしを冒瀆する言葉を聞いても、恐

れてはならない。
7 見よ、わたしは彼の中に霊を投げ入れ、彼が報告を聞いて、自分の土地に引き返すようにする。**彼は自分の地で剣に倒れるであろう』**[7]と」。

センナケリブの再度の要求

8 ラブ・シャケは引き返し、王がリブナ[8]を包囲攻撃していることを知った。[9]
9 アッシリア人たち[10]の王は、**エチオピア人たち**[11]の王ティルハカ[12]が彼を包囲するために出撃してきたことを聞いた。これを聞いて彼は引き返し、[13]使いの者たちをヒゼキヤのもとへ送って言わせた。
10 「ユダヤ（ユーダイア）の王ヒゼキヤにこう言うのだ。『**おまえが依り頼んでいるおまえの神におまえを愚弄させ、エルサレムはアッシリア人たちの王の手に引き渡**

町の正確な場所は不明とされる。
44 [へ]⇩「神々」。
45 軍隊の――ヘブライ語テクストでは欠落。

第37章
1 [へ]⇩「懲らしめと恥ずかしめの日である」。
2 [へ]⇩「胎児は産道に達しているが」。
3 [へ]⇩「その主君、アッシリアの王」。
4 [へ]⇩「ヒゼキヤ王」。
5 [へ]⇩「アッシリア」。
6 [へ]⇩「従僕たち」。
7 [へ]⇩「わたしはその地で、彼を剣にかけて倒す」。

8 リブナ――ギリシア語表記はロムナ。
9 ヘブライ語テクストでは、この後に「彼（＝ラブ・シャケ）は彼（＝王）がラキシュを離れたことを聞いたからである」が続く。
10 [へ]⇩「アッスリア」。
11 [へ]⇩「クシュ（エチオピア）」。
12 ティルハカ――ギリシア語表記はタラカ。この人物の即位年は前六九〇年なので、関根訳の註は「七〇一年の出来事を報ずるここには適さない。間違った伝承の挿入と思われる」と指摘する。
13 引き返し――ヘブライ語テクストでは欠落。
14 [へ]⇩「おまえが依り頼んでいるおまえの神に騙され、エ

されることはないなどと言わせてはならない。[14]
11 それともおまえは、**アッシリア人たち**[15]の歴代の
王たちがなしたこと、（すなわち）どのようにし
て彼らが全地を滅ぼしたかを聞いていないのか？[16]
12 異民族の者たちの神々は彼らを、わがご先祖さ
またちが打ち滅ぼした**テラサル**[17]にある**ゴザン**[18]や**ハ
ラン**[19]、**レツェフ**[20、21]を救うことができなかったではな
いか。
13 ハマトやアルパドの王たちはどこにいるのだ？
そしてセファルファイム、ヘナ[22]、イワ[23]の**町**[24]は
（今どこにあるのだ）？』と」。

ヒゼキヤ、主の前で祈る

14 ヒゼキヤは書状を使いの者たちの手から受け取
ると[25]、主の前でそれを広げた。
15 ヒゼキヤは主に祈って言った。
16 「ケルービン[26]の上に座しておられるイスラエル
の神（である）万軍の主よ。あなたさま（だけ）
が人の住む世界（オイクーメネー）のすべての王国の唯一の神でござ
います。あなたさま（こそ）が天と地をおつくり
になられたのです。
17 主よ、耳を傾けて下さい。主よ、凝視して下さ
い。ご覧下さい、センナケリブが生ける神を罵る
ために送って寄越した**言葉**[27]を。
18 **確かに**[28]、**アッシリア人たち**[29]の王は人の住む世界（オイクーメネー）
すべてと彼らの土地を荒らし、
19 彼らの**偶像**（タ・エイドーラ）[30]を火の中に投げ込みましたが、そ
れらは（実際には）神々ではなく、人間の手がつ
くった木や石に（すぎず、そのため）、彼らはこれ
を滅ぼすことができたのです。
20 わたしどもの神である主よ、どうかわたしども
を彼らの手から救い出し、地上のすべての王国が、
あなたさま（だけ）が唯一の**神**[31]であることを知る
に至らせて下さい[32]」と。

イザヤ、センナケリブの没落を預言する

21 アモツの子イザヤはヒゼキヤのもとへ遣わされて、[33] 彼に言った。
「イスラエルの神、主はこう言われる。『おまえがアッシリア人たち[34]の王センナケリブのことでわたしに向かって祈った言葉をわたしは聞いた』と」。
22 以下は、神[35]が彼について語った言葉[36]（である）。
「処女（パルテノス）である娘シオンは、

ルサレムはアッシリアの王の手に引き渡されることはない、などとほざいてはならない」。
15 [ヘ]⇩「アッシリア」。
16 ヘブライ語テクストでは、この後に「それでもおまえだけは救い出されるとでも言うのか？」が続く。
17 テラサル――ギリシア語表記はテルサド。
18 ゴザン――ギリシア語表記はゴーザン。
19 ハラン――ギリシア語表記はカルラン。
20 レツェフ――ギリシア語表記はラフェス。
21 [ヘ]⇩「ゴザン、ハラン、レツェフを、またテラサルのエデン人たちを」。
22 ヘナ――ギリシア語表記はアナグ。この場所は不明。
23 イワ――ギリシア語表記はウガウア。この場所は不明。
24 [ヘ]⇩「町の王」。
25 ヘブライ語テクストでは、この後に「それを読んだ。そしてヒゼキヤは主の家（＝神殿）へ上って行って」が続く。
26 ケルービン――ケルービン（またはケルービム）はケルーブの複数形。ケルーブは人面獣体の像で、至聖所などに置かれていた。列王記上六・二三以下、サムエル記下二二・一一ほか参照。ギリシア語ケルービンは創世記三・二四、出エジプト記二五・一八－二〇ほかで見られる。
27 [ヘ]⇩「すべての言葉」。
28 [ヘ]⇩「主よ、確かに」。
29 [ヘ]⇩「アッシリア」。
30 [ヘ]⇩「神々」。
31 [ヘ]⇩「主」。
32 ここには神がユダや民族の神を越えるものとする新しい理解が認められる。ヘブライ語テクストでも同じ。
33 遣わされて（アペスタレー）――「遣わす」を意味する動詞がここでは受け身形で使用されている。ヘブライ語テクストは、イザヤが使いの者をヒゼキヤのもとへ遣わした、としている。
34 [ヘ]⇩「アッシリア」。
35 [ヘ]⇩「主」。

おまえを侮り、
おまえを鼻先で笑った。
娘エルサレムは
おまえにたいして頭（こうべ）を振った。
23 おまえは誰を罵り、怒ったのだ？
誰に向かっておまえの声を張り上げたのだ？
おまえはイスラエルの聖なる方に向かって
おまえの目を釣り上げた。
24 おまえは使いの者たちを介して主を罵った。
おまえは（こう）言ったからだ。
『わたしは多くの戦車を率いて
山々の頂に駆け上り、
レバノンの奥深い所に分け入り、
高く伸びた杉と
美しい糸杉を切り倒し、
さらに森林の高い所にも分け入り[37]**、**
25 **橋を架け、**
水や、すべての水たまりの水を干上がらせた[38]』と。

26 おまえは聞いていないのか、
遥か昔にわたしがなしたこれらのことを？
古（いにしえ）の昔に、わたしは定めた。
そして今わたしは示して見せた、
要塞にいる異民族の者たちや、
堅固な町々に住む者たちを荒廃させるために[39]**。**
27 **わたしが手を差し出すと、彼らは干上がり、**
屋上の干上がった草のようになり、
また野の雑草のようになった[40]**。**
28 今わたしは、
おまえが憩うのも[41]**、**
おまえが出て行くのも、
おまえが入って行くのも知っている[42]。
29 **おまえが激怒したおまえの憤怒や苦しみは、**
わたしに向かって上ってきた[43]**。**
わたしはおまえの鼻に鼻輪を、
おまえの口に口輪をかけて
おまえをおまえが来た道に送り返す」。

ヒゼキヤへの徴（しるし）[44]

30 「これはおまえに示す徴である。
今年は**おまえが蒔いたもの**[45]を食べるがよい。
二年目は**残したもの**[46]を。
しかし三年目には、種を蒔いて刈り入れ、
葡萄畑をつくり、その実りを食べる。
31 **ユダヤ**（ユーダイア）（王国）**に残された者たち**[47]は
下に向かって[48]根を張り、
上に向かって実を結ぶ。
32 エルサレムから残れる者たちが、
シオンの山から**救われる者たち**[49]が出て来るからで

36　以下三七・二二―二九は、列王記下一九・二一―二八と平行する。どちらかがどちらかをコピペしたか、共通資料をコピペしたとしか言いようがないが、前者の可能性が高いであろう。

37　[へ]⇩「さらに最奥の高い所、木の生い茂る森林に入った」。

38　[へ]⇩「わたしは（井戸を）掘って水を飲み、エジプトのすべての流れをわたしの足裏で干上がらせた」。

39　[へ]⇩「城壁のある町々を荒廃させ、瓦礫の山にしたのだ」。

40　[へ]⇩「その住民は力を失い、彼らは打ちのめされて、恥に覆われ、野の草のように、屋上の草のようになり、穂を付ける前にひからびる」。

41　[へ]⇩「座るのも」。

42　ヘブライ語テクストでは、この後に「またわたしにたいするおまえの憤激も」が続く。

43　[へ]⇩「わたしにたいするおまえの激怒のゆえに、そしてそれにたいするおまえの高ぶりがわたしの耳に達したので」。

44　以下三七・三〇―三八は、列王記下一九・二九―三七と平行する。どちらかがどちらかをコピペしたか、共通資料をコピペしたとしか言いようがないが、前者の可能性が高いであろう。

45　[へ]⇩「落ち穂から生じた穀物」。

46　[へ]⇩「自然に生じたもの」。

47　[へ]⇩「ユダの家に逃れて残った者」。

48　ヘブライ語テクストでは、この後に、「再び」が入る。

49　[へ]⇩「逃れた者たち」。

50　[へ]⇩「アッシリア」。

51　この都――エルサレムを指す。

ある。
万軍の主の熱情（ゼーロス）がこれらのことを成し遂げる」。
33 それゆえ、主は**アッシリア人たち**[50]の王についてこう言われる。
「彼はこの都[51]に入城することはできないし、
そこに向けて飛び道具を打ち込むことも、
そこに向けて長楯をかざすことも、
そこを土塁で包囲することも[52]できない。
34 **彼は来た道を、**
同じ道を引き返す[53]」と。
主はまたこう言われる。
35 「**わたしはこの都を救うために、**
その上に楯をかざす。[54]
わたしのために、またわたしの僕ダビデのために」と。

センナケリブの死

36 主のみ使いが出て行って、**アッシリア人たち**[55]の陣営で一八万五〇〇〇[56]を殺戮した。彼らは朝早く起きてみると、全員が死体となっているのを目にした。
37 アッシリア人たちの**王**[57]はそこを発つと帰って行き、ニネベ[58]に住んだ。
38 彼がニスロク[59]の家（＝聖所）で自分の**偶像**（パタクロン）[60]を拝しているとき、彼の（二人の）息子アドラメレク[61]とサルエツェル[62]が彼を剣にかけて撃った。彼らは**アルメニア**[63]に逃亡した。そして彼に代わって、彼の息子エサルハドン[64]が王になった。

第38章

ヒゼキヤ、死に至る病いにかかる[1]

1 そのころ、[2] ヒゼキヤが死に至る病いにかかっていた。アモツの子、預言者イザヤは、彼のもとを訪ねると、彼に向かってこう言った。「主はこう言われる。『おまえは死ぬことになっており、（長く）生きることはないのだから、おまえの宮廷（オイコス）のことをきちんと（整理）するがよい』と」。

2 ヒゼキヤは顔を壁に向け、主に向かって祈り、
3 こう言った。「主よ、思い起こして下さい。わたしがあなたさまの前を誠心誠意、真実をもって歩み、あなたさまの前で（あなたさまの目に）かなうよきこと[3]をしてきたことを」と。（こう言うと）ヒゼキヤは大泣きした。

52 [ヘ]⇩「そこにたいし土塁を築くことも」。
53 [ヘ]⇩「彼は来たときと同じ道を引き返し、この都に入ることはない」。
54 [ヘ]⇩「わたしはこの都を守り抜いて救う」。
55 [ヘ]⇩「アッシリア」。
56 一八万五〇〇〇――これは荒唐無稽な数字。
57 [ヘ]⇩「王センナケリブ」。
58 ニネベ――ギリシア語表記はニネウェー。
59 ニスロク――ギリシア語表記はナサラク。これはアッシリアの神らしいが、関根訳の註によれば、「アッシリアの文献にこれに当たる神名はない」そうである。
60 [ヘ]⇩「神」。ギリシア語パタクロンについては前出八・二一の註参照。
61 アドラメレク――ギリシア語表記もアドラメレク。
62 サルエツェル――ギリシア語表記はサラサル。
63 [ヘ]⇩「アララトの地」。アララトはアルメニア山系を構成する一地方。
64 エサルハドン――ギリシア語表記はアソルアダン（在位、前六八一―六六九）。

第38章

1 以下三八・一―二二は、列王記下二〇・一―一一と平行するが、大きく改変されている箇所（あるいは付加箇所）が認められる。平行箇所ではどちらかがどちらかをコピペしたか、共通資料をコピペしたとしか言いようがないが、前者の可能性が高いであろう。
2 そのころ――前後の出来事を結び付けるためにヘブライ語テクストの編纂者による挿入句。時代は不明。少しばかり詳しいことは、関根訳の註を参照。
3 具体的にはヒゼキヤの祭儀改革を指すのであろう。列王

4 そのとき、主の言葉がイザヤに臨んで言った。
5 「ヒゼキヤのもとへ行き、こう言うのだ。『おま
えの父祖ダビデの神、主はこう言われる。わたし
はおまえの祈りの声を聞き、おまえの涙を見た。
見よ、わたしはおまえの寿命を一五年伸ばす。
6 わたしは**アッシリア人たち**[4]の王の手から、おま
えを救い出し、この都の長楯（ながたて）になる』と」。
7 これは主からあなたさまに（与えられる）徴で
す。**神**[5]はこのことを[6]実行されます。
8 「[7]わたしは太陽が傾くとき（にできる）階段上
の影、（すなわち）おまえの父祖の家（＝宮廷）の
十段の階段の十度分を太陽と一緒に後戻りさせ
る」。
太陽は（その後）、影の落ちた十段の階段を上っ
た。[8]

ヒゼキヤの祈り

9 （以下は、）ユダヤ（ユーダイア）の王ヒゼキヤが病いに倒れ、
その病いから回復したときに（書き記した）[9]祈り。
10 わたしは言った。
「わたしは、わたしの人生の盛りで、
残された齢（よわい）を黄泉の門口に残します[10]」と。
11 わたしは言った。
「わたしが地上での神の救い（ソーテーリオン）を見ることはもは
やありません。[11]
わたしがわたしの親族の者を目にすることはもは
やありません。[12]
12 **わたしはわたしの命の残りを捨てました。**
（わたしの）命は、天幕を張りましたが、
それを折り畳む者のようにして、
（わたしから）出て行き、
わたしから去って行きました。[13]

わたしの息（プネウマ）は、
織り手が近づいて（糸を）断ち切る織り端（はし）のように、
わたしとともにありました。[14]
13 その日わたしは、
獅子に（引き渡される）かのようにして、
朝方まで引き渡されたのです。
そこで（主は）わたしの骨をすべて噛み砕かれました。
昼から夜までです。
わたしが引き渡されたからです。[15]
14 わたしは燕（つばめ）のように[16]声を上げ、

記下一八・一－八、二〇・二〇、歴代誌下二九－三二章を参照。
4 [ヘ]⇩「アッシリア」。
5 [ヘ]⇩「主」。
6 このこと——あるいは「この言葉」。
7 ヘブライ語テクストは「見よ（ヒンネー）」ではじまる。
8 ここでは後の日時計の原初的なものが見られるが（列王記下二〇・一一参照）、それについては関根訳の註参照。
9 書き記した——ヘブライ語テクストから補う。
10 [ヘ]⇩「わたしは、日々の沈黙の中で、黄泉の門口へ向かいます。わたしは残された年月を奪われてしまいました」。ギリシア語訳の訳者は、ヘブライ語テクストに見られる「沈黙の中で」を意味するビドゥミーを「盛りで／盛りの中で」を意味する他のヘブライ語と取り違えている。
11 [ヘ]⇩「わたしが主を見ることはありません、生ける者の地で主を（見ることはもはやありません）」。
12 [ヘ]⇩「わたしが死者の国に住む者たちに加えられたため、人を見ることはもはやありません」。
13 [ヘ]⇩「わたしの住処は根こそぎにされ、羊飼いの天幕のように、わたしから取り去られました」。
14 [ヘ]⇩「わたしは織り手のようにわたしの命を巻き上げました。彼（＝主）はわたしを織り端から断ち切られます。昼も夜も、あなたさまはわたしの息の根を止めようとされる」。
15 [ヘ]⇩「わたしは朝方まで叫んでいた。主は獅子のようにすべての骨を噛み砕かれました。昼も夜も、あなたさまは予の息の根を止めようとされる」。
16 [ヘ]⇩「燕や鶴のように」。
17 [ヘ]⇩「上を仰ぎ見てわたしの両の目は弱り果てます。主よ、わたしは責め悩まされております。どうかわたしの保鳩のように臆病な鳴き声を上げます。
わたしの両の目は、天の高みの方に向けて、
（そこにおられる）主
――その方こそはわたしを救い、
15 わたしの命の苦悩を取り除いて下さいました
――を仰ぎ見ることなど
（畏れ多くて）できません。[17]
16 主よ、これ（＝わたしの命）については
あなたさまに告げ知らされました。
そこであなたさまはわが息を回復して下さったのです。
わたしは慰められ、（今日まで）生き長らえております。[18]
17 あなたさまはわたしの命を選び、
滅びないようにされました。[19]
あなたさまはわたしの罪すべてを
わたしの背後に投げ捨てられました。
18 黄泉にいる者たち[20]があなたさまを讃美することはなく、
亡くなった者たち[21]があなたさまをほめ讃えることもなく、
黄泉にいる者たち[22]が
あなたさまの憐れみ[23]を待ち望むことなどできません。
19 ただ生きている者たちだけが、
わたしがするように、[24] あなたさまをほめ讃えることができるのです。
今日から、わたしは子づくりに励み、
（生まれて来る）子らがあなたさまの正義を宣言いたします。[25]
20 わが救いの主よ。
わたしは弦楽器（プサルテーリオン）を弾いて
あなたさまをほめ讃えるのを止めません。
わたしの命のある限り、神の家（＝神殿）の前で[26]」。

ヒゼキヤの癒し

21 イザヤはヒゼキヤに向かって言った[27]。「干しイチジクの菓子を取り、（それを）つぶして（患部に）お塗り下さい[28]。そうすれば癒えるでしょう」と。

22 そこでヒゼキヤは言った。「これが神なる主の神殿（オイコス）にわたしが上れる徴[29]だ」と。

証人になって下さい。わたしは何を語れましょうか。わたしに語りかけ、そのようなことをなさる方に。わたしは心に苦しみを抱きながら、（これから先）すべての歳月を、あえぎ行きます」。

18 〔ヘ〕⇩「主よ、これらのことによって人は生きるのです。それゆえわたしの霊の命もまさしくそこにあるのです。それゆえわたしを回復し、わたしを生かして下さい」。ギリシア語訳の訳者は、ヘブライ語テクストに見られる「命」を意味するハヤーを「告げ知らせ」を意味する他のヘブライ語と取り違えている。

19 〔ヘ〕⇩「ご覧下さい。わたしは平和のために大きな苦痛を受けました。しかしあなたさまは、わたしの魂への愛から、滅びの穴から引き揚げて下さいました」。

20 〔ヘ〕⇩「黄泉」。

21 〔ヘ〕⇩「死」。

22 〔ヘ〕⇩「穴の中へと下る者たち」。

23 〔ヘ〕⇩「真実」。

24 〔ヘ〕⇩「生きている者、生きている者だけが、わたしが今日するように」。

25 〔ヘ〕⇩「父は子らにあなたさまの真実を知るようにさせます」。

26 〔ヘ〕⇩「主は今にもわたしを救って下さる。それゆえわたしどもは弦楽器に合わせて歌をうたいます、わたしどもの命あるかぎり主の家で」。以上のヒゼキヤの祈りは文学的な創作のカテゴリーに入るもの。

27 ヒゼキヤに向かって――ヘブライ語テクストでは欠落。

28 〔ヘ〕⇩「干し無花果（いちじく）の菓子を持ってこさせ、腫れた部分にすり込みなさい」。

29 徴――ここでの「徴」は、本来は、前出三八・七の「徴」と関連するものであったであろう。〔ヘ〕⇩「予が主の家に上れる、その徴は何か？」。

第39章

1 以下三九・一－四は、列王記下二〇・一二－一九と平行す

第39章

バビロンからの使節の歓待[1]

1 そのころ、バルアダン[2]の子で、バビロニアの王メロダク・バルアダン[3]がヒゼキヤに書簡と使節と[4]贈り物を送って寄越した。病いで死にそうになっていた彼が回復したことを聞いたからである。

2 ヒゼキヤは彼ら（の到着）を大喜びで迎え、彼らに彼の宝物[5]や、**没薬（ミルラ）や、香料、軟膏（ミュロン）、銀や金[6]の（詰まった）倉、またすべての武器庫**[7]、古記録保管所[8]、彼の倉庫にあるすべてのものを見せた。ヒゼキヤが彼の宮殿（オイコス）の中で[9]（彼らに）見せなかったものは何ひとつなかった。

3 預言者イザヤは王ヒゼキヤのもとへやって来ると、彼に向かって（尋ねて）言った。

「この人たちは何と言ったのですか？　どこからあなたさまを訪ねて来られたのですか？」

ヒゼキヤは（答えて）言った。

「彼らは遠隔の地、バビロンから予のもとへやって来たのだ」。

4 イザヤは（尋ねて）言った。

「彼らはあなたさまの宮殿で何を見たのですか？」

ヒゼキヤは（答えて）言った。

「彼らは予の宮殿にある一切合切を見た。予の宮殿で彼らの見なかったものはひとつもない。予の倉庫にある（すべての）ものを（見た）」。

イザヤを介しての神のお告げ[10]

5 イザヤは彼に言った[11]。

「万軍の主の言葉をお聞き下さい。

6 『見よ、その日がやって来る――と、主は言われます。おまえの宮殿にあるすべてのものや、おまえの先祖たちが今日まで集めたすべてのものがバビロンへ運び去られる。彼らは何ひとつ残しなどしない』と。神は言われました[12]。7『彼らは、おまえが儲けたおまえ自身の子らを連れ去り、バビロンの王の宮殿で宦官[13]にする』と」。

8 ヒゼキヤはイザヤに向かって言った。「主が語られた言葉は結構（アガソス）なものだ。予の（残りの）生涯、平和と正義があるように[14]」と。

る。

2 バルアダン――ギリシア語表記はラアダン。

3 メロダク・バルアダン――ギリシア語表記はマローダク。この人物はバビロンの王（在位、前七二一－七一〇）。アッシリアのサルゴン二世の時代に王位を追われるが、後、センナケリブの時代の前七〇二年に反乱を起こす。第三九章はその反乱の序章となるもの。

4 使節と――ヘブライ語テクストでは欠落。

5 宝物（νεχωθα）――ここで「宝物」を意味するネコーサはヘブライ語を音記したもの。

6 [へ]⇩「宝物庫、銀、金、香料、高価な油」。

7 すべての武器庫（複数形）――[へ]⇩「武器庫（単数形）全体」。

8 古記録保管所――ヘブライ語テクストでは欠落。

9 ヘブライ語テクストでは、この後に「および彼の全領地の中で」が続く。

10 以下三九・五－八は、列王記下二〇・一六－一九と平行する。

11 以下のイザヤ（前八世紀の人物）の発言は、前五八七年のバビロン捕囚の歴史を踏まえたヘブライ語テクストの編纂者が、つづく第四〇章（第二イザヤ書）の内容とスムーズに接続させようとして創作したもので、一般に「事後預言」と呼ばれるものである。編者の手によるこのような創作例は新約にも見られるもので、たとえばマルコ一三・一四以下（マタイ二四・一五以下、ルカ二一・二〇以下）に見られるエルサレム神殿の崩壊（後七〇年）の預言がイエス（三〇年前後に変死）の口に置かれている。

12 神は言われました――ヘブライ語テクストでは欠落。

13 宦官（スパドンタス⇩スパドーン）――「宦官」を指す場合、通常、エウヌーコスが使用される。なお、スパドーンの使用例は創世記三七・三六に見られる。

14 [へ]⇩「『おまえが口にした主の言葉は結構なものだ。』彼はさらに言った。『自分の生きている間、平和と真実があれば』と」。

第40章[1]

わが民への慰め

1 「慰めるのだ、慰めるのだわが民を」[2]
と、**神**[3]は言われる。
2 「祭司たちよ、[4]
おまえたちはエルサレムの心に語りかけ、
彼女（＝エルサレム）を慰めるのだ。
彼女の**忍従**[5]（のとき）は（今や）終わり、[6]
彼女の罪（ハマルティア）は償われたからである。
彼女は、彼女の罪（ハマルテーマタ）[7]の倍するものを
主の手から受けたからである」と。
3 荒れ野で大声で[8]叫ばわる者の声が（する）。[9]
「おまえたちは主の道（ホドス）を整えるのだ。[10]
われらの神の道（トリボイ）[11]**をまっすぐにするのだ。**[12]
4 谷という谷は埋め立てられ、
山という山、丘陵という丘陵は低くされる。
曲がった所はすべてまっすぐにされ、
でこぼこ（道）は平坦な道となる。[13]
5 そして、主の栄光が見られる。
肉なる者はみな**神の救い**（ソーテリオン）**を見る。**[14]
主の口が（こう）宣言されたからである」と。
6 「**大声を上げるのだ**[15]」
と、言う者の声[16]が（する）。
そこで**わたし**[17]は（尋ねて）言った。
「何と**大声を上げればよいのでしょうか？**[18]」と。
「肉（サルクス）なる者はどれもこれも草（に等しい）。
人間の栄光はどれも草の花のようなものだ。[19]
7 草は枯れ、花は**散る。**[20]
8 しかし、われらの神の言葉は未来永劫に続く」
と。
9 シオンによき知らせをもたらす者よ、
（あの）高い山に登るのだ。

エルサレムによき知らせをもたらす者よ、[21]
精一杯の声を上げるのだ。

第40章

1 以下、四〇・一から四八・二二までのトーンは、先行する三九章までのそれとは明らかに異なる。先行する箇所を編纂者の手の入った「イザヤの著作」とすれば（もちろんすでに見て来たように、その中には後の時代のものも多々含まれていたが）、四〇・一以下は、それとは区別されて「第二イザヤの著作」「第三イザヤの著作」とされる。以下ではイザヤの時代（前八世紀）のものではなくて、ペルシアのクロス王がバビロンを征服した前五三九年ころの出来事を中心に、それにつづく出来事が語られる。なお、ギリシア語訳の訳者の意識には「イザヤ」「第二イザヤ」「第三イザヤ」の区別はないであろう。

2 慰めるのだ、慰めるのだ——以下ヘブライ語テクストでは、関根訳の註も指摘するように、強調のための反復法がしばしば見られることになるが、ギリシア語訳の訳者もそれに気づいているようである。

3 ヘ⇩「おまえたちの神」。

4 祭司たちよ——ヘブライ語テクストでは欠落。

5 ヘ⇩「苦役」。

6 終わり（エプレステーピンプレーミ）。使用されているギリシア語には「（そのときが満ちて）終わった」のニュアンスが込められている。

7 ヘ⇩「すべての罪」。

8 荒れ野で大声で——ヘブライ語テクストでは欠落。

9 福音書記者は、「荒れ野で……叫ぶ者」を洗礼者ヨハネと結び付ける。マルコ一・三、マタイ三・三、ルカ三・四－六、ヨハネ一・二三参照。

10 整えるのだ（Ἑτοιμάσατε）——あるいは「準備するのだ」「用意するのだ」。

11 道——ギリシア語テクストでは複数形、ヘブライ語テクストでは単数形。

12 ヘ⇩「荒れ野に、われらの神のために大路をつくるのだ」。この一文はマタイ三・三、マルコ一・三、ルカ三・四－六、ヨハネ一・二三で引用されている。

13 ヘ⇩「でこぼこ（道）は平坦にされ、険しい場所は平野になる」。

14 ヘ⇩「ともに見る」。

15 ヘ⇩「呼びかけるのだ」。

16 この「者」の正体は不明であるが、関根訳は「天使」を想定する。

17 ヘ⇩「彼」。関根訳は死海写本、本箇所、ウルガータを参考に「わたし」に改める。

18 ヘ⇩「呼びかければよいのでしょうか？」。

19 ヘ⇩「その美しさはすべて野の花のようなものだ」。

20 草は枯れ、花は散る——この語句はペトロの第一の手紙一・二四で引用されている。ヘ⇩「萎（しぼ）む」。ヘブライ語テクおまえたちは（声を）上げるのだ。
恐れてはならない、
ユダの町々に告げるのだ。
「見よ、**われらの**神を」[22]と。
10 見よ、主は力を帯びて来られ、
（その）腕は隆々として力を帯びておられる。[23]
見よ、その方の**報酬**[24]はその方とともに（あり）、
その方の働き[25]はその方の前にある。
11 （主は）羊飼いのようにご自分の群れを飼い、
ご自分の腕で子羊を集め、
孕（はら）んでいる（羊たち）を慰められる。[26]

天地を創造された方の偉大さと力

12 いったい誰が**水**[27]を手のひらで量り、
天を指幅（スピサメー）[28]で測っただろうか？
全地[29]を升で量っただろうか？
いったい誰が山々を秤（はかり）にかけ、
渓谷[30]を天秤にかけただろうか？
13 いったい誰が主の**思い**[31]を知ることができたのか？
いったい誰がその方を教える助言者になれたのか？[32]
14 いったい誰に向かって助言し、
その方に教えたのか？
誰がその方に公義（クリシス）[33]を示して見せたのか？
誰がその方に理解の道を示して見せたのか？
15 すべての民族は手桶から（こぼれ落ちる）一滴の雫（しずく）、
天秤の**一瞬の瞬間**[34]と見なされてきた。
それらはまた（吐いた）唾と見なされる。[35]
16 レバノン（の森林）も**燃やすには**[36]十分ではなく、
その四足獣もすべて[37]焼き尽くす献げ物にするには
十分ではない。
17 どの民族も**存在しないに等しく**、[38]

空しいもの[39]と見なされている。
18 おまえたちは主[40]を誰に似せ、
その方をどのような似姿（ホモイオーマ）に仕立てたのだ？[41]

19 職人は偶像（エイコーン）をつくらなかったか？
金細工師は金を鋳造し、
それを金で覆って、
似たもの（ホモイオーマ）にしようとしなかったか？[42]

ストでは、この後に、「主の息（＝霊風）がその上に吹き付けたからだ。確かに、この民は草である」が続く。以下、第二イザヤにおいては、数多くの場所で、ギリシア語訳はヘブライ語テクストよりも短く、そのため、第二イザヤのギリシア語訳の訳者の使用するヘブライ語テクストは別のものではないか、などの推量がなされることになる。

21 よき知らせをもたらす者――具体的に誰を指すのか不明であるが、関根訳は「天使の一人か預言者自身」を想定する。

22 [へ]⇩「おまえたちの」。

23 [へ]⇩「ご自身のためにその腕が統治する」。

24 [へ]⇩「報い」「報われるもの」。

25 この「働き」についての解釈は、関根訳の註を参照。

26 [へ]⇩「ご自分の腕でもって集め、子羊を懐に抱き、乳を飲ませる（羊たち）を優しく導く」。

27 [へ]⇩「水（複数形）」。死海写本が「海」と読むため、「海」に読み改められることがある。次節の「天」と対比があるのであれば、「海」の方がナチュラル。

28 スピサメー――これは親指と小指の間の長さ。

29 [へ]⇩「地の塵」。

30 [へ]⇩「丘陵」。

31 [へ]⇩「霊」。

32 ローマの信徒への手紙一一・三四参照。

33 [へ]⇩「公義（ミシュパート）」。ヘブライ語のミシュパートは「正しい裁き」をも含む幅広い概念である。

34 [へ]⇩「塵」。

35 [へ]⇩「見よ、島々は塵芥のようなものと見なされる」。ギリシア語訳の訳者は、ヘブライ語テクストに見られる「塵芥のような」を意味するカダックを「唾のような」を意味する他のヘブライ語と取り違えている。

36 [へ]⇩「薪（たきぎ）にするには」。

37 [へ]⇩「その獣も」。

38 [へ]⇩「その方の前にあっては無きに等しく」。

39 [へ]⇩「空しいうつろなもの」。

40 [へ]⇩「神」。

41 [へ]⇩「どのような似姿に、その方を比べようとするの

20 **職人は朽ちない木を選び、**
自分の（つくった）偶像（エイコーン）をどう設置するか、
どうしたらぐらつかないですむかを
こっそりと調べる。[43]
21 おまえたちは知ろうとしないのか？
おまえたちは聞こうとしないのか？
おまえたちには最初から告げ知らされていなかったのか？
おまえたちは地のもろもろの基を
知らなかったのか？
22 （その方こそは）**地平線を支えておられる方。**[44]
そこに住む者たちは蝗（いなご）に似ている。
（その方は）天を丸天井（カマラ）のようにし、
（ご自分が）住めるよう（薄布を？）天幕のように張られた方。
23 （その方は）支配者（アルコンテス）たちを
無きに等しい支配者とし、
地を無に等しいものとされた。[45]

24 彼らは種を蒔くことも植えることもなく、
彼らの根が地中に張ることはない。
その方が彼らの上に息を吹きかけると、
彼らは干上がった。
突風が彼らを**小枝**[46]のように舞き上げる。
25 「では、おまえたちはわたしを誰に似せ、
誰と等しくしようとするのか？」
と、聖なる方は言われた。
26 おまえたちの目を吊り上げ、見るがよい。
誰がこれらのものすべてを知らしめたのか？[47]
その方はご自分の世界（コスモス）を
（七日間の）日数（ひかず）にしたがって生み出された方。
その方はすべてのものを
（固有の）名前で呼ばれる。
大いなる栄光により、[48]また強い力のため、
あなたさまの目から逃れることは誰にもできなかった。

ヤコブへの励まし

27 ヤコブよ、**おまえは（尋ねて）言うのではない。**[49]
「イスラエルよ、[50] なぜおまえは言い張ったのだ？
『わたしどもの道は**神**[51]から隠されている。
（なぜ）わたしどもの神は裁きを奪い、離れて行かれたのか？』[52]と」。
28 それで、おまえは今に至るまで知らないのか？
聞いたことがないのか？
悠久（アイオーニオス）の神は、地の果てをもうけられた神、[53]
その方は**飢えることもなければ、**[54]
倦み疲れることもない。
その英知に（新たな）発見というものはない。[55]
29 その方は飢えている者には力を、
苦しんでいない者には悲しみを与えられる。[56]
30 **若者たちは飢えに苦しみ、**

か？」。
42 ヘ⇩「銀細工師は銀の鎖を細工する」。
43 ヘ⇩「巧みな職人は献げ物にする朽ちない木を選び、自分のために探し出し、ぐらつかない像を設置する」。
44 ヘ⇩「地の上の天蓋に住まわれる方」。
45 ヘ⇩「地の裁き人たちを虚ろなものとされる」。
46 ヘ⇩「藁（わら）」。
47 ヘ⇩「誰がこれらのものを創造した（バーラー）のか？」。
48 大いなる栄光により――ヘブライ語テクストでは欠落。
49 ヘ⇩「なぜ言うのか」。
50 ヤコブよ……イスラエルよ――第四八章の終わりまでの第二イザヤでは、このカップリングは普通であるが、第四九－五五章では「シオン……エルサレム」のカップリングが見られる。
51 ヘ⇩「主」。
52 ヘ⇩「わが訴えは神に見過ごされた」。
53 ヘ⇩「主は未来永劫の神。地の果てまでの創造主」。
54 ヘ⇩「倦むこともなければ」。
55 ヘ⇩「その英知は究めがたい」。
56 ヘ⇩「疲れた者に力を与え、勢いのない者に力を増し加える」。ギリシア語訳の訳者は、ヘブライ語テクストに見られる「力」を意味するアツマーを「悲しみ」を意味する他のヘブライ語と取り違えている。

若い男たちは倦み疲れ、
選ばれた者たちには活力がない。[57]
31 しかし、神[58]を待ち望む者たちは
新たなる力を得、
鷲のように翼を張る。
彼らは走っても疲れない。
彼らは歩いても腹をすかすことがない。[59]

第41章

神が裁判長の法廷論争

1 島々よ、わたしの前で新しくなるのだ。[1]
支配者たち（アルコンテス）が力を回復するからだ。[2]
彼らに近寄らせ、一緒に語らせるがよい。
そのとき、彼らに（近々）裁き（があること）を
告げさせるがよい。

2 誰が東から正義[3]を興して、
その足下に彼女（＝正義）を呼んだのか？
彼女（＝正義）は行くのか？
彼は異民族の者たちの前に
（彼女を）置き、王たちを驚かす。
彼は彼らの剣（つるぎ）を地に引き渡し、
彼らの弓は小枝のようにして投げ捨てられる。[4]
3 彼は彼らを追い、
彼の両足が（踏みつける）道は、
何ごともなかったかのようにして、[5]伸びて行く。[6]
4 誰が関わってこれらのことをなしたのか？
古（いにしえ）の昔から彼女を呼び続けている者が、
彼女を呼んだのだ。[7]
わたしは（彼女を呼んだ）最初の神、
わたし（エゴー・エイミ）は存在する、
これから襲って来る出来事のために。[8]
5 地のもろもろの果てが[9]同時に迫り来たのだ。
異民族の者たち[10]は（これを）見て、恐れた。

6 誰もが兄弟を助けるために
隣人を裁き、そして言う。[11]
7「職人は力を得た、
金槌で叩き打ち込む銅細工師も」と。
ときに職人は「接合部はうまくいった」とも言う。[12]
彼らは[13]それらを釘で打ちつけて固定し、
動かないようにする。

神の僕、イスラエル（＝ヤコブ）

8 だが、おまえ（たち）、イスラエルよ、
わたしが選んだわが僕（パイス）[14]ヤコブ[15]よ、

57 ［ヘ］⇩「若者たちも疲れ弱り、勇士たちも必ずや倒れる」。
58 ［ヘ］⇩「主」。
59 ［ヘ］⇩「疲れることがない」。

第41章

1 ［ヘ］⇩「沈黙を守るのだ」。ギリシア語訳の訳者は、ヘブライ語テクストに見られる「沈黙を守るのだ」を意味するハハリーシューを「新しくなる」を意味する他のヘブライ語と取り違えている。
2 ［ヘ］⇩「異民族の者たちに力を回復させるのだ」。
3 ［ヘ］⇩「義しい人」。一部の研究者はヘブライ語テクストに見られるこの「義しい人」をペルシアの王クロス（前五五九－五二九）とする。後出四四・二八、四五・一参照。
4 ［ヘ］⇩「（その者は）彼の前に国々を渡し、諸王を踏みにじらせ、その剣で彼らを塵のようにし、その弓で吹き飛ばされた藁（わら）のようにした」。
5 何ごともなかったかのようにして――テクストでは「無事安全に」。
6 ［ヘ］⇩「（その者は）彼らを追って、彼の足のいまだ踏み入ったことのない道を無事安全に進む」。
7 呼んだのだ――あるいは「呼び寄せたのだ」。
8 ［ヘ］⇩「初めから代々の世代に呼びかけたもの、初めである主なるわたし、最後（の世代）とも同じである」。
9 ヘブライ語テクストでは、この後に「震えながら」が続く。
10 ［ヘ］⇩「島々」。
11 ［ヘ］⇩「それらは隣人である誰をも助け、誰もがその隣人にたいして『勇気を出すのだ』と言う」。
12 ［ヘ］⇩「職人は金細工師を励まし、金槌で平らにする者は鉄床（かなとこ）を叩く者を（励まし）、はんだづけについては『うま

わたしが愛したアブラハムの子孫よ。
9 わたしは地のもろもろの果てからおまえに手を
かけ、
地の高い所からおまえに呼びかけ、
おまえに言った。
わたしはおまえを選び、
「おまえはわが僕（パイス）である。
おまえを見捨てることはなかった」と。
10 恐れるのではない。
わたしはおまえと一緒にいる（エイミ）のだから。
迷わされるのではない。
わたしはおまえを力づけ、
おまえを助け、
おまえをわが義なる右手でしっかりと支えた
おまえの神である（エイミ）から。
11 見よ、おまえに敵対する者はすべて、
辱められ恥をかく。
彼らは存在しない（ウーク・オンテス）者たちのようになり、
おまえに立ち向かう者は**みな滅びる**。[16]
12 おまえはおまえを怒らせる者たちを探し出そう
とするが、
彼らを見つけ出すことはできない。
おまえを相手に戦う者たちは、
存在しない（ウーク・オンテス）者たちのように
存在しなくなる（ウーク・エソンタイ）からである。[17]
13 わたしはおまえの神、
おまえの右手をしっかりと握る者、
「恐れるのではない。
14 **ヤコブよ、イスラエルのいと小さき者よ」**[18]
と、おまえに言う者。
「わたしはおまえを助けた」と、
イスラエルを贖う神は言われる。[19]
15 見よ、わたしはおまえを、
脱穀用の新しいノコギリのような歯のついた
ワゴンの車輪のようにした。[20]
おまえは山々をからざおで打ち、

もろもろの丘陵を粉々にし、
（それらを）**籾殻**（もみがら）のようにする。
16 おまえがふるい分け、
風がそれらを運び去り、
突風がそれらを散り散りにする。
しかし、おまえは、
イスラエルの聖なる者たちに混じって、
歓喜する。[21]

イスラエルの新しい旅

17 貧しい者たちや困窮している者たちは**喜ぶ**。
人びとが水を求めても、（それが）ないからである。[22]
彼らの舌はかさかさになる。
わたし神なる主、
わたしイスラエルの神は耳を傾ける。
わたしは彼ら（貧しい者たち）を見捨てはしない。[23]

くいった』と言い」。
13 [へ]⇩「彼は」。
14 以下、第五五章までで「わが僕」という呼称が二〇回ほど使用される。
15 [へ]⇩「わが僕、わたしが選んだヤコブ」。
16 [へ]⇩「無き者のようになって滅びる」。
17 [へ]⇩「空しいものとなるからである」。
18 [へ]⇩「恐れるな、虫けら（同然の）ヤコブ、そしてイスラエルの男たち」。
19 [へ]⇩「わたしはおまえを助ける、と主、おまえを贖う者、イスラエルの聖なる方は言われる」。
20 [へ]⇩「わたしはおまえを、鋭利な歯をもつ脱穀機にする」。
21 [へ]⇩「おまえは主にあって歓喜し、イスラエルの聖なる方にあって誇る」。
22 [へ]⇩「水を求めても、（それは）ない」。
23 [へ]⇩「わたし主は彼らに答え、イスラエルの神は彼らを見捨てない」。
24 つくり——テクストのギリシア語は「開き」。
25 [へ]⇩「荒れ地」。
26 [へ]⇩「杉や、アカシア、てんにんか、オリーブを植え、荒れ地に糸杉、スズカケ、ひばを一緒に植える」。

18 わたしは山々の上に川をつくり、[24]
平野の中に泉を（つくる）。
わたしは荒れ野を沼地にし、
日照りの地を水の湧き出る所とする。
19 わたしは**水のない地**[25]に、
杉や、つげ、ミルトス、糸杉、白ポプラ[26]を植える。
20 彼らが見て知り、心に留め、頭に入れ、
主の手がこれらすべて[27]をなしたことや、
イスラエルの聖なる者が創造した[28]ことを知るため
に。

ライバルの神々

21 「**おまえたちの**[29]**裁き**（クリシス）**（の日）は近づいている**」
と、**神なる主は**[30]言われる。
「**おまえたちのもろもろの謀**（プーライ）**（の日）は近づい
た**」[31]
と、ヤコブの王[32]は言われる。

22 **この二つ（の事態）を早く来させ、
これから起ころうとしていることを
おまえたちに告げ知らせるがよい。**[33]
あるいは先に起こった事（タ・プロテラ）[34]が何であったかを
おまえたちは言うがよい。
そうすればわれわれは思いを定め、
最後に起こる事（タ・エスカタ）が何であるかを知る。
おまえたちは襲って来るもの（タ・エペルコメナ）を
われわれに言ってみるがよい。
23 おまえたちは
終わり（エスカトス）のときに襲って来るものを
宣べ伝えるがよい。
そうすればわれわれは、
おまえたちが（真の）神々であることを知る。
（何か）よいことをしてみるのだ。
（何か）悪いことをしてみるのだ。
それができれば、われわれは驚くと同時に知るで
あろう。

24 いったい、**おまえたちはどこから来たのだ？**[35]
おまえたちの手作りのもの（エルガシア）（＝偶像）の出所は？[36]
この地からだ。[37]
彼らはおまえたちを、（すなわち）忌むべきもの（ブデルグマ）[38]
を選んだのだ。

25 **わたしは北からひとりの者**[39]**を興した、**[40]
太陽の昇る所からひとりの者を。
彼らはわが名で呼ばれる。[41]
支配者たち（アルコンテス）を来させるがよい。
おまえたちは、
陶工の粘土のように、[42]
そして粘土を踏みつける陶工のように、
踏みつけられるであろう。[43]

27 すべて――ヘブライ語テクストでは欠落。
28 創造した（κατέδειξεν ⇩ καταδείκνυμι）――あるいは「（それを）示した」。
29 おまえたち――異民族の者たちを指す。
30 ［へ］⇩「おまえたちの訴状を出せ、と主は言われる」。
31 ［へ］⇩「おまえたちの証拠を持ってこい」。ギリシア語訳の訳者は、ヘブライ語テクストに見られる「おまえの証拠」を意味するアツモテヘムを「おまえたちの謀」を意味する他のヘブライ語と取り違えている。
32 ヤコブの王――この呼称は神なる主を指しているようである。
33 ［へ］⇩「彼らにそれらを提出させ、起ころうとしている事柄をわれわれに告げさせるがよい」。
34 先に起こった事――具体的に何を指すのか不明であるとされるが、天地創造の出来事を指しているようにも思われる。
35 ［へ］⇩「見よ、おまえたちは無である（メアイン）」。「どこから来たのか？」の疑問形は、ヨハネ二・九、四・一一、七・二七、八・一四、一九・九参照。
36 ［へ］⇩「おまえの制作するものは空しい」。
37 この地からだ――ヘブライ語テクストでは欠落。
38 忌むべきもの――偶像を指す。
39 ひとりの者――クロス王を指す。前出四一・二参照。
40 ［へ］⇩「わたしが北からひとりの者を興すと、彼はやって来」。
41 ［へ］⇩「太陽の昇る所から、わが名を呼ぶ者が」。
42 ［へ］⇩「彼は支配者たちを踏みつける、泥土の上を踏みつけるように」。

26 いったい誰が、
われわれが知ることができるように、
原初から存在したもの（タ・エクス・アルケース）を、
かつて存在したもの（タ・エンプロセン）を告げてくれるのか？
（そうしてくれれば）われわれは、
それ（＝偶像）を本物（アレーティノス）だと言うであろう。
（しかし、）これまで（真実を）告げたもの（＝偶
像）はなく、
おまえたちの言葉を聞くもの（＝偶像）もいやし
ない。
27 わたしは（それを）最初シオンに与え、
エルサレムを励ます、その道中のために。[44]
28 異民族の者たちの中に、
見よ、[45]（告げ知らせることができる者は）ひとりも
いなかった。
彼らの偶像たちの中にも、
告げ知らせる（ことができる）ものはいなかった。
たとえわたしが彼らに
「おまえたちはどこから来たのだ？」
と尋ねても、
彼らはわたしに答えはしない。[46]
29 おまえたちをつくった者たちは何者でもない（ウーセン）。
おまえたちを徒（いたずら）に形状あるものにした者たちよ。[47]

第42章

主の僕（しもべ）の第一のうた（四二・一－四）

1 ヤコブはわが僕（パイス）、[1]
わたしは彼を支える。[2]
イスラエルはわが選びし者、[3]
わが魂は彼を受け入れた。[4]
わたしはわが霊（プシュケー）を彼の上に授けた。
彼は公義（クリシス）を異民族の者たちにもたらす。[5]

2 彼は叫ばず、（声を）上げず、
その声は巷では[6]聞こえない。
3 彼は傷ついた葦を折らず、
くすぶるランプの芯を消すこともしない。
彼は真実のために公義（クリシス）を持ち出す。
4 **彼は、地の上に公義を打ち立てるまでは、**
輝き、弱められることはない。[7]

43 [へ]⇩「そして陶工が粘土を踏みつけるように」。
44 この一文の文意は鮮明ではない。[へ]⇩「わたしは最初に先触れを送る、『見よ、見よ彼らを』。またエルサレムには良き知らせを伝える者を」。
45 [へ]⇩「わたしが見ても」。
46 [へ]⇩「彼らの中には、わたしが尋ねても、答えることのできる助言者はいない」。ギリシア語訳の訳者は、ヘブライ語テクストに見られる「彼らの中には（より正確には「彼らの中から」）を意味するメエレーを「偶像から」を意味する他のヘブライ語と取り違えている。
47 [へ]⇩「見よ、彼らのすべてを。彼らの手の業は空しく無に等しい。彼らの鋳た像は風のように虚ろだ」。

異民族の者たち[8]は彼の教え（ノモス）に望みをかける。[9]

囚われからの解放

5 神なる主
——その方は天をつくり[10]、
それを**張り巡らした方**[11]、

第42章

1 ヤコブはわが僕——あるいは「わが僕ヤコブ」。[へ]⇩「見よ、わが僕」。
2 支える——あるいは「助ける」。
3 イスラエルはわが選びし者——あるいは「わが選びし者イスラエル」。
4 [へ]⇩「わが選びし者を、わが魂は喜ぶ」。
5 わたしはわが霊を……もたらす——マタイ一二・一八ほか参照。
6 巷では——あるいは「外では」。
7 [へ]⇩「衰えることも、打ちひしがれることもない」。
8 [へ]⇩「島々」。
9 異民族の者たちは彼の教えに望みをかける——この語句はマタイ一二・二一で引用されている。
10 [へ]⇩「天（複数形）を創造し」。

地とその中にあるすべてのものを据えられ、
その上に（住む）民に息（プノエー）を、
その上を[12]歩く者たちに霊（プネウマ）を与えられた方――
は、言われる。
6「わたし、神なる主は、
おまえを正義（ディカイオスネー）ゆえに呼びかけた。
わたしはおまえの手をしっかりと握り、
おまえを力づける。
わたしはおまえを（おまえの）種族（ゲノス）の契約とし、
異民族の者たちの光[13]とした。
7盲いの者たちの目を開き、
鎖で縛られている者たちや、
獄屋の真っ暗闇の中に座している者たちを
連れ出すために。
8わたしは《神なる主》[14]、これがわが名。
わたしはわが栄光を他の者に与えはしないし、
わが誉れを木彫り（グリュプトイ）（の神々）に与えることもしな
い。

9見よ、先のこと（タ・アパルケース）は、
すでに到来済みだ。
わたしは新たなる事態（カイナ）（の到来）を告げる。
それは起こる前に、おまえたちに明らかにされ
る」と。

主への讃歌

10主に新しい歌をうたうのだ。
おまえたちは地の果てから、
その方のみ名に[15]栄光を帰すのだ。
海に降りて行く者たちと
船でそこに乗り出す者たち[16]よ、
島々とそこに住む者たちよ。
11**歓喜せよ、荒れ野よ、**
その村々と、[17]
城壁のない村々と、[18]

ケダル[19]に住む者たちよ。[20]
ペトラ[21]に住む者たちは歓喜し、[22]
山々の頂から（歓呼の）声を上げる。
12 彼らは神に栄光を帰し、
その方の誉れを島々で宣べ伝える。[23]
13 （万）軍[24]の神、主は出陣し、
戦い（の相手）を粉砕される。
その方は熱情（ゼーロス）を奮い立たせ、[25]
その敵に向かって力一杯雄叫（おたけ）びを上げられる。[26]
14 わたしは沈黙していた。
だが、いつまでも沈黙し、
耐えているわけではない。[27]
わたしは子を産もうとする女のように耐えた。
わたしは驚かせると同時にへたり込ませる。[28]
15 わたし[29]はもろもろの川を島々に変え、

11 [へ]⇩「張り巡らされた」。
12 [へ]⇩「その中を」。
13 ルカ二・三二参照。
14 神なる――ヘブライ語テクストでは欠落。
15 その方のみ名に――ヘブライ語テクストでは欠落。
16 [へ]⇩「そこに満ちるもの」。
17 [へ]⇩「声を上げよ、荒れ野とその町々よ」。
18 城壁のない村々と――ヘブライ語テクストでは欠落。
19 ケダル――ギリシア語表記はケーダル。前出二一・一六参照。
20 [へ]⇩「ケダル人の住む村々よ」。ケダル人は北アラビアに住む獰猛な遊牧民。
21 ペトラ――ギリシア語表記もペトラ。
22 [へ]⇩「喜びうたえ、セラに住む者たちよ」。関根訳の註は、ここでのセラがペトラである可能性を示唆。
23 [へ]⇩「主に栄光を帰せしめ、その方の誉れを島々に告げさせるのだ」。
24 （万）軍――あるいは「もろもろの力」。
25 [へ]⇩「主は勇士のように出陣し、戦の強者（つわもの）のように熱情を奮い立たせる」。
26 [へ]⇩「鬨の声を上げ、さらには大声を上げ、その敵たちに向かって力を誇示する」。
27 へ⇩「わたしは永遠の昔から沈黙していた。わたしは依然として沈黙し、自分を抑えてきた」。

沼地を干涸びさせる。
16 わたしは盲いの者たちを、
彼らの知らない道に導き、
彼らがそれまで知らなかった道を歩かせる。[30]
わたしは**彼らのために**闇[31]を光に、
曲がった（道）を真っすぐな（道）にする。[32]
わたしはこれらのことを行い、
彼らを見捨てたりはしない。
17 しかし、彼らは尻込みした。
おまえたちは赤っ恥をかくがよい。
木彫り《グリュプトイ》（の神々）に依り頼み、
鋳られた《コーネウトイ》（神々）に向かって
「おまえたちこそおれたちの神々だ」
と、ほざく者たちよ。

人は自分たちの前にあるものを見ることができない

18 唖の者たちよ、
聞くのだ。
盲いの者たちよ、
目を凝《こ》らして見るのだ。
19 わが僕《パイデス》たち以外に、
誰が唖なのか？
彼らにたいして主人づらする者たち以外に、
誰が盲いなのか？
神の僕《ドゥーロイ》たちが盲いになった。[33]
20 **おまえたちはしばしば**[34]**見たが、**
心に留めようとはしなかった。
耳は開かれていたが、
聞きはしなかった。[35]
21 **神なる主は、ご自分が正義であることを示され、**
讃美がいや増しに増し加えられるのを望まれた。[36]
22 **わたしは見たのだ、**
民が略奪され、強奪されるのを。[37]
奥まった部屋で、いや至る所で、

それと同時に、匿われた家の中でも、
罠が仕掛けられた。
彼らは略奪者となったが、
略奪物を取り上げる者はいなかった。[38]
「返してやれ」と言う者もいなかった。
23 おまえたちの中で誰が、
これらのことに耳を傾けるのか？

28 [ヘ]⇩「（しかし）今やわたしは子を産む女のように呻き、息せいて喘ぐ」。

29 ヘブライ語テクストは「わたしは山々やもろもろの丘陵を荒らし、そのすべての草を枯らし」ではじまるが、ギリシア語訳の訳者が使用したテクストにはこの一文が欠落していたように思われる。

30 ここではバビロンからエルサレムへの帰還の道が言及されているように思われる。

31 [ヘ]⇩「彼らの前で」。

32 [ヘ]⇩「でこぼこ（道）を平坦にする」。

33 [ヘ]⇩「わたしが遣わす使者のように唖の者がいるだろうか？　誰がわたしが信任した者のような盲い、主の僕のような盲いがいるか？」。

34 [ヘ]⇩「おまえは多くのことを」。

これから襲って来ることを聞くのか？
24 誰がヤコブを略奪のために与え、
イスラエルを略奪する者たちに[39]与えたのか？
神[40]ではなかったのか？
彼らは[41]その方にたいして罪を犯し、
その方の道を歩むことを欲せず、
その方の教え（ノモス）に聞き従わなかった。

35 [ヘ]⇩「彼は聞かない」。

36 [ヘ]⇩「主はご自分の義のために、教えを偉大なものにし、これを輝かすことを喜ばれた」。ギリシア語訳の訳者は、ヘブライ語テクストに見られる「教え」を意味するトーラーを「讃美」を意味する他のヘブライ語と取り違えている。

37 [ヘ]⇩「これは強奪され掠奪された民、彼らはみな罠にかかり、獄屋に閉じ込められた」。

38 [ヘ]⇩「彼らは餌食となったが助ける者はいなく、略奪にあっても」。

39 略奪する者たち——アッシリアとバビロンの侵入者を指す。

40 [ヘ]⇩「主」。

41 [ヘ]⇩「われわれ」。

42 [ヘ]⇩「彼はそれが周囲を焼き尽くしても悟らず、自分に

25 その方はご自分の憤怒の怒りを彼らの上にもたらし、
戦いが彼らを打ち負かした。
彼らの周囲にあるものすべてを焼き払う者たちは、
彼らを、ただのひとりも、知らなかったし、
歯牙にもかけなかった。[42]

第43章

神はイスラエルを回復される

1 しかし今、神なる主[1]
――その方は、ヤコブよ、おまえをつくられた方、
イスラエルよ、おまえを形づくられた方である
――
は、こう言われる。
「恐れるのではない。
わたしがおまえを贖ったのだから。
わたしはおまえをおまえの名[2]で呼んだ。
おまえはわたしのものである。
2 水の中を渡るときがあっても、
わたしはおまえと一緒である（エイミ）。
川がおまえの行く手を阻むことなどはない。[3]
火の中を歩いても、
おまえは焼かれず、
火炎がおまえを焼き尽くすこともない。[4]
3 まことにわたしはおまえの神なる主、
イスラエルの聖なる者（ホ・ハギオス）、
おまえを救う者（ホ・ソーゾーン・セ）（である）。
わたしはおまえの身代金として、
エジプトとクシュ[5]とセバ[6]を
おまえのために与えた。
4 おまえは**わが寵児になったので、**[7]
おまえには栄光が帰せられてきた。[8]
わたしはおまえを愛し、

多くの人をおまえの代わりに与え、[9]
支配者（アルコンテス）たちをおまえの頭（かしら）の代わりに（与える）。[10]
5 恐れることはない。[11]
わたしはおまえと一緒にいる（エイミ）のだから。
わたしは東からおまえの子孫を連れて来る。
そして西からおまえを集める。
6 わたしは北に向かっては、
『連れて来させるのだ！』
と、言い、
南に向かっては、
『拒むのではない！』
と、（言う）。
わが息子たちを遠方の地から、
わが娘たちを地の果てから、[12]
7 わが名で呼ばれたすべての者を連れて来るのだ。
なぜなら、わたしは彼（ら）を

燃え移っても気づかなかった」。

第43章

1 神なる――この語句はヘブライ語テクストには見られない。
2 [へ]⇩「おまえを創造し」。
3 おまえの行く手を阻むことなどはない――あるいは「おまえを押し流すことなどはない」。
4 [へ]⇩「炎がおまえに燃えつくことはない」。
5 クシュ――ギリシア語表記はアイティオピア（エチピア）。
6 セバ――ギリシア語表記はソエーネー。この場所はエジプトの南の地域とされる。
7 わが寵児になったので――あるいは「わたしの格別な者になったので」。
8 [へ]⇩「高価で貴く」。
9 多くの――ヘブライ語テクストでは欠落。
10 [へ]⇩「異民族の者たちをおまえの命の代わりに与える」。マルコ五・三六、六・五〇、マタイ一〇・二八、一七・七、二八・一〇、ルカ五・一〇、一二・七、三二、ヨハネ六・二〇参照。
12 ヘブライ語テクストでは、この一文はここで、「連れて来させるのだ」をもって完結する。
13 [へ]⇩「わが名で呼ばれるすべての者は、わが栄光のため

わが栄光の中で創造し（カテスケウアサ）**、**[13]
形づくり、
つくったからだ」と。

主の救済をめぐる論争

8 **「わたしは盲いの民を連れ出した。**
その目は盲いの者たちのそれだ。
彼らは耳をもつが、聞きはしない。[14]
9 **すべての民族の者たちは**[15]**一緒に集められた。**
支配者（アルコンテス）**たちは彼らの中から**[16]**集められる。**
いったい誰がこれらのことを告げ知らせるのか？
誰が先にあったこと（タ・エクス・アルケース）をおまえたちに告げ知らせる
のか？
彼らに彼らの証人たちを引き出させ、
彼らに、彼らが正義であることを示させ、
彼らに真実を言わせることだ。[17]
10 おまえたちはわが証人たれ、
わたしもまた証人である。[18]
——と、神なる主[19]は言われる。
（おまえたちは）わが選びし僕（パイス）。[20]
それはおまえたちが、
わたしがいる（エゴー・エイミ）（わたしが存在する）[21]ことを知り、
信じ、そして理解するためである。
わたしより前に、**他の神**[22]は生まれず、
わたし以降、（他の神が）存在することはない（ウーク・エスタイ）。
11 **わたしは神、**[23]
このわたし以外に（おまえたちを）救う者は
存在しない（ウーク・エスティ）。
12 このわたしが宣べ伝え、救ったのだ。
このわたしが**耳を傾けたのだ。**[24]
おまえたちの間に（わたしと）異なる（アロトリオス）（真の神）
なぞ存在しなかった（ウーク・エーン）。
おまえたちはわが証人たれ、
わたしもまた証人である。[25]
13 （創造の）**はじめから今日まで**」

――と、神なる主[26]は言われる。
「わたしの両の手から
（おまえたちを）奪い取ることができる者は[27]
存在しない（ウーク・エスティン）。
わたしは行う。
誰がそれをひっくり返せるのか？」と。

バビロンからの新しいエクソダス

14 神なる主[28]
――その方はおまえたちを贖われる方、
イスラエルの聖なる方である――
は、こう言われる。
「わたしはおまえたちのために
（兵士たちを）バビロンへ送り込み、

に」。
14 ［ヘ］⇩「目があっても盲いの民、耳があつても聞こえない者たちを連れ出せ」。
15 ［ヘ］⇩「すべての国」。
16 ［ヘ］⇩「異民族の者たちは」。
17 ［ヘ］⇩「義とされねばならない。彼らに聞かせ、『そのとおりだ』と言わせるのだ」。
18 わたしもまた証人である――ヘブライ語テクストでは欠落。
19 神なる――ヘブライ語テクストでは欠落。
20 ここでの「僕」は単数形であるが、複数形ではないのか。
21 ［ヘ］⇩「わたしがその者（である）」（キ・アニー・フーイ）。
22 ［ヘ］⇩「つくられた」。
23 ［ヘ］⇩「わたし、このわたしこそ主」。
24 ［ヘ］⇩「宣言したのだ」。ギリシア語訳の訳者は、ヘブライ語テクストに見られる「わたしは宣言した／わたしは告知した」を意味するヒシュマーティを「わたしは耳を傾けた」を意味する他のヘブライ語と取り違えている。
25 ［ヘ］⇩「わたしが神である」。
26 神なる――ヘブライ語テクストでは欠落。
27 へ⇩「わたしがその者であった日から」。
28 神なる――ヘブライ語テクストでは欠落。
29 ［ヘ］⇩「彼らの（門の）閂をみな（取り外し）」。

逃げようとするすべての者を叩き起こす。[29]
カルデア人たちは船の中で縛られる。[30]
15 わたしは神なる主[31]、
イスラエルにおまえたちの王を示した者」と。
16 主――その方は、海に道を、奔流に通り道をつ
くられた方、
17 戦車と馬と強力な軍勢を一緒に連れ出された方[32]
――
は、こう言われる。
「彼ら[33]は伏して、起き上がれない。
彼らは、ランプの芯が消え失せるようにして消え
失せた。
18 おまえたちは、先の出来事（タ・プロータ）を思い起こしてはな
らない。
昔あったこと（タ・アルカイア）を（あれこれと）詮索してはならな
い。
19 見よ、わたしは新しい事態[34]を起こす。
それは今すぐにでも起こる。
おまえたちはそのことを知る。[35]
わたしは荒れ野に道（ホドス）をつくり、
水のない所に川[36]を（つくる）。
20 野の獣たちはわたしを崇める。
セイレーンたち[37]や駝鳥の子ら[38]も。
わたしが荒れ野に水を与え、
水のない所に川[39]をつくったからだ。
わが選ばれし民[40]に飲ませるために。
21 **わたしが手にした**[41]わが民が
わたしへの讃美を口にする」と。

しかし、イスラエルには咎がある

22 「ヤコブよ、
わたしはおまえを呼びつけなかったし、[42]
イスラエルよ、
23 **おまえを煩わせることもしなかった。**[43]
（そのため）おまえはわたしのもとに、

焼き尽くす献げ物の羊を（持って来）なかったし、
おまえの献げ物でわたしに栄光を満たすこともなかった。
わたしは乳香のことでおまえを煩わせることもしなかった。
24 おまえはわたしのために銀で**香料を手に入れることもなく、**[44]
わたしがおまえの犠牲の脂肪を欲することもなかった。[45]
わたしは、おまえのもろもろの咎や、
おまえのもろもろの不義・不正でおまえの前に立った。[46]
25 エゴー・エイミ（わたしは存在する／わたしはある）、

30 ㋬⇩「またカルデア人たちを、彼らの歓声の聞こえる船（複数形）から降ろす」。
31 神なる――ヘブライ語テクストでは欠落。
32 出エジプトでの紅海の奇跡とされるものは、出エジプト記一四・二六以下参照。
33 彼ら――カルデア人を指す。
34 新しい事態――イスラエルの民をバビロンからエルサレムへ帰還させることを指す。
35 ㋬⇩「おまえたちはそれを知らないのか」。
36 川――ここでの「川」は複数形。ヘブライ語テクストも同じ。
37 ㋬⇩「ジャッカル」。なおここでのセイレーンたちは、前出一三・二一、三四・一三参照。
38 駝鳥の子ら――テクストでは「駝鳥の娘ら」。
39 川――ここでの「川」は複数形。
40 選ばれし民――ギリシア語はト・ゲノス……ト・エクレクトン。
41 ㋬⇩「わたしがわがためにつくった」。
42 ㋬⇩「おまえはわたしを呼び求めもしなかったし」。
43 ㋬⇩「おまえはわたしのために労苦することもなかった」。
44 ㋬⇩「菖蒲（あやめ）を買うこともせず」。
45 ㋬⇩「犠牲の脂身でわたしを満足させることもしなかった」。
46 ㋬⇩「わたしに苦労させ、おまえのもろもろの不義でわたしを煩わせた」。
47 ㋬⇩「わたし、このわたしこそ、わたし自身のために」。
48 ㋬⇩「わたしを思い起させるのだ」。

エゴー・エイミ（わたしは存在する／わたしはある）。[47]
わたしはおまえのもろもろの不法を拭い去る者（である／として存在する）。
わたしが（それらを）思い起こすことは決してない。
26 しかし、**おまえは思い起すのだ。**[48]
さあ、われわれは裁きあおう。
おまえが最初に、
おまえの不法を[49]口にしてみるがよい。
おまえが正義の者であることが示されるために。
27 **おまえたちの父祖たちが最初に、**[50]
（ついで）**彼らの支配者たちが**
わたしにたいして不法を働いた。[51]
28 **支配者たちはわが聖所を穢した。**[52]
（そこで）わたしはヤコブを滅びに、
イスラエルを恥辱に引き渡した」と。

第44章

ヤコブ（＝イスラエル）にたいする託宣

1 「しかし今、聞くのだ、
わが僕（パイス）ヤコブ、わたしが選びしイスラエルよ」。
2 神なる主[1]
——その方はおまえをつくった方、
おまえを胎内で**形づくった方である**——
は、こう言われる。
「**おまえはこれから助けてもらえるのだ。**[2]
恐れるのではない。
わが僕（パイス）ヤコブ、
わたしが選んだ愛されし**イスラエル**[3]よ。
3 **わたしは、**
水なき土地を行く者たちに、
渇きの中で水を与え、[4]
わが霊をおまえの子孫の上に、

わが祝福をおまえの子らの上に置く。
4 そこで**彼らは水の中の青草のように**、
また[5]流れる水辺の柳のように芽生える。
5 この者[6]は言う、
『わたしは**神**[7]のものである（エイミ）』と。
この者はヤコブの名で呼ばれる。
さらにもうひとりの者は、[8]
《わたしは**神**[9]のものである（エイミ）》
と、イスラエルの名で書き記すであろう」と。

神はただひとり

6 **神**[10]
――その方はイスラエルの王、
イスラエルを贖う方、万軍の神である――
は、こう言われる。
「わたしは（おまえたちの神となった）最初の者（プロートス）、
これらのこと（＝背信？）があった後でも、
わたしは[11]（最初の者でありつづける）。

49 おまえの不法を――ヘブライ語テクストでは欠落。
50 創世記三・六参照。
51 ［ヘ］⇩「おまえの最初の父祖は罪を犯し、おまえの仲保者たちはわたしに背いた」。
52 ［ヘ］⇩「そこでわたしは聖所の司たちを穢し」。

第44章

1 神なる――ヘブライ語テクストでは欠落。
2 ［ヘ］⇩「形づくり、おまえを助ける者（である）」。ヘブライ語テクストでは、主の言葉は次節の「恐れるのではない」からはじまる。
3 ［ヘ］⇩「エシュルン」。この呼称はイスラエルの愛称。申命記三三・五、二六参照。
4 ［ヘ］⇩「わたしは干涸びた地に水を、乾いた地に流れを注ぐ」。
5 ヘ⇩「青草の中にあって」。
6 この者――ギリシア語でフートス。ヘブライ語テクストではゼー。「この者」が誰であるかは不明。
7 ［ヘ］⇩「主」。
8 ［ヘ］⇩「さらにこの者は手に」。
9 ［ヘ］⇩「主」。
10 ［ヘ］⇩「主」。

わたしの他に神はいない（ウーク・エスティ）。[12]
7 誰がわたしの立場に（なり得る）のか[13]？
（おれば）その者を立たせ、名乗らせ、
わたしにたいする（抗弁の機会を）用意させるの
だ。
わたしが未来永劫に（続く）民を定めたときから[14]
これから襲う出来事（タ・エペルコメナ）を、それが来る前に、
おまえたちに告げさせるがよい。[15]
8 おまえたちは**身を隠して**ならない。[16]
おまえたちはこれまで（アパルケース）耳に入れてこなかったの
か？
わたしはおまえたちに告げ知らせた。[17]
おまえたちは（わたしの）証人である、
わたしの他に神がいるか（エイ・エスティ）どうかの。[18]
それらは（神では）なかった、いついかなるとき
も[19]」と。

偶像への嘲笑

9 （偶像を）形づくり（それを）彫る者たちはみな、
空しいことをする者たち、
益にもならない、自分たちの欲望をつくりだす者
たちだ。[20]
10 神を形づくり、
役にも立たないものを彫る者たちはみな、
赤っ恥をかかされるだけだ。[21、22]
11 そこから生まれたものは、
どれもこれも乾き切ってしまった。[23]
唖の者たちも（所詮）人間たちから（生まれた者）[24]、
（彼らを）全員集め、一緒に起立させるがよい。
彼らを困惑させ、一緒に恥じ入らせるがよい。
12 職人は鉄を削り、
手斧で細工し、
手ぎりで穴をあけ[25]、
力ある腕で細工する。

腹がすけば無気力になり、
水さえ飲めない。[26]
13 **職人は木材を選び、**
計測してそれを立てかける。

11 これらのことがあった後でもわたしは（エゴー・メタ・タウタ）——この語句の意味は必ずしも明瞭ではない。ヘブライ語テクストでは「わたしは終わり（である）」を意味するアニ・アハロン。
12 神はいない——あるいは「神は存在しない」。
13 [ヘ]⇩「宣言できるのか？」」。
14 未来永劫に（続く）民を定めたときから——テクストでは「未来永劫に（続く）人（アンスローポン⇩アンスローポス）をつくったときから」。ただし、「つくった」の訳語を与えた動詞 ἐποίησα（⇩ ποιέω）は多義的な意味を取り得るので「定めた」の訳語を与えることも可能。なおヘブライ語テクストの「未来永劫に（続く）民」はアム・オーラムで、「悠久の民」の訳語を与えることも可能。
15 告げさせるがよい——この動詞の主語は「彼ら」で、「未来永劫に（つづく）民」を指しているようである。
16 [ヘ]⇩「恐れてはならない、怯えてはならない」。
17 [ヘ]⇩「わたしは前々からおまえに聞かせ、告げてきたではないか」。

接着剤で細工して、[27]
人の形につくり、
人間の美しさに似せる。
聖所に安置するためだ。

18 いるかどうかの——あるいは「存在するかどうかの」。
19 [ヘ]⇩「岩は存在しない。わたしはそれを知らない」。ここでの「岩」は神を指す比喩的表現。
20 [ヘ]⇩「彫像を形づくる者たちはみな虚ろで、彼らが慕うものは益なきもの。彼ら自身の証人たちは見ることも知ることもできず、恥をかかされる」。
21 恥をかかされるだけだ——テクストでは、この一文は九節の終わりに置かれる
22 [ヘ]⇩「誰が役にも立たぬことのために、神（＝エル）を形づくり、偶像を鋳たのか？」」。
23 [ヘ]⇩「見よ、その仲間の者たちはみな恥じ入ることになる」。ギリシア語訳の訳者は、ヘブライ語テクストに見られる「恥じ入る」を意味するイェヴォーシューを「乾き切った」を意味する他のヘブライ語と取り違えている。
24 [ヘ]⇩「そして職人たちも（所詮）人間たちから出たもの」。ギリシア語訳の訳者は、ヘブライ語テクストに見られる「そして職人たちも」を意味するヴェハラシームを「そして唖の者たちも」を意味する他のヘブライ語と取り

14 主が植えられ、
雨が育てた森から切り出された木材は、[28]
15 人間たちにとって燃やすためのもの。
人はそれを取って暖を取り、[29]
（それを）燃やして、その上でパンを焼く。
しかし、彼らは残った木材に細工を施して神々とし、
それを拝する。[30]
16 彼らは[31]その半分を火にくべた。
彼はその上で肉をあぶり、食べ、腹を満たした。
彼は暖を取ったときに言った。
「よかよか、暖まったし、火も見たし」と。
17 彼は残り（の木材）で彫りものの神をつくり、
それを拝し、祈って言う。
「わたしをお救い下さい。
あなたさまはわたしの神だからです」と。
18 彼らは賢くなることを知らなかった。[32]
彼らは見る力を奪われ、そのため自分たちの目で
見たり、
自分たちの心で考えたりすることができない。[33]
19 彼は自分の心で慮（おもんぱか）ることも、
自分の魂で考えることもしなかった。[34]
彼は自分がその半分を火で焼き、
炭火の上でパンを焼き、
肉をあぶって食べ、
その残ったもので忌むべきものをつくり、
彼らがそれを[35]拝している！
彼にこれらのことについての洞察はなく、
何も知らない。
20 おまえたちは知るがよい、
彼らの心が灰であることを。
彼らは迷わされている。
誰も彼の心を救うことなどできやしない。[35]
見てみるがよい。
なぜ、おまえたちは、
「わたしの右手には偽り（がある）」

と、言わないのか？[37]

神がヤコブ（＝イスラエル）のためにしたこと

21「ヤコブとイスラエルよ、
これらのことを心得ておくのだ。
おまえはわが僕（パイス）だからである。
わたしがわが僕であるおまえを形づくった。
イスラエルよ、おまえはわたし（の恩義）を忘れてはならない。
22見よ、わたしはおまえの不法を、
雲を（拭い去るように）拭い去り、
おまえの罪を、
闇[38]を（拭い去るように）拭い去った。

違えている。

25 [へ]⇩「鉄工は手斧をつくり、炭火で仕事をし、槌でもって型をつくり」。

26 [へ]⇩「水が飲めず消耗する」。

27 [へ]⇩「彼は測り縄を張り、石筆で印をつけ、のみで削り、諸種のコンパスで印をつけ」。

28 [へ]⇩「彼は自分のために杉を切り、松や樫を取ると自分自身のために林の木々の中で強く育て上げる。彼が月桂樹を植えると、雨がそれを育てる」。

29 [へ]⇩「人はそれを薪として使用し、それを取って暖とし」。

30 [へ]⇩「さらには神をつくってそれを拝み、偶像をつくり上げてはこれにひれ伏す」。

31 [へ]⇩「彼は」。

32 [へ]⇩「彼らは知りもしなければ、悟りもしない」。

33 [へ]⇩「彼らの目は粘りづいているため、見ることができず、彼らの心も（粘りづいているため）理解することができない」。

34 [へ]⇩「誰も心に留めることをせず、言うべき知識も理解もない」。ギリシア語訳の訳者は、ヘブライ語テクストに見られる「（心に）留める」を意味するヤシーヴを「慮る」を意味する他のヘブライ語と取り違えている。

35 [へ]⇩「木の切れ端」。

36 [へ]⇩「彼は灰を食らい、欺かれた心は彼の道を誤らせ、自分の道を救い出すこともできず」。

37 [へ]⇩「わたしの右手に偽りはないのか」とすら言うことができない。

38 [へ]⇩「霞」。

わたしのもとに戻って来るのだ。
そうすれば、わたしはおまえを贖う」[39]。
23 天よ[40]、歓喜するのだ。
神はイスラエルを憐れまれたからである[41]。
地の基よ、ラッパを吹き鳴らすのだ。
山々よ、歓喜の声を上げるのだ。
丘陵とその中のすべての木々よ。
神[42]はヤコブを贖われ、
イスラエルは栄光に満たされるからである。

主、クロス王による捕囚からの解放を告げる

24 主
――その方はおまえを贖い、
おまえを（母の）胎から形づくられた方――
は、こう言われる。
「わたしは主、
すべてのことを成し遂げる者[43]、
わたしはひとりで天[44]を押し広げ、
地をゆるぎないものにした者[45]。
25 （いったい、わたし以外の）誰が、
口寄せの印[46]（セーメイア）**や**
（占い師どもの）心から（出る）占いを排除でき
るのだ[47]**？**
わたしは知者（フロニモイ）（を称する者）たちを退け、
その助言を愚弄する者。
26 わたしはその方の僕（パイス）[48]の言葉を確認し、
その方のみ使いたちの助言が真実であることを確
かめる者。
（わたしは）エルサレムに、
『人が住むようになる』と言い、
ユダヤ（ユーダイア）の町々に、
『おまえたち（の町々）は再建される。その廃墟
は復興する』と言う者。
27 （わたしはまた）深淵（しんえん）に、
『おまえは荒れ野にされ、

わたしはおまえの川[49]を干上がらせる』と宣告する
者。
28 クロスに[50]、『賢くなるように[51]』と言い、
『彼はわが願いのすべてを行う』と言う者。
エルサレムに、
『そこは再建される。わたしはわが聖なる神殿（オイコス）の
基を据える』と言う者」。

第45章

神なる主、クロスに言う

1 神なる主[1]は、
わが油注がれし（クリストス）[2]クロス[3]に(ついて)こう言われる。
「わたしは彼の右手を握った。

39 へ⇩「わたしはおまえを贖ったのだから」。
40 天よ——ここでの「天」は複数形。ヘブライ語テクストでも複数形。
41 へ⇩「主はそれを成し遂げられたからである」。
42 へ⇩「主」。
43 へ⇩「すべてのものをつくり」。
44 天——ここでの「天」は単数形。ただしヘブライ語テクストでは複数形。
45 へ⇩「自力で地を押し広げた者」。
46 口寄せ——ギリシア語は「腹話術師」。この単語はレビ記一九・三一ほか、申命記一八・一一、サムエル記二八・三ほかでも見られる。
47 へ⇩「(わたしは)ペテン師どもの印を無効にし、占い師どもを怒らせ」。

48 その方の——文章はこのあたりから混乱してくる。ここまでは「主」の言葉であり、ここから先でもそうであろうと予想したいが、ここで「その方の僕」「その方のみ使い」により、「その方」が「主」となる。したがって、ここでの「わたし」は誰かという問題が生じるが、ここの「わたし」も主であるかのようである。
49 川——ここでの「川」は複数形。
50 クロス——前出四一・二参照。
51 へ⇩「(彼は)わが牧者」。ギリシア語訳の訳者は、ヘブライ語テクストに見られる「わが牧者」を意味するロイーを「賢くある」を意味する他のヘブライ語と取り違えている。

異民族の者たちが彼の前に恭順の意を示すために。
わたしは王たちの力を粉砕し、[4]
彼の前で城門[5]を開き、[6]
町々[7]が閉ざされないようにする」と。

2 「わたしはおまえ[8]の前を歩き、
山々[9]を平坦にし、
青銅製の城門を粉砕し、
鉄製の閂（かんぬき）をへし折る。
3 わたしはおまえに
闇の中にある、
隠された、目には見えぬ財宝[10]を与える。
わたしはおまえのために（宝庫を）開ける。
それはわたしが神なる主[11]で、
（おまえを）おまえの名で呼ぶイスラエルの神で
あることを
おまえが知るためである。
4 わが僕（パイス）ヤコブのために、
またわたしの選びしイスラエルのために、
わたしはおまえをおまえの名で呼ぶ。
わたしはおまえを受け入れるが、
おまえはわたしを知らなかった。[12]
5 まことにわたしは神なる主[13]、
わたしの他に神はいない。
しかし、おまえはわたしを知らなかった。[14]
6 太陽の昇る所の人びとと[15]（太陽の）没する所の
人びとが[16]、
わたしの他に（神が）いない（ウーク・エスティン）ことを知るためであ
る。
わたしは神なる主[17]、
わたしの他に（神は）いない（ウーク・エスティン）。
7 （わたしは）**光を創造し、闇をつくった者**[18]、
（わたしは）平安をつくり、悪を創造する者。
わたしは神なる主[19]、
これらすべてをなす者（である）」。

8 「天をして上から**喜ばせるがよい**。[20]
雲[21]をして正義を降り落とさせるがよい。
地をして憐れみを芽生えさせ[22]、
同時に正義をも芽生えさせるのだ。
わたし（エゴー）は**おまえ**[23]を創造した主である（エイミ）」。

9 「**わたしは陶工の粘土以上に**
よき物を何かつくりだしたか？[24]
耕作する者は地を耕さないか？[25]
粘土が**陶工**[26]に向かって言うであろうか？
『あなたは何をつくるのですか？』とか、
『あなたは働かないのですか』とか、

第45章

1 神なる――ヘブライ語テクストでは欠落。
2 わが――ヘブライ語テクストでは欠落。
3 油注がれし――キリストはここでのクリストスに由来。ヘブライ語テクストではメシアーで、メシアはこれに由来。
4 〔へ〕⇩「彼の前に諸国を下らせ、王たちの腰（帯）をとき」。
5 城門――テクストでは複数形。
6 クロスによるバビロンへの無血入城を指す。
7 〔へ〕⇩「城門」。
8 おまえ――クロス王を指す。
9 〔へ〕⇩「山々」。
10 〔へ〕⇩「闇の中にある財宝と秘密の場所に隠された宝」。
11 神なる――ヘブライ語テクストでは欠落。
12 〔へ〕⇩「おまえはわたしを知らなかったが、わたしはおまえに名を与えた」。
13 神なる――ヘブライ語テクストでは欠落。
14 〔へ〕⇩「おまえはわたしを知らなかったが、わたしはおまえに力を帯びさせた」。
15 ……の人びと――ヘブライ語テクストでは欠落。
16 ……の人びと――ヘブライ語テクストでは欠落。
17 神なる――ヘブライ語テクストでは欠落。
18 〔へ〕⇩「光をつくり、闇を創造する者」。
19 神なる――ヘブライ語テクストでは欠落。
20 〔へ〕⇩「滴らせるがよい」。
21 雲――テクストでは複数形。
22 〔へ〕⇩「地よ、開いて救いを実らせよ」。
23 〔へ〕⇩「これ」。
24 〔へ〕⇩「禍いだ、自分をつくった者と争う者は」。ギリシア語訳の訳者は、ヘブライ語テクストに見られる「災い

『取っ手はついていないのですか？』と。[27]
10 **人は父に、**
『なぜあなたは産むのですか』
と、（尋ねて）言うだろうか？[28]**。**
母に、
『なぜ産みの苦しみをされるのですか』
と、（言うだろうか？）」。
11 神なる主[29]
――この方はイスラエルの聖なる方、
これから襲ってくることをなされる方である[30]――
は、こう言われる。
「おまえたちはわが息子たちについて、
またわが娘たちについてわたしに尋ね、
わが手の業についてわたしに命じるがよい。[31]
12 わたしは地と、その上に人間をつくった。[32]
わたしはわが手で天を張り巡らした。
わたしは**すべての星辰**[33]に命じた。
13 わたしは正義をもって彼[34]を興した。
彼の道はすべて真っすぐである。[35]
この者はわが都を再建し、
わが民の中で囚われの身（にされた者）**を帰還さ**
せる。[36]
代価も袖の下もなしで」
と、万軍の主は言われる。

外国の者たちがクロスのもとへ

14 万軍の[37]主はこう言われる。
「エジプトは（おまえのために）**労した。**
そしてエチオピア人たちの商品。
背高のっぽのセバ人たち[38]**が**[39]おまえ[40]のもとにやって
来て、
おまえの奴隷となる。[41]
彼らは、手枷で縛られて、
おまえの後に付き従う。
彼らはおまえに敬意を払い、

神がおまえの中におられるので、
おまえに向かって祈る。
彼らは言う。
『あなたさま以外に神はおりません。
15 **あなたさまは神でございます。**
わたしどもは知りませんでした、
イスラエルの神なる救い主(ソーテール)を[42]』と」。
16 **その方に楯突く者たちはみな**[43]
辱められ、恥じ入り、辱めの中を歩む。
島々よ、おまえたちは新しくされて、
わたしの方に(来るのだ)[44]。

だ」を意味するホイを「何か」を意味する他のヘブライ語と取り違えている。

25 [ヘ]⇩「土の陶器の中のひとつの陶器にすぎないのに」。ギリシア語訳の訳者は、ヘブライ語テクストに見られる「陶器」を意味するヘレスを「耕す」を意味する他のヘブライ語と取り違えている。

26 [ヘ]⇩「自分を形づくる者」。

27 [ヘ]⇩「あなたの作った物には取っ手がないのですか、と」。ローマの信徒への手紙九・二〇参照。

28 [ヘ]⇩「禍いだ、……と言う者は」。

29 神なる主——ヘブライ語テクストでは欠落。

30 [ヘ]⇩「それを形づくった方。彼らはこれから起こることについてわたしに要求するのか？」。

31 [ヘ]⇩「わが子らについて、またわが手が作った物について、おまえたちはわたしに命じるのか？」。

32 [ヘ]⇩「創造した」。

33 [ヘ]⇩「万象」。

34 彼——クロスを指す。

35 [ヘ]⇩「わたしは彼の道をすべて真っすぐにする」。

36 [ヘ]⇩「解放する」。

37 万軍の——ヘブライ語テクストでは欠落。

38 セバ人たち——ギリシア語表記はセボーイン。前出四三・三参照。

39 [ヘ]⇩「エジプトの労力と、エチオピアの産物と、背高のっぽのセバ人たちが」。

40 おまえ——イスラエルの民を指す。

41 [ヘ]⇩「おまえのものとなる」。

42 [ヘ]⇩「まことにあなたさまはご自身を隠す神でございます。ああ、イスラエルの神、救い主よ」。

43 [ヘ]⇩「偶像をつくる者たち」。

17 イスラエルは、
未来永劫にわたる救いをもって
主によって救われる。
彼らが辱められることはなく、
悠久（アイオーン）に至るまで恥じ入ることがない。

イスラエルの神の偉大さ

18 主
——この方は天をつくられた方であり、
この神は地を定め、それをつくられた方、
この方は地に境を設けられた。
この方は徒（いたずら）に地をつくられたのではなく、
人の住む場所として（つくられた）——
は、こう言われる。
「**エゴー・エイミ**[45]（＝わたしはある／わたしは存在
する）、
わたしの他に（神は）いない。

19 わたしは秘密裏に語ったことはないし、
地の暗闇の場所で（語ることもなかった）。
わたしはヤコブの子孫に
『空しいものを求めよ[46]**』**
と、言ったことはない。
エゴー・エイミ、エゴー・エイミ、
正義を語り、真実を宣べ伝える主[47]」。

全世界がイスラエルの神を拝するようになる

20 「おまえたちは一緒に集まり、
やって来て、
一緒に助言に与るがよい[48]、
おまえたち、**異民族の者たちから救われた者たち**
よ[49]。
木彫りの像を据え、**神々**[50]
——それは救うことなどできやしない——
に向かって[51]祈りを捧げている者たちは、

(何も)知らなかった。
21 もし彼らが告げることができるならば、
近くに来させるがよい。
誰がこれらのことをはじめから（アパルケース）聞かせたかを
一緒に知るために。
そのとき、このことが、
おまえたちに告げ知らされた。
わたしが神、わたし以外に他の(神)はいない（ウーク・エスティン）
ことが。
わたしのほかに義なる(神)や救い主（ソーテール）はいないことが。
22 **わたしのもとに立ち帰るのだ。**[52]
そうすれば、おまえたちは救われる。
おまえたち、地の果てから(来た)者たちよ。[53]
わたしこそが唯一の神である（エゴー・エイミ・ホ・テオス）。
他に(神は)いない。
23 わたしは自分にかけて**誓う**。[54]
まことに、正義はわたしの口から出て行く。
わたしの言葉が後戻りすることはない。
誰もがわたしに跪き、

44 島々よ、おまえたちは新しくされて、わたしの方に(来るのだ)——ヘブライ語テクストでは欠落。
45 [ヘ]⇩「わたしは主である」。
46 [ヘ]⇩「空しくわたしを求めよ」。
47 [ヘ]⇩「わたし主は正義を語り、正しいことを宣言する」。
48 [ヘ]⇩「一緒に近づくのだ」。
49 [ヘ]⇩「諸国から逃げてきた者たちよ」。
50 [ヘ]⇩「神」。
51 神々……に向かって——テクストでは「神々に……向かってかのように」。この訳文を採用すると、この一文の文意はおかしなものになる。この訳文の背後にあるのは「神に向かってかのように」だからである。しかし、「神に向かってかのように」を採用すると、次に来る「それは救うことなどできない」と齟齬をきたすことになる。
52 [ヘ]⇩「わたしの方を見るのだ」。
53 [ヘ]⇩「地の果てのすべて(の者たち)よ」。
54 [ヘ]⇩「誓った」。
55 誰もがわたしに跪き……神に告白して——ローマの信徒

舌という舌が**神に告白して、**[55]
24**『正義や栄光は彼（＝主）のもとへ行く』**[56]
と、言う。
自らを分かつ者たちはみな恥じ入る。[57]
25 イスラエルの子らの[58]子孫たちはみな、
主によって義しい者とされ、
神において[59]栄光に包まれる」。

第46章

バビロニアの偶像の無益ぶり

1**「ベル[1]は倒れ、ダゴン[2]は粉々にされた。**[3]
彼ら[4]の彫像は**獣や家畜のものになった。**[5]
おまえたちはそれを運んでみるがよい。
それは疲れ果てた者や、[6]
2 **飢えている者、**
弱り果てた者——どの者も力がない——
に（運ばせる）重い荷のように、
しっかりと縛られている。[7]
この者たち
——彼らは戦闘で救われることはない[8]——
は、囚われの身として引いて行かれた。
3 わたしの言葉を聞くのだ。
ヤコブの家と**イスラエル**[9]の残れる者すべて
——おまえたちは胎内にいるときからわたしのも
のとされ、
幼いときから（律法を）教えられてきた[10]——よ。
4（おまえたちが）年老いるまで、わたしは存在（エゴー・エイミ）す
る。[11]
おまえたちが年老いても、わたしは存在（エゴー・エイミ）する。
わたしはおまえたちに寄り添う。[12]
わたしは（おまえたちを）つくった。
わたしは（おまえたちを）自由にする。[13]
わたしは（おまえたちに）**手をかけて、**[14]

おまえたちを救う。
5 おまえたちは誰に
わたしを似させようとしたのか？[15]
見よ、巧みだ、
おまえたち、迷い出た者たちは。

への手紙一四・一一参照。[ヘ]⇩「誓い」。なおここでの表現は、フィリピの信徒への手紙二・一〇－一一をも参照。

56 [ヘ]⇩「人はわたしについて『ただ主にだけ正義と力がある』と言う」。

57 [ヘ]⇩「彼（＝主）のもとへ来て恥じ入るのは、彼に怒りをぶつけるすべての者たち」。

58 子らの――ヘブライ語テクストでは欠落。

59 神において――ヘブライ語テクストでは欠落。

第46章

1 ベル――ギリシア語表記はベール。ベルはバビロンの主神マルドゥクの別名。

2 ダゴン――ギリシア語表記はダゴーン。

3 [ヘ]⇩「ベルは跪き、ネボは屈む」。ここでのネボは前出マルドゥクの子で、関根訳の註によれば、「バビロンとニップルの間に位置するボルシッパ」の守護神として拝された。

6 小袋から金や、
計りの上の銀を寄進する者たちは、
（それを）天秤の上に乗せる。[16]
彼らは金細工師を雇い、偶像（ケイロポイエータ）[17]をつくった。
すると彼らは頭を下げて、それに拝礼する。

4 彼ら――バビロニア人を指す。

5 [ヘ]⇩「獣のもの、そして家畜のもの」。

6 [ヘ]⇩「おまえたちが運ぶこれらのものは、疲れた家畜たちにとって、負担、重い荷となる」。

7 [ヘ]⇩「彼らは一緒になって屈み、跪いて、重い荷を解くこともできない」。

8 彼らは戦闘で救われることはない――ヘブライ語テクストでは欠落。

9 [ヘ]⇩「イスラエルの家」。

10 [ヘ]⇩「子宮を離れてから（わたしに）負われている者たちよ」。

11 [ヘ]⇩「わたしは変わらない（アニ・フー）」。

12 [ヘ]⇩「（おまえたちが）白髪になるまで、わたしは背負う」。

13 [ヘ]⇩「わたしは（おまえたちを）負う」。

14 [ヘ]⇩「背負って」。

15 [ヘ]⇩「似させ、同じくしようとしたのか」。

7 **彼らはそれを肩にかついで道中を行く。**[18]
彼らがそれを降ろすと、
（それは）その場所にとどまり、
（そこから）動くことはない。
誰かがそれに向かって大声を上げても、
それが耳を傾けることはなく、
その者を悪から救うことはない。
8 おまえたちはこれらのことを覚え、
嘆いてみるがよい。[19]
迷い出てしまった者たちよ、
おまえたちは悔い改めるのだ。
本心から立ち帰るのだ。[20]
9 悠久（アイオーン）の昔から存在したもの（タ・プロテラ）を思い起こすのだ。
わたしは唯一の神である（エゴー・エイミ・ホ・テオス）。[21]
10 **わたしの他に（神は）いない（／存在しない）。**[22]
わたしは最初に、それが起こる前に、
最後の出来事（タ・エスカタ）を告げ知らせる
それらの出来事は同時に起こる。[23]

わたしは言った。
『わが謀（はか）りごとすべてに変更はなく、[24]
計画したこと[25]**はすべてを行う**』と。
11 計画したことの一環として、
わたしは東から、そして遠隔の地から、
一羽の鳥を呼び寄せる。[26]
わたしは語り、連れて来た。[27]
わたしは創造し、つくった。[28]
12 わたしの言葉を聞くのだ。
おまえたち、その心を滅ぼし、[29]
正義から遠い者たちよ。
13 わたしはわが正義を近づけた。[30]
わたしがわたしから出る救いを遅らせることはな
い。
わたしは、栄光のために、
シオンで救い（ソーテーリア）をイスラエル[31]**に与えた」。**

第47章

バビロンへの報復

1「下って行き、地[1]の上に座るのだ、
バビロンの[2]処女（パルテノス）である娘よ。
闇の中へ入って行くのだ、[3]
カルデア人たちの娘よ。
おまえが
おしとやかであるとか

16 〔ヘ〕⇩「小袋から金を惜しげも無く出す者たちでも、銀を天秤にかけて支払う」。
17 偶像——テクストでは「手でつくられたもの」。このギリシア語は前出一九・一でも使用されている。〔ヘ〕⇩「神（＝エル）」。
18 〔ヘ〕⇩「それは肩に背負われて運ばれる」。
19 〔ヘ〕⇩「固く立つのだ」。
20 〔ヘ〕⇩「背く者たちよ、心に留めるのだ」。
21 わたしは唯一の神である——あるいは「わたしは唯一の神として存在する」。
22 〔ヘ〕⇩「わたしのような神（＝エロヒーム）はいない（／存在しない）」。
23 〔ヘ〕⇩「わたしは最初に最後の出来事を、古来よりまだ成就されていないことを告げる」。
24 わが謀すべてに変更はなく——テクストでは「わが謀すべては立ち」。
25 〔ヘ〕⇩「わが望み（願い）」。
26 〔ヘ〕⇩「わたしは東から猛鳥と、遠隔の地から謀をする者を呼んだ」。ヘブライ語テクストに見られる「猛鳥」と「謀をする者」はクロス王を指すが、ギリシア語訳の訳者はそれを理解していないように思われる。彼は「猛鳥」を「鳥」にし、「謀をする者」を省略しているからである。
27 〔ヘ〕⇩「わたしは（確かに）語った。わたしはそれを起こさせる」。
28 〔ヘ〕⇩「わたしは形づくった。わたしはそれを成し遂げる」。
29 〔ヘ〕⇩「心の頑な者たち／頑迷固陋な者たち」。
30 ヘブライ語テクストでは、この後に、「それは遠くにあるのではない」が続く。
31 〔ヘ〕⇩「シオンに救いを、イスラエルにわが栄光を」。

第47章

1 〔ヘ〕⇩「塵」。
2 バビロン——ヘブライ語表記はバベル。

気品があると
呼ばれることは二度とない。
2 ひき臼(うす)を取って、粉を挽くのだ。[4]
顔の覆いを取って、**白髪を見せ**、[5]
脛(すね)を露にして、川[6]を渡るのだ。
3 おまえの**恥部**[7]が露にされ、
おまえの恥じらいの部分が丸見えにされる。
わたしはおまえから正義(トー・ディカイオン)と称するものを取り除く。
わたしはもはや（おまえを）人びとに引き渡しは
しない」[8]。
4 **おまえを救われた方**[9]
――その方は、その名が《万軍の主》、
イスラエルの聖なる方である――
が言われた。
5 「**座るのだ、胸を突き刺された女よ**、[10]
闇の中へ入って行くのだ、カルデア人たちの娘よ。
おまえは《**王国の活力**》[11]と呼ばれることは二度と
ない。

6 わたしはわが民に憤激した。
おまえはわが相続を穢した。
わたしはおまえの手に（彼らを）ゆだねたが、
おまえは彼らに憐れみをかけることをしなかった。
おまえは年老いた者の軛を非常に重いものにし、
7 そして言った。
『わたしはいつまでもアルクーサだ』[12]と。
おまえはこれらのことをおまえの心の中で考えも
しなかったし、
終わり(タ・エスカタ)に起こることに思いを致すこともしなかっ
た。
8 今、おまえはこれらのことを聞くのだ。
上品ぶり[13]、泰然と座し、
その心の中で
『エゴー・エイミ、他（の女）はいない。
わたしは寡婦にはならないし、
子を失う事態も知らない』[14]
と、ほざく女よ。

9 しかし今、これら二つの事態が、
突然、一日のうちに、おまえを襲おうとしている。
寡婦になる事態と子を失う事態が、
突然、おまえを襲う。
おまえの偶像（ポネーリア）への期待から、
呪文を唱えても、
おまえの呪術（まじない）の力に依り頼んでも、
（その襲来を阻止することなどできはしない）。

10 おまえが、
『エゴー・エイミ、他（の女）はいない』
と、言ったからである。
おまえは知るがよい、
これらのことの理解とおまえの偶像崇拝が
おまえにとって赤っ恥となることを。[15]
おまえが、心の中で、
『エゴー・エイミ、他（の女）はいない』

3 [ヘ]⇩「玉座のない地に座るのだ」。
4 ひき臼で粉を挽くのは女奴隷の仕事とされた。
5 [ヘ]⇩「裾（すそ）をまくり」。ギリシア語訳の訳者は，ヘブライ語テクストに見られる「裾」を意味するシベルを「白髪」を意味する他のヘブライ語と取り違えている。
6 川――テクストでは複数形。ヘブライ語テクストでも同じ。
7 [ヘ]⇩「裸／裸の部分」。
8 [ヘ]⇩「わたしは復讐する。何者をも容赦はしない」。
9 [ヘ]⇩「われらを贖われた」。
10 [ヘ]⇩「黙して座るのだ」。
11 [ヘ]⇩「諸王国の女王」。ギリシア語訳の訳者は、ヘブライ語テクストに見られる「女王」を意味するゲヴァーレットを「力＝富」を意味する他のヘブライ語と取り違えている。
12 アルクーサ――ギリシア語 ἄρχουσα は、「支配する」を意味する動詞 ἄρχω の現在分詞、女性形。「女性の支配者／女王」の訳語を与えることも可能。
13 [ヘ]⇩「逸楽に耽り」。
14 ここでの一文は神への挑戦であろう。
15 [ヘ]⇩「おまえは自分の悪行に安心しきっており、そして『わたしを見ている者などいない』と言った。おまえの知恵とおまえの知識、それがおまえを迷わせた。そしておまえは心の中で言った。『わたしは（いる／存在する）。わたと、言ったからである。
11 **滅び**[16]**がおまえを襲うが、**
おまえは知らないでいる。[17]
落とし穴、
おまえはそこへ落ちる。[18]
悲惨がおまえを襲う。
おまえは清くなることなどできはしない。[19]
滅びが突然おまえを襲うが、
おまえは知らないでいる。
12 さあ今、おまえは立ち上がるのだ。
おまえが若い時から学んできた
おまえの呪術とおまえの多くの呪文をもって、
——もしそれらが役立つのであれば。
13 おまえはおまえの謀り（ブーライ）ごとに倦み疲れてしまっている。
（それならば、）天の占星術師たち
——星を凝視する者たち[20]——
を立ち上がらせ、
おまえを救わせるがよい。
彼らをして何がおまえの身の上に起ころうとしているかを
おまえに告げさせるがよい。[21]
14 見よ、すべての者は小枝[22]のようにして火で焼かれ、
自分たちの命を火炎から救い出すことができないでいる。
おまえには、座ってその上に（手をかざせる）炭火がある。[23]
15 **これらのことはおまえにとって助けになる。**
おまえは若い時から、おまえの交易に倦み疲れている。[24]
人は自らの意志で迷い出た。
しかし、おまえに救い（ソーテーリア）はない」[25]。

第48章

ヤコブ、またの名がイスラエルへの審判

1 聞け、これらのことを[1]、ヤコブの家よ。
おまえたち、イスラエルの名で呼ばれてきた者たちよ。
おまえたち、ユダ（王国）出身の者たちよ。[2]
おまえたち、イスラエルの神・主のみ名で誓い、
（その方のみ名を）口にするが[3]、
真実や正義をもって思い起こさない者たちよ。
2 おまえたち、聖なる都[4]の名にしがみつき、
その名が万軍の主である
イスラエルの神に依り頼んでいる者たちよ。[5]

しの他に誰もいない』と」。

16 [ヘ]⇩「災い」。

17 [ヘ]⇩「おまえはそれを避ける呪いを知らない」。

18 落とし穴、おまえはそこへ落ちる――ヘブライ語テクストでは欠落。

19 [ヘ]⇩「おまえはそれを回避することができない」。

20 ヘブライ語テクストでは、この後に「新月ごとにおまえに起こることを告げ知らせる者たち」が続く。

21 [ヘ]⇩「おまえをおまえの身の上に起こることから救わせるがよい」。

22 [ヘ]⇩「藁」。

23 [ヘ]⇩「それは暖を取る炭火でもなければ、その前に座れる火でもない」。

24 [ヘ]⇩「おまえにとってこのようになるのは、おまえがともに労してきた者たち、おまえの若い時分からおまえと交易してきた者たち」。

25 [ヘ]⇩「それぞれが勝手にさ迷い出て、（彼らのうちに）おまえを救う者はいない」。

第48章

1 [ヘ]⇩「このこと」。

2 [ヘ]⇩「ユダの水源から出た者たち」。

3 [ヘ]⇩「主の名によって誓い、イスラエルの神のことを口にするが」。

4 聖なる都――エルサレムを指す。

5 [ヘ]⇩「彼らは聖なる都の出であると名乗り、万軍の主がその名であるイスラエルの神に依り頼んでいる」。

6 わが口がそれを語り――テクストでは「それはわが口か

3「わたしはすでに、
最初に起こること（タ・プロテラ）を告げ知らせた。
わが口がそれを語り、[6]
（人びとの）聞くところとなった。
わたしは突然実行し、それが（おまえを）襲った。
4 わたしは、
おまえが頑であることや、
おまえの首筋が鉄の腱で、
額（ひたい）が青銅であることを知っている。
5 わたしは以前（タ・パライ）、
それがおまえを襲う前に、
おまえに告げ知らせ、
おまえが聞けるようにした。

おまえは、

『わたしの**偶像たち**（エイドーラ）[7]がそうしたのだ』

と、言ってはならない。

おまえは、

『**彫った神像**（タ・グリュプタ）や**鋳った神像**（タ・コーネウタ）[8]がわたしに命じられた』

と、言ってはならない。
6 **おまえたちは**（これら）すべてを聞いた。
しかし、おまえたちは知ろうとしなかった。[9]
わたしはおまえに、
今から起ころうとしている新しいこと[10]を
聞けるようにした。
しかし、おまえは何も言わなかった。[11]
7 **それは今すぐにでも起こるのである。**[12]
過去のことではない。

おまえがそれを聞いたのは過日ではない。

『そうだ、わたしはそれを知っている』

などと、言ってはならない。
8 おまえは知らなかったし、
理解もしていなかった。
わたしはこれまで（アパルケース）
おまえの耳に開くことをさせなかった。
わたしはおまえが教えを破ることや、

おまえがまだ胎内にいるときから
《教えを足蹴にする者（アノモス）》と呼ばれることを
知っていたからである。
9 わたしは、わが名のゆえに、
わが怒りをおまえに示す。[13]
わたしはおまえの上に、
わが栄光のための業（タ・エンドクサ）をもたらす。[14]
おまえを滅ぼし尽くさないために。
10 見よ、わたしはおまえを（奴隷に）売り飛ばした。
金ほしさからではない。[15]
わたしはおまえを貧困の炉[16]から救い出した。[17]
11 わたしはわがために、
おまえにたいして（これを）実行する。[18]
わが名が穢されてきたからである。[19]
わたしはわが栄光を他の者に与えはしない」。

わたしは彼を連れてきた……

12「わたしの言葉を聞くのだ、

ら出て行き」。

7 [ヘ]⇩「わたしの偶像」。

8 [ヘ]⇩「わたしの彫像やわたしの鋳像」。

9 [ヘ]⇩「おまえは聞いた。見るのだ、そのすべてを」。

10 新しいこと——前出四三・一九参照

11 [ヘ]⇩「おまえが知らない隠されたことをも」。

12 [ヘ]⇩「それらは今創造された」。

13 [ヘ]⇩「わが怒りを遅らせ」。

14 [ヘ]⇩「わが誉れのために、おまえを容赦して、おまえを断ち滅ぼさないようにした」。

15 [ヘ]⇩「見よ、わたしはおまえを精錬したが、銀としてではない」。

16 貧困の炉——これはバビロンでの捕囚の状況のたとえ。

17 [ヘ]⇩「わたしは苦悩の炉の中でおまえを試みた」。

18 [ヘ]⇩「わがために、わがために、わたしは行う」。

19 [ヘ]⇩「どうしてそれが穢されてよかろうか？」。

20 [ヘ]⇩「わたしが彼（アニ・フー）、わたしが初めである（アニ・リション）」。

わたしがヤコブ、イスラエルと呼んでいる者よ。

わたしは最初に存在した（神）（エゴー・エイミ・プロートス）[20]である。

そして、わたしは未来永劫に存在する（神）（エゴー・エイミ・エイス・トン・アイオーナ）である。[21]
13 わたしの手が地の基を据え、
わたしの右手が天を**堅牢なものにした**。[22]
わたしがその二つに呼びかけると、
それは一緒に立ち上がる。
14 すべての者は集められ、彼らは聞く。
誰がこれらのことを彼らに告げ知らせたのだ？
わたしはおまえを[23]愛したので、
バビロンにたいしておまえの望むことを行い、
カルデア人たちの子孫を取り除いてやった。[24]
15 **わたしは語りかけ、呼びかけた。**[25]
わたしは彼[26]を連れてきた。

その道をよいものにした」。
16 おまえたちはわたしの方に来て、
これらのことを聞くのだ。

わたしは最初からこっそりと語ることなどしなかった。

それが起こったとき[27]、わたし[28]はそこにいた。

そして今、**主**[29]とその方の霊がわたしを遣わされた。

バビロンからのエクソダス

17 主
——その方は**おまえを救い出された方**[30]、
イスラエルの聖なる方である——
は、こう言われる。
「わたしはおまえの唯一の神（エゴー・エイミ・ホ・テオス・スー）である。[31]
わたしはおまえに、
おまえの歩むべき道の見つけ方を示した。[32]
18 もしおまえがわたしの命令に聞き従っていたならば、
おまえの平安は川のようになっていたであろうし、
おまえの正義は海の波のようになっていたであろ

う。
19 またおまえの子孫は
砂のように（多く）なり、
おまえの胎から生まれ出る者は
地の塵のように（多く）なっていたであろうに」
と。
20 カルデア人のもとから逃れる者は、
バビロン[33]から出て行くのだ。
おまえたちは歓喜の声を伝え、
これを（人びとに）聞こえるようにするのだ。
そして、地の果てにまで宣べ伝え、
「主はご自分の僕（ドゥーロス）ヤコブを**お救いになった**[34]」
と、言うのだ。
21 たとえ彼らの喉が渇いても、
その方は彼らを砂漠経由で導かれる。[35]
21 へ⇩「わたしはまた終わりである（アフ・アニ・アハロン）」。
22 へ⇩「張り巡らした」。
23 おまえ——誰を指すのか不明。
24 へ⇩「主が愛する彼が、その方の望むことをバベル（バビロン）にたいし行い、その腕をカルデア人に見せる」。ヘブライ語テクストでの「彼」がクロスを指しているのは確かなこととされる。
25 へ⇩「わたしが、このわたしが語ったのだ。しかもわたしは彼を呼び寄せた」。
26 彼——誰を指すのか不明。クロスか？
27 へ⇩「それが起こったときから」。
28 わたし——クロスか、第二イザヤを指す。
29 へ⇩「主なる神」。
30 へ⇩「おまえを贖われた方」。
31 へ⇩「わたしはおまえの神、主である」。
32 へ⇩「わたしはおまえの益のために教え、おまえの歩むべき道へおまえを導く」。
33 へ⇩「バベル」。
34 へ⇩「贖われた」。
35 へ⇩「その方が砂漠の中を通って彼らを導いても、彼らの喉は渇かない」。
36 出エジプト記一七・六、民数記二〇・一一参照。
37 へ⇩「悪しき者たちには平安がない」。

水は彼らのために岩場から流れ出てくる。
岩が割れ、水が流れ出る。[36]
22「不敬神な者たちには喜びがない」[37]
と、主は言われる。

第49章

主の僕（しもべ）の第二のうた（四九・一―六）[1]

1 おまえたち島々よ、
わたしの言葉を聞くのだ。
おまえたち、異民族の者たちよ、
一生懸命に聞くのだ。[2]
長い時間を経た後、（ヤコブの諸部族は）立ち上がる、
と、主は言われる。[3]
わたしが母の胎にいるときから、
（主は）わたしの名を呼び、
2 わたしの口先を研ぎ澄まされた剣（つるぎ）のようにし、
わたしをその手の影のもとに匿われた。
（主は）わたしを特別な矢[4]であるかのようにして、
ご自分の矢筒の中にわたしを隠された。
3（主は）わたしに、
「イスラエルよ、おまえはわたしの僕（ドゥーロス）である。
わたしはおまえのうちに[5]栄光をあらわす」
と、言われた。
4（それにたいして）わたしは、
「わたしは徒に労し、
わたしの力を何の価値もないものに費やしました。
それゆえ、わたしへの裁きは主から（来るのであり）、
わたしの労苦はわたしの神の前に（あるのです）」[6]
と、言った。
5 そして今、主
――その方は、ヤコブとイスラエルをご自分のも

とに集めるために、
胎内にいるときからわたしを
ご自身の僕（ドゥーロス）として形づくられた方である――
は、こう言われる。
わたしは[7]**集められ、**
主の前で栄光に包まれる。[8]
わたしの神はわたしの力となられる。
6 （主は）わたしに言われた。[9]
「ヤコブの諸部族を立たせ、
イスラエルの離散（ディアスポラ）の民を連れ戻すために
おまえがわが僕（パイス）と呼ばれるのは
おまえにとって大きなことである。[10]
見よ、わたしはおまえを
異民族の者たちの光とした。[11]
おまえが地の最果てまでの
救い（ソーテーリア）となるためである」と。

解放と帰還の歓び

7 **おまえを救われたイスラエルの神である主は、**[12]

第49章

1 以下は、第二イザヤが書いたとされるもの。
2 ㊀⇩「耳を傾けるのだ、遠くの国民（くにたみ）よ」。
3 ㊀⇩「主は胎内にいるときからわたしを召し出し」。
4 特別な矢――あるいは「選び抜かれた矢」。へ⇩「研ぎすまされた矢」。
5 おまえのうちに――あるいは「おまえの前で」。
6 ㊀⇩「わたしの報酬は、わたしの神のもとにあります」。
7 ㊀⇩「イスラエル」。
8 ㊀⇩「主の目に重んじられ」。
9 わたしに――ヘブライ語テクストでは欠落。
10 ㊀⇩「おまえがわが僕と呼ばれることはたいしたことではない。ヤコブの諸部族を立たせ、イスラエルの子孫を回復するためには」。
11 異民族の者たちの光とした――ルカ二・三〇―三一、ヨハネ八・一二、使徒言行録一三・四七参照。
12 ㊀⇩「イスラエルを贖われた方、その聖なる方」。
13 ㊀⇩「人に蔑まれている者に向かって、国民（くにたみ）に忌み嫌わこう言われる。
「おまえたちは、
自分の命を粗末にする者や
異民族の者たちから
支配者（アルコンテス）たちの奴隷として
忌み嫌われている者を[13]
聖なる者にするのだ。
王たちは彼に目をやり、[14]
支配者（アルコンテス）たちは立ち上がり、
主のために、彼を拝する。
イスラエルの聖なる方は信実（ピストス）なる方だからである。
そしてわたしはおまえを選んだ」[15]と。
8 主はこう言われる。
「わたしは、これというときに、
おまえに耳を傾け、[16]
救いの日にはおまえを助け、[17]
おまえを異民族の者たちとの契約（関係に）入らせた。
おまえが地を興し、荒れ野を相続するために[18]」と。
9 （主はさらに）囚われの身の者たちに向かっては、
「そこから出て行くがよい」
と、言われ、
闇の中にいる者たちに向かっては、
「姿を現すように」
と、言われる。
彼らは、道すがら（家畜の）世話をし、
すべての道[19]は草地となる。
10 彼らが飢えることはなく、
また渇きを覚えることもない。
灼熱も太陽も彼らを打つことはなく、
彼らに憐れみをかける者が（彼らを）励まし、[20]
水の湧く泉[21]から泉へと彼らを導く。
11 わたしは山という山を道（ホドス）[22]にし、
小径（トリボス）という小径を彼らのために草地にする。[23]

12 見よ、この者たちが遠方からやって来る。
ある者は北から、
ある者は東から、
他の者は**ペルシア人**[24]の地から。
13 天[25]よ、歓喜するのだ。
地よ、小躍りするのだ。
山々に歓喜の声を爆発させるのだ。
神[26]がご自分の民を**憐れまれ**[27]、
ご自分の民の中の虐げられた者たちを
慰められたからだ。[28]

シオンへの帰還

14 しかし、シオンは、
「主はわたしを見捨てられた。
主はわたしを忘れられた」
と、言った。
15 「母親は自分の**幼子**[29]を忘れるであろうか？

れている者に向かって、支配者たちの奴隷に向かって」。
14 [ヘ]⇩「見て立ち上がり」。
15 [ヘ]⇩「信実である主のために、おまえを選んだイスラエルの聖なる方のために」。
16 [ヘ]⇩「答え」。
17 わたしは……おまえを助け——この一文はコリント人への第二の手紙六・二参照。
18 [ヘ]⇩「おまえを守り、おまえを保護する。地を興し、荒れ果てた地を相続する民の契約のために」。
19 [ヘ]⇩「すべての高い丘」。
20 [ヘ]⇩「導き」。
21 泉——テクストでは複数形。したがって「水の湧く泉から泉へと」と訳すことも可能。
22 [ヘ]⇩「わが山々」。
23 [ヘ]⇩「わが公道は高くされる」。
24 [ヘ]⇩「シニム」。この場所は不明とするのが正解と思われるが、エジプトのアスワン地方とする研究者もいる。
25 天——ここでの「天」は複数形。ヘブライ語テクストでも複数形。
26 [ヘ]⇩「主」。
27 [ヘ]⇩「慰められ」。
28 [ヘ]⇩「憐れまれたからだ」。

自分の胎から出る子を慈しまないであろうか？
たとえ女がこれらのことを[30]忘れても、
わたしがおまえを忘れることはない」
と、主は言われた。[31]
16「見よ、**わが手のひらに**
わたしはおまえの城壁を描いた。[32]
おまえはいつもわたしの前にいる。[33]
17**おまえはすぐにでも再建される、**[34]
おまえを破壊した者（の手）によって。
おまえを荒廃させた者たちは
おまえのもとから出て行く。
18おまえは周囲に目を上げ、
すべての者を見るがよい。
見よ、**彼らは集められて、**[35]
おまえのもとへやって来た。
『わたしは生きている』
と、主は言われる。
おまえは彼らみなを**身にまとい、**[36]
花嫁の飾り物[37]のように彼らを身に帯びる。
19まことにおまえの廃墟と、
破壊された所と倒壊した所は、
そこに住む者たち（が多すぎて）
すぐに手狭となり、
おまえを呑み込んだ者たちは
おまえから遠ざかって行く。
20おまえが失った子らが
おまえの耳に向かって**言う。**[38]
『この場所はわたしには手狭すぎます。
わたしが住めるよう、
わたしのために場所をつくって下さい』と。
21**そして**[39]おまえは心の中で言う。
『いったい誰がわたしのために
これら（の子）を産んでくれたのだ？
わたしは子のない**寡婦なのに。**[40]
いったい誰がわたしのために
これら（の子）を養ったのか？

わたしはひとり取り残されてしまった。[41]
これらの者たちはどこからわたしのもとに（来たのか）？』」と。
22 **主**[42]は言われる。
「見よ、わたしは異民族の者たちに向かって手を
上げ、
島々[43]に向かって合図（の狼煙）《ススセーモン》を上げる。
彼らはおまえの息子たちを抱いて連れて来、
おまえの娘たちを肩車してやって来る。
23 王たちはおまえの**養父となり**[44]、
アルクーサイ[45]はおまえの乳母となる。
彼らは顔を地につけんばかりにしておまえを拝し、
おまえの足もとの塵をなめる。
そのときおまえは、

---

29 [へ]⇩「乳飲み子」。
30 これらのことを――ヘブライ語テクストでは欠落。
31 ……と、主は言われた――ヘブライ語テクストでは欠落。
32 [へ]⇩「見よ、わたしはわが手のひらの上におまえを刻んだ」。
33 [へ]⇩「おまえの城壁（複数形）はいつもわたしの前にある」。
34 [へ]⇩「おまえの子らは急いでやって来る」。ギリシア語訳の訳者は、ヘブライ語テクストに見られる「おまえの子ら／おまえの息子たち」を意味するバナイフを「おまえは再建される（だろう）」を意味する他のヘブライ語と取り違えている。なお、ヘブライ語テクストの「子ら」はバビロンへ連れて行かれたシオン（エルサレム）の住民を指す。
35 [へ]⇩「彼らはみな集まって」。ここでの「彼ら」はバビロンへ連れて行かれたシオンの住民を指す。
36 [へ]⇩「飾り物として」。
37 ……の飾り物――ヘブライ語テクストでは欠落。
38 [へ]⇩「今一度言う」。
39 [へ]⇩「そのとき」。
40 [へ]⇩「不妊の女」。ヘブライ語テクストでは、この後に「捕囚の女であり、離郷の女なのに」が続く。
41 [へ]⇩「捕囚の女であり、離郷の女なのに」。
42 [へ]⇩「主なる神」。
43 [へ]⇩「もろもろの国民《くにたみ》」。
44 [へ]⇩「養育係となり」。
45 アルクーサイ――これは「アルコーンたち」の女性形。[へ]⇩「彼らの妃たち」。
46 [へ]⇩「わたしを待ち望む者」。

わたしが主であることを知る。
おまえ[46]は恥じ入ることはない」と。
24 いったい誰が、巨人族の者[47]から
分捕り品を取り戻せる、とでも言うのか？
もし誰かが不当な仕方で（誰かを）連れ去れば[48]、
その者は救出されるのか？
25 （そこで）主はこう言われる。
「もし誰かが巨人族の者を連れ去ったとしても、
分捕り品は取り戻される。
力ある者から（分捕り品を）取り戻す者は救われる。
わたしはおまえを裁き[49]、
おまえの子らを救出する。
26 **おまえを苦しめる者たちは、**
自分自身の肉を食べ[50]、
自分自身の血を新しい葡萄酒のようにして飲む。
（そのとき）すべての肉なる者は、
わたしがおまえを救い、
ヤコブの力を支える者[51]であることを知る」と。

第50章

わたし主は無力ではない

1 主はこう言われる。
「わたしがそれでもって追い出した、
おまえたちの母親の離縁状は**どんなものなのか？**[1]
わたしがどんな債権者におまえたちを売ったというのか？
見よ、おまえたちはおまえたちの罪ゆえに売られ、
おまえたちの不義・不正（アノミア）ゆえに、
わたしはおまえたちの母親を追い出したのだ。[2]
2 なぜわたしが来ても、誰もいなかったのか？
なぜわたしが呼んだのに、応答する者はいなかったのか？

わたしの手は、救い出すには強くないのか？
わたしは出国させるに強くないのか？[3]
見よ、わたしは、わが一喝で、海を干上がらせ、
もろもろの川を荒れ野とする。
魚は水がないため干上がり、[4]
渇いて死に絶える。
3 わたしは天に暗闇をまとわせ、
その覆いを粗布のようにする」と。

主の僕（しもべ）の第三のうた（五〇・四－一一）

4 主は、[5]
わたしがいつ言葉を発すべきか
それをわきまえるために[6]
わたしに教え（パイディア）の舌を与えられる。[7]
（主は）朝、わたしに（？を）[8]与え、
さらに聞くべき耳をわたし与えて下さった。[9]
5 主の教えはわたしの耳を開く。[10]

47 巨人族の者（ギガントス⇩ギガス）――あるいは「勇士」。
48 [へ]⇩「勝者が捕虜とした者たち」。
49 [へ]⇩「わたしはおまえと争う者と争い」。
50 [へ]⇩「わたしはおまえを虐げる者たちに自分の肉を食らわせる」。
51 [へ]⇩「主であるわたしがおまえの救い主、おまえの贖い主、ヤコブの力強き者」。

第50章

1 [へ]⇩「どこにあるのか」。
2 [へ]⇩「おまえたちの母親は追い出されたのだ」。
3 [へ]⇩「わたしの手は短すぎて贖うことができないのか？ わたしには救い出す力がないというのか？」。
4 [へ]⇩「悪臭を放ち」。
5 [へ]⇩「主・神」。
6 [へ]⇩「倦み疲れた者を言葉で励ますことをわたしが知るために」。
7 [へ]⇩「教えを受けた者たちの舌を与えられた」。
8 この箇所には欠落があるように思われる。
9 [へ]⇩「その方は朝ごとにわたしを目覚めさせ、わが耳をも起こす。教えを受けた者たちのように聞くようにと」。
10 [へ]⇩「主・神はわたしの耳を開かれた」。

わたしは（主に）不服従はしないし、
楯突くこともしない。[11]
6 わたしは背を鞭[12]にゆだね、
頬を平手打ちに[13]（ゆだねた）。
わたしは唾を吐かれて恥ずかしめられても[14]
顔をそらしはしなかった。[15]
7（そのとき、）主はわたしの助け手となられた。
それゆえに、わたしは屈辱を感じなかった。
わたしは顔を固い岩[16]のように（こわばらせた）が、
辱めを受けているとは思わなかった。
8 わたしを義しいとされた方が近づいて来られる。
わたしと争う者は誰なのか？
わたしは即その者を
わたしに抗（あらが）う者とする。[17]
誰がわたしを裁く者なのか？
その者をわたしのもとへ近づいて来させるがよい。
9 見よ、主[18]はわたしを助けて下さる。
一体、誰がわたしに悪しきことができるのか？[19]

見よ、おまえたちはみな、[20]
衣の（古びる）ように古びる。
そして、衣魚（しみ）の（食い尽くす）ように、
それはおまえたち[21]を食い尽くす。[22]
10 おまえたちのうちで誰が
主を恐れる者なのか？
その者に、
その方の僕（パイス）の声を聞かせるがよい。[23]
闇の中を歩む者たち、
彼らに光はない。
おまえたちは主の名に依り頼み、
支えとして神に依りかかった。[24]
11 見よ、おまえたちはみな火を灯し、
炎の勢いを強くする。[25]
おまえたちは歩むのだ、
おまえたちの火の明かりで、
またおまえたちが灯した炎で。[26]

わたしを介して[27]、これらのことはおまえたちに起こった。
おまえたちは悲しみ[28]のうちに倒れ臥す。

第51章

耳を傾けて聞くのだ

1 「おまえたち、
正義を追い求め
主を尋ね求める者たちよ、
わたしの言うことを聞くのだ。[1]
おまえたちは目をやるのだ、

11 [ヘ]⇩「わたしは逆らわなかったし、後ろに退くこともしなかった」。
12 [ヘ]⇩「鞭打つ者たち」。
13 [ヘ]⇩「髪の毛を引き抜く者たちに」。
14 [ヘ]⇩「辱めと唾吐きにたいして」。
15 ここら辺りの描写の影響は、マタイ二六・六七、二七・三〇ほか参照。
16 [ヘ]⇩「火打石」。
17 [ヘ]⇩「われらはともに立ち上がろう」。
18 [ヘ]⇩「主・神」。
19 [ヘ]⇩「一体、誰がわたしを有罪に定めようか?」。
20 [ヘ]⇩「彼らはみな」。
21 [ヘ]⇩「彼ら」。
22 ルカ一二・三三、マタイ六・一九参照。
23 [ヘ]⇩「恐れ、その方の僕の声に聞き従うのか?」。
24 [ヘ]⇩「その者たちには主の名に依り頼ませ、自分の神に寄りかからせるのだ」。
25 [ヘ]⇩「松明を身に帯びている」。
26 [ヘ]⇩「松明の中を」。
27 [ヘ]⇩「わたしの手で」。
28 悲しみ――あるいは「苦痛」。

第51章
1 聞くのだ――以下、四節でも七節でも命令形。
2 アブラハム――ギリシア語表記はアブラアム。
3 サラ――ギリシア語表記はサルラ。
4 その者を愛し――ヘブライ語テクストでは欠落。
5 アブラハムへの神の祝福は、創世記一二・二－三、

おまえたちが切り出した固い岩石（いわいし）や、
おまえたちが掘った杭の穴に。
2 凝視するのだ、
おまえたちの父アブラハムを、[2]
そしておまえたちを産み落とすために
苦しみを味わったサラを。[3]
ひとりだった。
わたしはその者（の名）を呼び、
その者を祝福し、
その者を愛し、[4]
その者を増し加えた。[5]
3 シオンよ、
わたしは今おまえを慰める。
わたしは彼女の廃墟すべてを慰めた。
わたしは彼女の廃墟を
主の楽園（パラディソス）[6]のようにする。[7]
彼らはそこにおいて歓喜と喜び、
感謝と讃美の声を見出す。

4 **わが民よ、**
わたしの言うことを聞くのだ、聞くのだ。
そしておまえたち、王よ、
（わたしの言うことに）耳を傾けるのだ。[8]
まことに教え（ノモス）[9]はわたしから出て行くのであり、
わが公義（クリシス）は異民族の者たちの光となる。
5 わが正義は瞬時にして近くに来る。
そしてわが救いが（そこから）出て行く。
異民族の者たちは
わが腕に希望を託す。[10]
島々はわたしを待ち望み、
わが腕に希望を託す。[11]
6 おまえたちは目を天にやり、
ついで下の地を凝視するのだ。
天は煙のように厚く見えた。[12]
地は衣のように古び、
地に住む者たちは
このようにして死ぬ。[13]

しかし、わが救いは未来永劫のものであり、
わが正義が尽きることはない。
7 その心にわが教え(ノモス)があり、
公義を知っているわが民よ、
おまえたちはわたしの言うことを聞くのだ。
人間どもの謗(そし)りを恐れるな、
彼らの侮辱に屈してはならない。
8 **衣服は時がたてばぼろぼろになり、**
羊毛は衣蛾(いが)に食い尽くされるが、14
わが正義は未来永劫のものであり、
わが救いは世代から世代へのものである。

覚醒するのだ

9 起き上がるのだ、起き上がるのだ、
エルサレムよ。

一五・五－六、二二・一七参照。
6 楽園――ここでは、用いられているギリシア語からして、創世記二・八以下のエデンの園（パラデイソス）がイメージされている。
7 [へ]⇩「わたしはその荒れ野をエデンのように、その荒れ地を主の園のようにする」。
8 [へ]⇩「わたしに傾聴するのだ、わが民よ。わたしに耳を傾けるのだ、わが国民(くにたみ)よ」。
9 [へ]⇩「トーラー」。
10 [へ]⇩「わが両の腕は異民族の者たちを裁く」。
11 [へ]⇩「わが腕を待ち受ける」。
12 厚く見えた――[へ]⇩「天は煙のように消え去り」。ギリシア語訳の訳者は、ヘブライ語テクストに見られる「それらは消え去る」を意味するニムラーフーを「固定されていた（厚く見えた）」を意味する他のヘブライ語と取り違えている。
13 [へ]⇩「そこ（＝地）に住む者たちは、ぶよのように死ぬ」。
14 [へ]⇩「衣魚(しみ)が彼らを衣のように食い尽くし、衣蛾が彼らを羊毛のように食い尽くす」。ギリシア語訳の訳者は、ヘブライ語テクストに見られる「衣魚」を意味するアッシュを「時」を意味する他のヘブライ語と取り違えている。
15 [へ]⇩「力をまとうのだ、主の腕よ」。
16 おまえは以下につづく一文は、「荒れ野にする」を意味

おまえは、腕に力をまとうのだ[15]。

往時のようにして、起き上がるのだ。

悠久（アイオーン）の世代のようにして（起き上がるのだ）。

あなたさまで[16]はないですか[17]、
10 海——大いなる深淵の水——
を水なき所に変え[18]、
海の深みに横断用の[19]道を設けられたのは[20]。
救われる者たちのために、
11 また贖われた者たちのために。
彼らは主（の助け）で帰還し[21]、
歓喜と未来永劫にわたる喜びをもって
シオンに入城する。
彼らの頭（こうべ）の上で、
大いなる喜びと、讃美と、歓喜が彼らを捉え、
苦痛と、悲しみと、呻吟[22]が消え去ったからである[23]。

神からの慰めの言葉

12 「わたしは存在する（エゴー・エイミ）。
わたしはおまえを慰める者として存在する（エゴー・エイミ・ホ・パラカローン・セ）[24]。

おまえは知るがよい、
おまえが恐れ、恐怖した相手が誰であったかを。

死すべき人間と人の子だ。

彼らは草のように萎（しぼ）む[25]」。
13 おまえは神[26]
——おまえをつくり、天をつくり[27]、
地に基を据えられた方——
を忘れてしまった。
おまえは来る日も来る日も、
おまえを苦しめる（圧政）者の憤怒の顔を
いつも恐れていた。
（神は）おまえを取り除こうとされたが、
（そのときの憤怒と）同様、
おまえを苦しめた（圧政）者の憤怒は今どこにあるのだ？
14 おまえが救われようとするとき、

（神は）立ち尽くしておられるのでもなく、
ぐずぐずしておられるのでもない。[28]
15 「わたしはおまえの神、[29]
海を掻き立て、その波を轟かせた者（である）。
《万軍の主》がわたしの名。
16 わたしはわが言葉をおまえの口の中に置き、
おまえを、天を立て[30]
地の基を据えたわが手の影のもとに庇護する」。
そしてあなたさまはシオンに言われる。[31]
「おまえはわが民である」と。

する動詞 ἐρημόω の現在分詞は女性形をとり、また動詞 τίθημι の第二アオリストの分詞も女性形をとっているので、ここでの「おまえ」は女性としなければならない。したがって、ここでの「おまえ」は、女性形をとる「おまえの腕の力」を指すように思われる。

17 [へ]⇩「ラハブを切り刻み、竜を刺し殺したのはおまえではなかったか」。

18 水なき所に変え――テクストでは「荒れ野に変え」。

19 横断用の――ヘブライ語テクストでは欠落。

20 出エジプト記一四・二一―二二参照。

21 [へ]⇩「主に贖われた者たちが帰還する」。

22 と、呻吟――ヘブライ語テクストでは欠落。

23 [へ]⇩「消え去るからである」。

24 ここでは、主が「おまえを慰める者」として「存在している」ことが強調されている。ヘブライ語テクストよりも、その強調の度合いは強いように思われる。

25 [へ]⇩「いったいおまえは誰なのか？　死すべき人間を恐れるとは、草にも等しい人の子を恐れるとは」。

26 [へ]⇩「主」。

27 [へ]⇩「天を張り巡らし」。

28 [へ]⇩「身をかがめている者もすみやかに解放され、死んで穴の中に落ちて行くこともなく、パンに欠けることもない」。

29 [へ]⇩「おまえの神、主」。

30 [へ]⇩「天を張り巡らし」。

31 [へ]⇩「そしてわたしはシオンに言う」。ここでのギリシア語訳は読む者を混乱させる。ヘブライ語テクストの読み方を採用すべきであろう。

32 破滅の杯――あるいは「転倒の杯」。これは「酔って転倒させる杯」を指していると理解したい。

エルサレムの覚醒

17 目覚めるのだ、目覚めるのだ、
立ち上がるのだ、エルサレムよ。
主の手から憤激の杯を飲んだ者よ。
おまえは破滅の杯、[32]**憤激の盃を飲み干して空にした。**[33]
18 **おまえが産んだおまえの子らすべての中に、**
おまえを慰める者はいなかった。[34]
おまえが育て上げたおまえの[35]息子たちの中に
おまえの手を取る者はひとりもいなかった。
19 これら二つの振る舞いがおまえを断罪する。[36]
（しかし一体）誰がおまえと一緒に嘆くだろうか？
災禍と破壊、飢饉と剣。
誰が[37]おまえを慰めるだろうか？
20 **おまえの息子たちは途方に暮れる者たち**（となる）。
彼らは（町の）**出口**（エクソドス）**という出口の片隅で、**
半煮えの甜菜（てんさい）**のようになってへたり込む。**[38]
彼らは主の憤激に満たされた者たち、
神なる主により箍（たが）**をはずされた者たち**[39]（となる）。
21 それだから、**おまえは**[40]聞くのだ、
貶められた女よ。
葡萄酒のせいではなく
（神の怒りのために）よろめいている女[41]よ。
22 ご自分の民を裁かれる、
神なる主がこう言われる。
「見よ、わたしはおまえの手から、
破滅の杯、[42]憤激の盃を取り上げた。
おまえがそれを飲むことは今後二度とない。
23 わたしはそれを、
おまえにたいして正義に反することをする者たちや
おまえを貶める者たちの[43]**手に渡す。**
彼らはおまえの魂に向かって、

『かがむのだ、われわれが傍らを通れるように』
と、言った。
そこで、おまえは
おまえの背中を地につかんばかりに丸めてみせた。
傍らを通り過ぎる者たちのために、外で[44]」と。

第52章

シオンへの帰還

1 目覚めるのだ、目覚めるのだ、シオンよ。[1]
力を身にまとうのだ、シオンよ。[2]
栄光を身にまとうのだ、聖なる都エルサレムよ。
無割礼の不浄な者が
おまえの中を通り抜けることは二度とない。
2 エルサレムよ、

33 [へ]⇩「おまえは主の手からその憤激の杯を飲み、（おまえを）ふらつかせる大杯を飲んで、からにした」。
34 [へ]⇩「彼女が産んだすべての子らのうち、彼女を導く者はひとりもなく」。
35 おまえの……おまえが……おまえの――[へ]⇩「彼女の……彼女が……彼女の」。
36 おまえを断罪する――テクストでは「おまえに立ち向かう」。
37 [へ]⇩「わたしが」。
38 [へ]⇩「おまえの子らは気力を失い、すべての道のかどで、網にかかったカモシカのようになってへたり込む」。
39 [へ]⇩「主の憤激とおまえの神の叱責に満たされて」。
40 [へ]⇩「このことを」。
41 女――シオン（＝エルサレム）を指す。
42 破滅の杯――前註参照。
43 [へ]⇩「おまえを苦しめる者たちの」。
44 傍らを通り過ぎる者たちのために、外で――この語句、とくに「外で」の意味は不明。[へ]⇩「通り過ぎる者たちにとって、通り道のように」。関根訳の註もよく理解できぬものである。

第52章
1 シオンよ――ヘブライ語テクストでは欠落。
2 この一文を前出四七・一と比較せよ。

塵を払い落として立ち上がり、
そして座るのだ。
囚われの娘シオンよ、
おまえの首から縄目をほどくのだ。
3 ま[3]ことに主はこう言われる。
「おまえはただ同然で売り飛ばされたのだから、
金を払わずに買い戻される」[4] と。
4 主はこう言われる。
「わが民はかつて（ト・プロテロン）エジプトへ寄留するために、そ
こへ下って行った。
そして、**アッシリア人のもとへ力づくで連れて行**
かれた。[5]
5 **なぜおまえたちは今ここに？**」[6] と。
主はこう言われる。
「わが民がただ同然で奪い取られたのだから、
おまえたちは驚くのだ、吼え立てるのだ」[7] と。
主はこう言われる。
「おまえたちのせいで、[8]

わが名はいつも、
異民族の者たちの間で[9]侮られている。[10]
6 このため、わが民はその日、
わが名を知るに至る。
というのも、わたしはほかならぬ宣べ伝える者だ
からである。[11]
わたしは（おまえの）傍らにいる。[12]
7 **山々の上の春の季節の（到来の）ようにして、**[13]
平和の到来というよき知らせを宣べ伝える者の足
音のようにして、
よきことを宣べ伝える者のようにして。
わたしは、おまえの救いについて
（人びとに）**聞こえるようにし、**[14]
「シオンよ[15]（これからは）
おまえの神が王として支配する」
と、言う。
8 おまえ（＝シオン）を警護する者たち[16]の声が甲
高くなっている。

彼らは声をひとつにして歓喜する。
主がシオンに憐れみをかけられるとき、[17]
目は目を見詰める。
9 エルサレムの廃墟に
歓喜の声を一挙に爆発させるのだ。
主がそこを憐れみ、
エルサレムをお救いになったからだ。[18]
10 主は異民族の者たちすべての前で、
ご自分の聖なる腕を露わにされた。
地の果てすべても**神**[19]から来る救い（ソーテーリア）を見る。
11 （そこを）離れるのだ、
（そこを）離れるのだ、
そこから出て行くのだ。
おまえたちは不浄なものに触れてはならない。
彼女（＝バビロン）のただ中から出て行くのだ。[20]

3　ヘブライ語テクストでは、以下三節から六節までは散文扱いされる。
4　[へ]⇩「おまえは金なしで贖われる」。
5　[へ]⇩「アッシリア人は理由無くして彼らを苦しめた」。
6　[へ]⇩「何をわたしはここでしようか？」。
7　[へ]⇩「わが民はただ同然で奪い取られたので、彼らの支配者たちは大声を上げて泣いている」。
8　おまえたちのせいで――ヘブライ語テクストでは欠落。
9　異民族の者たちの間で――ヘブライ語テクストでは欠落。
10　おまえたちのせいで……侮られている――この一文はローマの信徒への手紙二・二四で引用されている。
11　[へ]⇩「そのため、その日には、彼らはわたしが『見よ、わたしを』と告げる者であることを知る」。
12　[へ]⇩「ここにいる」。
13　[へ]⇩「山々の上にあって、何と美しいことか」。
14　[へ]⇩「シオンに聞かせる」。
15　シオンよ――ヘブライ語テクストでは欠落。
16　警護する者たち――見張りの塔の上に立つこの者たちが、バビロンからの帰還の民を目撃する最初の者となる。
17　[へ]⇩「主がシオンへ帰られるとき」。
18　[へ]⇩「主はその民を慰め、エルサレムを贖われたからである」。
19　[へ]⇩「われらの神」。
20　（そこを）離れるのだ……出て行くのだ――この一文は

主の祭具類を運ぶ者たちよ、[21]
（彼女と）袂を分つのだ。
12 おまえたちは**不安な思いを抱えて**[22]出て行くので
はない。
また逃げ去るようにして出て行かなくてもよい。
主がおまえたちの前を行かれるからである。
おまえたちを一同に集められるお方は、
イスラエルの神なる主（である）。[23]

主の僕（しもべ）の第四のうた（五二・一三―五三・一二）

13 **見よ、**わが僕（パイス）[24]は得心して、
高く挙げられ、大いなる**栄光に包まれる**。[25]
14 多くの者がおまえ（の姿）に愕然とする。
おまえの佇まい（ト・エイドス）は人びとから栄光なきものと見な
され、
おまえの（本来の）栄光は人びとから（無視され
る）。

15 **多くの民族の者たちは主を見上げるが、**[26]
王たちはその口をつぐむ。
その方については彼らに告げ知らされてなくて、
悟るからである。[27]
聞いたことのない者たちは悟る。[28]

第53章

その者は幼子のようにして

1 主よ、[1]いったい誰が
わたしどもの宣べ伝え[2]を信じてくれたのでしょう
か？
いったい誰に
主の腕は露わにされたのでしょうか？[3]
2 その者はその方の前に、
幼子のようにして、[4]

日照りの地の根株のようにして
現れたのです。
彼には（堂々たる）佇まいも、
栄光もありません。
わたしどもは彼を見ました。
彼は（堂々たる）佇まいや、
美貌の持ち主ではありません。
3 彼のみすぼらしい佇まいは、

コリント人への第二の手紙六・一七－一八参照。

21　主の祭具類を運ぶ者たち――バビロン捕囚の憂き目にあった祭司たちやレビ人たちを指す。彼らは神殿の祭具類を運ばされた（列王記下二五・一三－一五、エズラ記一・七－一一参照）。

22　[ヘ]⇩「慌てて」。

23　[ヘ]⇩「おまえたちの殿（しんがり）となるのはイスラエルの神」。ヘブライ語テクストでは、この前行で、「おまえたちより先を行くのは主」と言っておきながら、ここでは主（＝神）が「おまえたちの殿になる」と矛盾したことを言っている。

24　以下で登場することになる「わが僕」は誰なのか？　多分、その確かな同定は困難であるが、預言者が何百年後に登場することになるイエスを念頭に置いて以下の記述を進めているのでないことだけは確実である。福音書記者たちは以下で「苦難の僕」として描かれる「わが僕」をイエスと見なし、イエスの受難がここでの預言の成就であると見なしたりするが（たとえば、ヨハネ一二・二八－三二）、これは人類史上最大の滑稽な誤解であろう。

25　[ヘ]⇩「見よ、わが僕は栄え、称揚され、高く上げられ、この上なく高くなる」。

26　[ヘ]⇩「彼は多くの国民（くにたみ）を驚かせ、彼のことで」。ギリシア語訳の訳者は、ヘブライ語テクストに見られる「彼は驚かせる」を意味するヤゼーを「彼らは敬意を払う／彼らは見上げる」を意味する他のヘブライ語と取り違えている。

27　その方については彼らに告げ知らされてなくて、悟るからである――この一文は、ローマの信徒への手紙一五・二一で引用されている。

28　[ヘ]⇩「自分たちが聞いたことのないことを悟るからである」。ギリシア語のテクストに関しては、ローマの信徒への手紙一五・二一での引用の仕方を参照。

第53章

1　主よ――ヘブライ語テクストでは欠落。

2　わたしども――誰を指すのか不明。

3　腕は露にされたのでしょうか？――前出五二・一〇参照。ヨハネ一二・三八、ローマの信徒への手紙一〇・一六での引

（他の）誰にもまさっておりました。[6]
彼は鞭打たれる人間であり、
苦しみに耐え抜くことを知っておりました。[7]
彼の顔は避けられ、蔑まれ、
顧みられることがありませんでした。[8]
4 この者はわたしどもの罪[9]を負い、[10]
わたしどものために苦しまれます。[11]
わたしどもは、**彼が重荷を負い、鞭打たれ、**
虐げられている[12]と見なしました。
5 彼は、わたしどもの不義・不正（アノミア）のため、
傷を負ったのです。[13]
彼は、わたしどもの罪のために、
病いに苦しめられたのです。[14]
わたしどもの平安・無事のために、
懲らしめ（の鞭打ち）が、彼を見舞ったのです。
わたしどもは彼の受けた打ち傷で癒されたのです。[15]
6 わたしどもはみな羊のようにさ迷いました。
わたしども一人ひとりが自分の道を**さ迷いました**。[16]

主は彼をわたしどもの罪に引き渡されました。[17]
7 彼は、虐げのため、口を開こうとはしません。[18]
彼は羊のように屠り場に引かれて行き、
子羊のように、自分の毛を刈る者の前では黙し、[19]
その口を開こうとはしません。[20]
8 彼の判決（クリシス）は、彼の遜り（タペイノーシス）のうちに、取り下げら
れました。[21]
それにしても、誰が彼の世代を語るのでしょう
か？[22]
彼の命は地から取り除かれるからです。[23]
彼は、わたしの民の不義・不正のために、
死へ導かれました。[24]
9 わたしは彼の埋葬の代償に
悪しき者たちを引き渡し、[25]
彼の死の代償に
富める者たちを**引き渡します**。[26]
彼が**不義・不正**[27]を行わず、
その口に偽りが見出されなかったからです。[28]

10 主はまた彼を受けた傷から清めようとされます。[29]
もしおまえたちが罪の贖いの献げ物を捧げるならば、[30]
おまえたちの魂は長命の子孫たちを目にする。[31]

主は彼の命の苦しみを取り去ることを望まれる。[32]
11 彼に光を見せ、理解力で（彼を）形づくり、[33]
多くの者によく仕える義しい者を正しいとするために。[34]

用の仕方を参照。

4 [ヘ]⇩「新芽のように」。

5 [ヘ]⇩「彼にはわれわれが見るべき容貌も輝きもなく、われわれが喜ぶような美しさもなかった」。

6 [ヘ]⇩「彼は蔑まれ、人びとに見捨てられた」。

7 [ヘ]⇩「彼は苦しみの人、（年中）病いを患っている者だった」。

8 [ヘ]⇩「彼は人がその顔を背けるように蔑まれ、われわれも彼を顧みることはなかった」。

9 [ヘ]⇩「病い」。

10 マタイ八・一七での引用の仕方を参照。

11 [ヘ]⇩「われわれの苦しみを担った」。

12 [ヘ]⇩「叩かれ、神に打たれ、痛みつけられているのだ」。

13 [ヘ]⇩「彼は刺し貫かれ」。

14 [ヘ]⇩「砕かれていた」。

15 ペテロの第一の手紙二・二四参照。

16 [ヘ]⇩「行った」。

17 [ヘ]⇩「主は彼に、われわれすべての者の咎にたいして、執り成しをさせた」。

18 [ヘ]⇩「虐げられたが、彼は耐え忍んで口を開かず」。

19 [ヘ]⇩「屠り場へ引かれて行く子羊のように、毛を刈る者の前に黙したままでいる羊のように」。使徒言行録八・三二－三三での引用を参照。

20 [ヘ]⇩「開こうとはしなかった」。

21 [ヘ]⇩「虐待と裁きによって、彼は取り去られた」。

22 [ヘ]⇩「誰がその世代とともに思いを馳せたか？」。

23 [ヘ]⇩「彼は生ける者たちの地から断ち切られた」。

24 [ヘ]⇩「彼に一撃が加えられた」。

25 [ヘ]⇩「彼らは彼の墓を悪しき者たちと一緒にし」。

26 [ヘ]⇩「……と一緒にする」。

27 [ヘ]⇩「暴虐」。

28 ペトロの第一の手紙二・二二での引用の仕方を参照。

29 [ヘ]⇩「主は彼を病いで打ち砕こうとされた」。

30 [ヘ]⇩「彼の魂が償いの献げ物となるかどうかを見るために」。

31 [ヘ]⇩「彼は子孫が日々生き長らえて行くのを見るであろ

そして彼自身は彼らの罪を担う。
12 **それゆえ、彼自身は多くのものを相続し、**[35]
強者たちから得た略奪品を分配する。[36]
しかし、彼の命は死に引き渡され、[37]
教えを足蹴にする者（アノモイ）たちの中に数えられました。[38]
彼自身は多くの者たちの罪を担い、
彼らの罪ゆえに、（死に）引き渡されたのです。[39]

第54章

エルサレムは人の住む町に

1 「歓喜するのだ、
子を産んだことのない不妊の女よ。
（喜びを）爆発させ、大声を上げるのだ、
産みの苦しみを知らない女よ。
孤閨（こけい）をかこつ女[1]の子らの方が
夫のいる女の子（ら）よりも多くなるからだ」[2]
と、主は言われる。
2 「おまえの天幕の場所と
おまえの（天幕の出入り口の）垂れ幕の場所[3]を
押し拡げるのだ。
釘を打つのだ、惜しんではならない。[4]
おまえの綱を長くするのだ。
おまえの天幕の杭（くい）[5]を固定するのだ。
3 さらに広く、右に左に広げるのだ。
おまえの子孫は異民族の者たちを相続し、
おまえは荒れ果てた町々を人の住める所にする。

主はエルサレムの忠実な主人

4 **辱められたからといって、**
恐れてはならない。
責め立てられたからといって、
恥じ入ってはならない。[6]

おまえは**未来永劫**にわたる**恥**[7]を忘れ、
おまえの寡婦時代の咎め立てを思い起すことがないからである」と。
5 **主はおまえをつくられた方**、[8]
《万軍の主》がその方の名。
おまえを**救われた方**[9]は、
イスラエルの聖なる神。
その方は全地で（この名で）呼ばれる。[10]

う」。
32 〔ヘ〕⇩「また主の目的は彼の手で成就される」。
33 〔ヘ〕⇩「彼は自らの魂の苦しみをとことん見るであろう。彼はそれを知って満足するであろう」。
34 〔ヘ〕⇩「義なる僕（しもべ）は多くの者を義とし」。
35 〔ヘ〕⇩「それゆえわたしは、多くの者を彼に分け与え」。
36 〔ヘ〕⇩「そして彼は、強者たちを分捕り品として分ち取るであろう」。
37 〔ヘ〕⇩「彼は自らの命を注ぎ出して死に至り」。
38 教えを足蹴にする者たちの中に数えられました――ルカ二二・三七参照。
39 〔ヘ〕⇩「彼は不義の者たちのために、執り成しをした」。

第54章

1 孤閨をかこつ女――テクストでは「荒れ野の女」。
2 歓喜するのだ……女の子（ら）よりも多くなるからだ――この一文はガラテヤの信徒への手紙四・二七で引用されている。
3 ……とおまえの（天幕の出入り口の）垂れ幕の場所――ヘブライ語テクストでは欠落。
4 〔ヘ〕⇩「おまえの住まいの天幕を張り巡らすのだ。惜しんではならない」。ここでの「住まい」と「天幕」は複数形。
5 天幕⇩（天幕の出入り口の）垂れ幕⇩釘⇩綱⇩杭。これらは読む者にイスラエルの牧畜時代を想起させるものになるかもしれない。
6 〔ヘ〕⇩「恐れることはない、おまえが恥をかくことはないのだから。困惑することはない、恥辱を受けることはないのだから」。
7 〔ヘ〕⇩「おまえの若かりしころの恥」。ギリシア語訳の訳者は、ヘブライ語テクストに見られる「おまえの若かりしころ」を意味するアルマイフを「未来永劫」を意味する他のヘブライ語と取り違えている。
8 〔ヘ〕⇩「おまえをつくった方（＝おまえのバアル）がおまえの夫」。ギリシア語訳の訳者はここでの「バアル」の登場に当惑し、それを「主（＝キュリオス）」に置き換えているように見える。

6 **主がおまえを呼び出されたのは、**
捨てられて傷ついた女としてではなく、
また若いときから憎まれてきた女としてでもない[11]
——と、おまえの神は言われた。
7 「ほんのしばらくの間、わたしはおまえを見捨
てたが、
大いなる憐れみでおまえを**憐れむ**[12]。
8 わたしはちょっとした憤怒でわが顔をおまえか
ら背けたが、
悠久（アイオーニオス）に至る**憐れみ**[13]でもっておまえを憐れむ」
——と、**おまえを救われた方**[14]、主は言われた。
9 「ノアの時代の大水のときから、
これこそがわたしの（すること）である。
あのときわたしはノアに、
二度と地上でおまえに憤怒をぶつけず、
（二度と）おまえの脅威にはならない[15]、
と誓った[16]。
10 山々が動き、
おまえの丘陵が移ろうとも、
わたしからの憐れみがおまえに欠けることはなく[17]、
おまえの平安のための契約[18]が（他に）移ることも
決してない」と。
主が「おまえに憐れみあれ」と言われたからであ
る[19]。

エルサレムは再建される

11 「貶められ、翻弄され、
慰められることのなかった（エルサレム／シオン
よ）。
見よ、わたしはおまえの石としてルビー[20]を、
おまえの基のためにサファイア[21]を用意する。
12 わたしはおまえの**胸壁**[22]を碧玉で、
おまえの城門を水晶石で、
おまえの（神殿の）囲い**地**[23]を宝石でつくる。
13 （わたしは）おまえの**息子たち全員を**

神の教えを受ける者[24]にし、
おまえの子らを豊かな平安の中に[25]（置く）。
14 おまえは正義のために**再建される**。[26]
遠ざかるのだ、**不義・不正**[27]から。
そうすれば恐れる必要はなくなる。
震えたりすることもなくなる。[28,29]

15 見よ、**わたしを頼りに、**
寄留の者たち（プロセーリュトイ）**がおまえの所にやって来る。**
彼らはおまえのもとに難を逃れる。[30]
16 見よ、わたしはおまえを創造している。[31]
火を吹いて起こし、細工仕事で**武器をつくり出す**
鍛冶屋のようにしてではない。[32]

9 [ヘ]⇩「贖われた方」。
10 [ヘ]⇩「その方は全地の神と呼ばれるであろう」。
11 [ヘ]⇩「主はおまえを、捨てられて心傷ついた女のようだと呼んだが、若い妻が拒否されることなどあろうか」。
12 [ヘ]⇩「集める」。
13 [ヘ]⇩「慈愛」。
14 [ヘ]⇩「おまえの贖い主」。
15 [ヘ]⇩「わたしはノアの大水を二度と地上を襲わせない」。
16 創世記八・二一、九・一一参照。
17 [ヘ]⇩「わが慈愛がおまえから動くことはなく」。
18 [ヘ]⇩「わが平安の契約」。
19 [ヘ]⇩「おまえを憐れむ主は言われる」。
20 以下でその名が言及される宝石の類いは、ヨハネの黙示録二一・一一－二一で利用されている。
21 サファイア（サプフィロン⇩サプフェイロス）。ギリシア語サプフェイロスはヘブライ語サフィルからの借用語。
22 [ヘ]⇩「塔」。
23 [ヘ]⇩「すべての境」。
24 [ヘ]⇩「子ら全員を主の」。
25 神の教えを受ける者——ヨハネ六・四五参照。
26 [ヘ]⇩「固く立てられる」。
27 [ヘ]⇩「虐げるもの」。
28 震えたりすることもなくなる——テクストでは「震えがおまえに近づくことはない」。
29 [ヘ]⇩「（遠ざかるのだ）滅びから。それがおまえに近づくことはない」。
30 [ヘ]⇩「攻め寄せる者がいても、わたしによらずしては何もできない。おまえを攻め寄せる者はおまえの前に倒れる」。
31 [ヘ]⇩「鍛冶を創造した」。

わたしは（最後に）おまえを創造した。
不良品のどれもを壊す（あの）破壊のためではない。
17 おまえを裁こうとして湧き上がるどんな声も
わたしはおまえのために潰す。
おまえは彼らすべてを打ち破る。
しかし、おまえの配下の者たちは
悲しみの中に置かれる。
主に仕える者たちには相続（クレーロノミア）がある。
おまえたちはわが（目）に義しい者となろう」
——と、主は言われる。

第55章

喉が渇き、飢えている者たちに

1 喉の渇いている者たちよ、[1]
おまえたちは、水のある所へ来るがよい。[2]
金のない者たちよ、
おまえたちは、行って、
買い物をするがよい。
葡萄酒を、金など払わず、
値段など気にせずに飲み、
脂身を（食べるがよい）。[3]
2 なぜ金など払うのだ？
（なぜ）腹の足しにもならぬもののために労するのだ？
わたしの言葉に聞き従い、
良いものを食べるがよい。
おまえたちの命は**良いものを喜ぶ**。[4]
3 おまえたちは耳をそばだてるのだ。
そしてわたしの道[5]に従うのだ。[6]
わたしの言うことを聞き入れるのだ。
そうすればおまえたちの命は、
良いもののおかげ[7]で生きる。

わたしはおまえたちと悠久（アイオーニオス）の契約[8]を結ぶ。
これは信実なるダビデの聖なる定めである。
4 見よ、わたしは彼[9]を異民族の者たちの間での
証人、支配者（アルコーン）、異民族の者たちの指揮官に立てた。
5 **おまえを知らない異民族の者たちが、**
おまえを呼び求め、
おまえを知らない国民（くにたみ）が、
イスラエルの聖なる方であるおまえの神ゆえに、[10]
おまえのもとに逃れて来る。[11]
その方がおまえを栄光で包まれたからである。

最後の呼びかけ

6 おまえたちは神[12]を求めるのだ。

---

32 [ヘ]⇩「吹いて炭火をおこし、武器をつくるのを生業とする者を」。

第55章

1 [ヘ]⇩「喉の渇いているすべての者よ」。
2 喉の渇いている者たちよ……水のある所へ来るがよい——ここに瓶に水を入れて売り歩く商人の声を聞くことも可能。
3 [ヘ]⇩「そうだ来て、買って、食べるのだ。来て、金なしで、値段を気にせずに酒と乳とを買うがよい」。
4 [ヘ]⇩「脂身で活気づくであろう／脂身で喜ばすがよい」。
5 道——ここでは複数形。
6 [ヘ]⇩「わたしのもとへ来るがよい」。
7 良いもののおかげで——ヘブライ語テクストでは欠落。
8 ヘブライ語テクストでは、この後に同格の「ダビデへの確かな慈愛」が置かれる。
9 ギリシア語訳の訳者はここでの「彼」をダビデと理解しているであろうが、関根訳の註によれば、ヘブライ語テクストでの「彼」は「ダビデだけでなく、編集を経た現在の文脈ではヤハウェの僕をも指し得る」そうである。そこでの註参照。
10 [ヘ]⇩「おまえの神、主のゆえに、そしてイスラエルの聖なる方のために」。
11 [ヘ]⇩「おまえが、おまえを知らない国民（くにたみ）を呼ぶと、おまえを知らない国民がおまえのもとに駆け込んで来る」。
12 [ヘ]⇩「主」。
13 [ヘ]⇩「その方が見出される間に」。
14 [ヘ]⇩「その方を呼ぶのだ、その方が近くにおられる間

その方を見出したら、[13] 呼びかけるのだ。
その方がおまえたちのそばに近づいて来られたら、[14]
7 不信仰な者にはその道を捨てさせ、
教えを足蹴にする者（アネール・アノモス）にはその思いを[15]（捨てさせ）、
主に立ち帰えらせるがよい。
そうすればその者は憐れみを受ける。
まことに[16]（神は）おまえたちの罪を、
存分に赦して下さるからである。
8 「まことにわが思い（ブーライ）はおまえたちの思いと同じ
ではなく、
おまえたちの道はわが道と同じではない」
――と、主は言われる。
9 「天が地からはるかにかけ離れているように、
わが道はおまえたちの道から、
おまえたちの思（ディアノエーマタ）いはわが思い（ディアノイア）からはるかにかけ
離れている。
10 雨や雪が天から降ると、
それは（天に）戻ることはなく地を潤し、
これに芽生えさせ、花を咲かせ、
蒔く者に種を、
食用の[17]パンを与える。[18]
11 わが言葉もそれと同じで、
（いったん）わが口から出て行けば、
わたしの望みが成し遂げられるまでは、
戻[19]って来はしない。[20]
わたしはおまえの行く道と、[21]
わが命令をよいものにする。
12 おまえたちは歓喜のうちに出て行き、
喜びの中で導かれるからである。
山々と丘陵は、
おまえたちを喜びのうちに迎え入れるとき、
小躍りして喜ぶ。
そして野の木々もすべて
小枝をざわつかせる。
13 茨の代わりに生え出て来るのは糸杉、
刺草（いらくさ）の代わりに生え出て来るのはミルトス。[22]

それは主にとって名前となり、悠久（アイオーニオン）の印となり、
枯れることがない」[23]と。

第56章[1]

異民族の者たちに開かれた……

[1] 主はこう言われる。
「おまえたちは公義（クリシス）を尊重するのだ。
正義を行うのだ。
わが救いが出現し、
わが憐れみが露わにされるときが近づいたから
だ」と。
[2] 幸いなる（マカリオス）かな、
これらのこと[2]を行う者と、

に」。

15 [ヘ]⇩「邪悪な者には自分の道を、非道な者には自分の思いを捨てさせるのだ」。

16 [ヘ]⇩「(立ち帰るがよい) われらの神に」。

17 [ヘ]⇩「食べる者に」。

18 コリント人への第二の手紙九・一〇参照。

19 [ヘ]⇩「空しく」。

20 わたしの望みが……戻って来はしない――テクストでは、「わたしの望むことが成就されるまで、(わが口に) 戻って来ることはない」。

21 おまえの行く道と――ヘブライ語テクストでは欠落。

22 ミルトス (ムルシネー) ――初出は四一・一九。

23 [ヘ]⇩「切り離されることがない」。

第56章

1 以下最終章までのヘブライ語テクストは、一般に「第三イザヤ」と呼ばれる人物によって書かれたとされる。その詳細は関根訳の註参照。なお、ギリシア語訳の訳者がイザヤ書を分析的に読んで、翻訳をしていたとは到底思われないので、訳者には「第三イザヤ」についての知識は皆無であったであろう。

2 これらのこと――「安息日を遵守すること」と「不正義をしないこと」を指しているようであるが、[ヘ]⇩「これ」。

3 主を慕っている――テクストでは「主の方に向いてい

これらのことにこだわり、
安息日を遵守して（それを）穢さず、
不正義を自分の手にさせない者は。
3 主を慕っている異邦人（アルロゲネース）[3]に、
『主は、間違いなく、
わたしをご自分の民から切り離そうとしておられる』
と、言わせてはならない。
宦官に
『[4]わたしは（所詮）枯れ木だ』
と、言わせてはならない」と。
4 主はこう言われる。
「わが安息日を守り、
わが欲するものを選び取り、
わが契約をしっかりと守る宦官たちであるが、
5 わたしは彼らに、
わが神殿（オイコス）やわが城壁の中で、
息子や娘たちにまさる、
よく知られた場所[5]を与える。
わたしは彼らに悠久（アイオーニオン）の名を与える。
それが断たれることはない[6]。
6 主に仕え、
主のみ名を愛し、
その方の僕であらんとする
主を慕う異邦人たちにも
（その悠久の名は与えられる）。
わたしはわが安息日を守り、それを穢さず、
わが契約を死守する者たちすべてを
7 わが聖なる山[7]に導き、
わが祈りの家（オイコス・プロセウケース）[8]で彼らを歓喜させる。
彼らの焼き尽くす献げ物（ホロカウトーマ）や彼らの犠牲は、
わが祭壇の上で受け入れられる。
なぜならば、わが神殿（オイコス）は、
すべての民族のための
祈りの家と呼ばれることになるからである[9]」と。

8 離散の民（ディエスパルメンース）とされたイスラエルをお集めになる
主は、

「わたしはそこへ[10]スナゴーゲー[11]を集める（スナゴーン）[12]」

と、言われた。


る」。

4　[ヘ]⇩「見よ」。

5　よく知られた場所（τόπον ὀνομαστόν）——具体的にどこを指して「よく知られた場所」「有名な場所」と言っているのかは不明であるが、エゼキエル書三九・一一に「その日、わたしはゴグのために、イスラエルの中のよく知られている場所（マコム・シェム）を墓地として与える」とあり、これが理解へのヒントになるかもしれない。[ヘ]⇩「手と名前」（ヤド・バシェム）。ギリシア語のテクストもヘブライ語のテクストも、その文意は鮮明でないが、先行する「息子や娘たちにまさる」の語句が、宦官もイスラエルの会衆に加わる十分な資格があることが示唆される。なお、エルサレムにある「ユダヤ人虐殺記念館（ホロコースト・メモリアル）」のヘブライ語の呼称ヤド・バシェムをキリスト教の伝統的な反ユダヤ主義——それはいまだ続くものである——の背景の中に置いて考察すれば、さまざまなことを考えさせるものとなる。

ユダの盲目の指導者たち

9 すべての野獣よ、
さあ、やって来て食べるがよい。

林に潜むすべての獣よ！

6　この一節は、宦官にはイスラエルの会衆に加わる資格がないとした申命記二三・二の全否定である。

7　聖なる山——前出二・三参照。

8　祈りの家——ヘブライ語ではベート・テフィラー。この語句はヘブライ語テクストでは本箇所でのみ見られる。関根訳の註も指摘するように、ここでの「祈りの家」はエルサレムの第二神殿を指すようである。なおここで、ヘレニズム・ローマ時代のアレクサンドリアではシナゴーグが「祈りの家」と呼ばれていたことを想起したい。

9　この語句の引用は、マルコ一一・一七参照し、ルカ一九・四六と比較せよ。

10　そこへ——「祈りの家」を指すように思われる。

11　「集まり」を意味するスナゴーゲーは、シナゴーグの語源ともなる言葉。

12　わたしはそこへスナゴーゲーを集める——この一文の意味は「離散の民となった者たちを集め、集団としてエルサレム（シオン）に連れ戻す」であろう。

10 **おまえたちは知るのだ、**
すべての者が盲目にされていることを。[13]
彼らは考えることを知らなかった。[14]
彼らはみな、
もの言わぬ犬で、吠えることができない。
彼らは夢見心地で寝そべり、
ひたすらまどろんでいる。
11 だが、（これらの）犬どもは恥知らずで、
満ち足りることを知らない。
彼らは理解することを知らない
悪しき者たち（ポネーロイ）[15]である。
彼らはみな彼らの道を行った、
それぞれが（利得という）同じ目的にしたがって。
12 ……欠文……。[16]

第57章

ひとりの義しい者が滅んだ

1 おまえたちは見るのだ。
ひとりの義しい者（ディカイオス）が滅んだ。
それなのに、誰ひとりとして（それを）心に留めようとはしない。
義しい人たち（アンドレス・ディカイオイ）[1]が消されても、
誰ひとりとして（それについて）考えようとはしない。
義しい者が不義・不正（アノミア）の前から取り去られたというのに。
2 **彼は（今）平安のうちに葬られている。**
（不義・不正の）ただ中から取り除かれたからだ。[2]
3 だが、**教えを足蹴にする子ら**（フュイオイ・アノモイ）[3]**よ、**
姦夫や娼婦の子孫よ、
4 おまえたちはここに出て来るがよい。
おまえたちは誰のことで喜んでいるのだ？
誰に向かってその口を開いたのか？

誰にたいして大口を叩いたのか？
教えを足蹴にする（子孫の）子ら（フユイ・オイ・アノモイ）よ、[4]
おまえたちは滅びの子ではないか？
5 鬱蒼（うっそう）と生い茂った大木の下で
偶像（エイドーラ）を前に（自分たちを）慰め、[5]
自分たちの子らを
谷間や、岩の狭間で（生け贄を）屠るおまえたち
は。[6]

13 〈へ〉⇩「彼（イスラエル）の見張り人はみな盲目の者で」。
14 〈へ〉⇩「（彼らは）知らなかった／（彼らは）知らない」。
15 〈へ〉⇩「牧者たち」。
16 〈へ〉⇩「おまえたち、やって来るがよい。おれが葡萄酒を持って来る。おれたちは濃い酒をたらふく飲む。明日も今日と同じさ。さあ、遠慮は無用」。

第57章

1 〈へ〉⇩「愛の人たち」。
2 〈へ〉⇩「彼は平安（＝シャローム）の中に入る。彼らは彼らの寝床に休らう。正義のうちを歩むそれぞれの者が」。
3 〈へ〉⇩「女魔術師の子らよ」。ギリシア語訳の訳者は、へ

偶像にたいする預言

6 それがおまえの分け前（メリス）、
これがおまえの取り分（クレーロス）。[7]
おまえはそれらに注ぎの供物を振りかけ、
犠牲の献げ物を捧げてきた。
わたしがこれらのことで
怒らないであろうか？[8]

ブライ語テクストに見られる「女魔術師の子ら」を意味するベネー・オネナーを「律法を足蹴にする子ら／悪しき子ら」を意味する他のヘブライ語と取り違えている。
4 〈へ〉⇩「おまえたちは背きの罪の子ら、偽りの子孫」。
5 〈へ〉⇩「おまえたち、大木の間や、生い茂った木という木の下で発情する者たちは」。
6 〈へ〉⇩「屠っているではないか」。
7 〈へ〉⇩「谷間のなめらかな石がおまえの分け前、それこそはおまえの取り分」。
8 〈へ〉⇩「しかしこんなものでわたしが宥められようか？」。
9 〈へ〉⇩「おまえはそこに寝床をしつらえた」。淫行が前提とされる（エゼキエル書二三・一七、ホセア書四・一三－

7 聳え立つ高い山の上に、
そこにおまえの御休憩所（コイテー）（がある）。[9]
おまえはそこに犠牲の献げ物を携えた。
8 おまえは**戸口の側柱の後ろに**[10]
おまえの思い出の品（ムネーモスナ）[11]を置いてみた。
おまえはわたしに背けば、
より多くのものを得られると考えた。[12]
おまえはおまえと同衾してくれる男たちを愛した。[13]
9 **おまえは彼らとの淫行の機会を増しふやし、**
遠くに住む者たち（で淫行してくれる者たち）の
数を多くした。[14]
おまえは使者たちを**国境の向こうまで**[15]遣わした。
おまえは戻って来ると、[16]
黄泉にまで落とされた。[17]
10 おまえは長旅に疲れ果てていたが、
「一休みして、頑張ろう」[18]
とは、言わなかった。
おまえはこれらのことをした。

そのため、おまえはわたしを求めもしなかった。[19]
11 おまえは誰を畏怖し、
恐れていたのだ？
おまえはわたしに嘘をつき、
わたしを覚えず、
わたしのことを思いの中にも、
心にも留めなかったではないか！
わたしはおまえを見たとき、
（おまえを）無視した。[20]
おまえはわたしを恐れることがなかった。
12 わたしはわが正義と、
おまえの悪しき[21]所業
——それはおまえに何の益ももたらさない——
を告げる。
13 おまえが大声を上げて叫ぶとき、
彼らをして、苦しみにあるおまえを自由にさせれ
ばよい。[22]
風がこの者たちすべてを奪い去り、

突風[23]が運び去るから。
しかし、わたしにどこまでも従う者たちは、
地を受け継ぎ、
わが聖なる山[24]を相続する。

一四、エレミヤ二・二〇参照)。

10 [へ]⇩「戸口と側柱の後ろに」。

11 思い出の品——具体的に何を指すのか不明である。関根訳の註は「男根像」を想定するが、女陰像も想定したい。

12 [へ]⇩「おまえは裸になって、わたしのもとから上って行った。おまえは寝床を広げ、彼らと契りを結んだ。」。

13 [へ]⇩「彼らとの寝床を愛し、(彼らの)男根を見詰めた」。

14 [へ]⇩「おまえは油をもって王のもとへ行き、おまえの香料を増し加え」。ヘブライ語テクストの「王」(メレク)をイスラエル人が人身御供を捧げてきた異教の神モレクと読むことは可能。

15 [へ]⇩「遠くまで」。

16 おまえは戻って来ると——ヘブライ語テクストでは欠落。

17 [へ]⇩「黄泉にまでも下らせた」。

18 [へ]⇩「もうだめだ」。

痛みつけられた人たち

14 そして彼ら[25]は、
「おまえたちは、その方の前で、
道を清めるのだ[26]。
わたしの民[27]の道から

19 [へ]⇩「手の力を回復し、弱ることはなかった」(新共同訳)。文意は鮮明ではない。訳者にはこのヘブライ語テクストの理解は不能。

20 [へ]⇩「わたしが長い間沈黙していたので」。

21 悪しき——ヘブライ語テクストでは欠落。

22 [へ]⇩「おまえが集めた者たちにおまえを救出させればよい」。

23 [へ]⇩「息」。

24 聖なる山——前出二・三参照。

25 彼ら——ここでの「彼ら」が誰を指すのか不明。[へ]⇩「彼(主)」。ヘブライ語テクストの「彼(＝主)」を「彼ら」にしたため、しかもそれが徹底されていないため、以下翻訳の内容はおかしなものになる。

26 [へ]⇩「盛り土にするのだ、盛り土にするのだ、道を整えるのだ」。

さまざまな障害物を取り除くのだ」
と、言う。
15 いと高き方、主
——その方は未来永劫に高き所に住まわれる方で、
《聖なる場所（ハギオイ）の聖なる方（ハギオス）》がその方のみ名であり、[28]
聖なる場所に憩ういと高き主で、
意気消沈している者たちには忍耐を、
心を打ち砕かれた者たちには命を与えられる[29]——
は、こう言われる。
16 「わたしは未来永劫にわたって
おまえたちに復讐するつもりはなく、[30]
いつまでもおまえたちに怒りを覚えているつもり
もない。
霊（プネウマ）はわたしから出て行き、
（吐く）息（プノエー）はすべて
わたしがつくりしものだからである」[31]と。
17 「罪ゆえに、わたしは、暫くの間、
彼に痛い思いをさせた。[32]
わたしは彼を打ち、
わが顔を彼から背けた。
彼は悲嘆に暮れ、
暗い顔つきで自分の道[33]を行った。[34]
18 わたしは彼の道を見た。
わたしは彼を癒し、彼を慰めた。
わたしは彼に真の慰めを与えた。[35]
19 遠隔の地にいる者たちや、
近隣の者たちに、
平安につぐ平安を」と。
そして、主は言われた。
「わたしは彼らを癒す」と。
20 「しかし、不義・不正を働く者たち（アディコイ）は
大波の中に投げ込まれた（ようになり）、
憩うことができないでいる。[36]
21 不信仰な者たちに喜びはない」[37]
と、神なる主[38]は言われた。

第58章

本当の断食とは……

1 「思い切り叫んでみるのだ。
遠慮は禁物。[1]
おまえの声を角笛のように高くし、
わが民に彼らの咎（ハマルテーマ）を、
ヤコブの家に彼らの不義（アノミア）・不正を告げるのだ。
2 彼らは日々わたしを追い求め、
わが道[2]を知ろうと（一見）熱心である。
彼らは正義を行ってきたかのように装い、

27　わたしの民――ギリシア語訳の訳者は、ここでヘブライ語テクストの「わが民」を残してしまっている。
28　[ヘ]⇩「その名が《聖なる》と言われ、悠久に住んでおられる、いと高く崇められた方がこう言われる」。
29　[ヘ]⇩「わたしは高く聖なる場所に住み、打ち砕かれ謙った精神の持ち主とともにある。謙った者の魂を生かし、悔い改めた者の心を生かすために」。
30　[ヘ]⇩「争うわけではなく」。
31　[ヘ]⇩「自らを包み込む霊はわたしから（出て行くもの）であり、わたしがつくった魂も（そうである）」。
32　[ヘ]⇩「彼の強欲のため、わたしは怒って彼を打った。わたしは身を隠して怒った」。
33　道――ここ、および次出の「道」は複数形。
34　[ヘ]⇩「しかし、彼はいじをはり自分の好きな道を行った」。
35　[ヘ]⇩「彼を導き、彼と彼の悲しむ者たちとに、もろもろの慰めをもって報いる」。
36　[ヘ]⇩「しかし、邪悪な者は（大波に）翻弄された海のように鎮まることができず、その海水は泥と汚物を打ち上げる」。ギリシア語訳の訳者は、ヘブライ語テクストに見られる「海のように」を意味するカヤムを「そのため」を意味する他のヘブライ語と取り違えている。
37　[ヘ]⇩「邪悪な者には平安（＝シャローム）がない」。
38　[ヘ]⇩「わが神」。

第58章

1　遠慮は禁物――テクストの直訳は「（力を）押さえてはならない／控え目にしてはならない」。
2　道――テクストでは複数形。
3　[ヘ]⇩「国（＝ゴイ）」。

自分（たち）の神の公義（クリシス）を
捨てたことのない**民**[3]であるかのように装う。
彼らは今わたしに正しい裁き（クリシス）をもとめ、
神に近づけることを望んでいる。
3 彼らは
『わたしどもは断食したのに、
なぜあなたさまはご覧にならなかったのです
か？』
と、ほざいてみせる。
『わたしどもはわたしどもの魂を貶めたというの
に、
あなたさまはご存知なかったのですか？』
と、（ほざく）。
おまえたちは断食日[4]でも、
好き勝手なことをし、
おまえたちの使用人たち[5]すべてを
突き棒でつついたりしている。[6]
4 おまえたちは
争い（クリシス）ごとや喧嘩のために断食し、
貧しい者を拳（こぶし）でぶん殴ったりしている。
もしそうなら、なぜおまえたちは、
今日（して見せている）ように、
わたしに向かって断食をするのだ？[7]
喧噪の中で[8]おまえたちの声を聞いてもらうためな
のか？
5 人が己の魂を貶めるその日のために
わたしが科したのは[9]、こんな断食ではない。
わたしはおまえが深々と[10]頭[11]を垂れたり
粗布を（広げたり）、灰をかぶったりするのを願
っているのではない。
これはおまえたちが
《（主に）喜ばれる》[12]**断食**
と呼ぶようなものではない。[13]
6 わたしが科したのはこんな断食ではない」
――と、主は言われる。
不義・不正（アディキア）の軛すべて[14]を断ち、

一方的な商取引のつながりの結び目[15]を解き、
虐げられた者たちを自由の身にして送り出し、
不正な契約文書すべてを破り捨てるのだ[16]。
7 おまえは飢えた者におまえのパンを裂き、
ホームレスの貧しい者たちを
おまえの家に招き入れてやるのだ。
裸の人を見たら、服を身にまとわせてやるのだ。

一族の者たちをぞんざいに扱ってはならない。
8 （そうすれば）そのときおまえの光は
早朝（の光のように）辺りを照らし出す。
おまえの癒しは速やかになされ、
おまえの正義はおまえの前を先導し、
神の栄光が**おまえを包み込む**[17]。
9 そのときおまえが大きな声を上げれば、

---

4 断食日——テクストでは複数形。
5 使用人たち（ὑποχείριοι）——このギリシア語にはさまざまな訳語が与えられる、「依り頼んでいる者たち」、「居候たち」、「扶養している者たち」などなど。
6 [へ]⇩「扱き使う」。
7 [へ]⇩「見よ、おまえたちは争いや喧嘩のために、また邪悪な拳でぶん殴ったりするために断食をしている。おまえたちは今のような断食をしてはならない」。ギリシア語訳の訳者は、ヘブライ語テクストに見られる「邪悪」を意味するレシャーを「貧しい者」を意味する他のヘブライ語と取り違えている。
8 [へ]⇩「いと高き所で」。
9 わたしが科した——テクストのギリシア語は「わたしが選んだ」。
10 深々と——テクストでは「クリコスのように」。クリコスは「幕と幕を結びつけるために使用されるリング」であるが、ここでは具体的なイメージを持ちにくいものとする。[へ]⇩「葦のように」。
11 頭——テクストでは「首」。
12 喜ばれる——あるいは「受け入れられる」。
13 へ⇩「おまえはこれを断食、主に喜ばれる日と呼ぶのか？」。
14 [へ]⇩「邪悪な束縛」。
15 [へ]⇩「軛の結び目」。
16 [へ]⇩「すべての軛を打ち砕くことだ」。
17 [へ]⇩「おまえの殿（しんがり）となる」。
18 [へ]⇩「おまえが助けをもとめて呼ぶと」。
19 ほら——ヘブライ語テクストでは欠落。

神はおまえの（願い）を聞き入れて下さる。
おまえがまだ話し終えていなくても、[18]
その方は言うであろう。
「ほら、[19]わたしは（おまえの）傍らにいる」と。
もしおまえがおまえから、
足枷や、手を伸ばしたりすること、
不平不満を口にすることなどを[20]取り除き、
10 貧しい者に**進んでパンを与え**、[21]
そして**貶められた**[22]心を満たしてやるならば、
そのときおまえの光は闇の中に輝き、
おまえの暗闇は真昼のようになる。
11 **おまえの神はつねにおまえとともにおられる。**
おまえの魂が欲するだけ、おまえは満たされる。[23]
おまえの骨は太くされ、[24]
おまえは、水の流れ出る園（ケーポス）のように、
水の涸れることのない泉のようになる。[25]
12 **おまえのかつての廃墟**（エレーモイ・アイオーニオイ）は再建される。[26]
おまえの基礎は世代から世代へ、未来永劫のものとなる。[27]
おまえは《壁の修復者》と呼ばれる。
おまえは間にある通り道に憩いを与える。[28]

安息日の真の遵守とは……

13 もしおまえが安息日に歩き回らず、[29]
その聖なる日にしたいことを控え、
安息日を《喜ばしい（日）》（トルフェラ）とか、
おまえの神に《聖なる（日）》（ハギア）と呼ぶならば、[30]
おまえは働くために歩いたり、[31]
怒りにかられて
口から言葉を吐き出したりはしないであろう。[32]
14 そしてもしおまえが主を信頼するならば、
そのとき主はおまえを肥沃な地に上らせ、
おまえの父祖ヤコブの相続でもって、
おまえを養われる。[33]
——主の口がこれらのことを語られた。

第59章

救いを妨げるものは……

1 主の手は強くないから救えないのか？[1]
主はご自分の耳を遠くされたので、[2]
聞き入れることができないのか？
2 そうではなくて、おまえたちの咎（ハマルテーマ）が、
おまえたちと神[3]の間を分かっているのだ。
おまえたちの罪（ハマルティア）のために、

20 ㋬⇩「悪口を言うこと」。
21 ㋬⇩「心配りするならば」。
22 ㋬⇩「苦しむ」。
23 ㋬⇩「渇きの中にあるおまえの心身を満たし」。ギリシア語訳の訳者は、ヘブライ語テクストに見られる「渇きの中にある」を意味するベツァフツァホットの中のツァハーを「欲する」を意味する他のヘブライ語と取り違えている。
24 おまえの骨は太くされ――この一文の意味は鮮明ではない。ヘブライ語テクストでも同じ。
25 テクストでは「泉のようになる」の主語は「おまえの骨」であるが、動詞 εἰμί の直接法、未来、三人称単数形を二人称単数形に改める。㋬⇩「主はおまえを絶えることなく導き」。
26 ㋬⇩「おまえのうちのある者たちは……建て直し」。
27 ㋬⇩「おまえは幾世代前の礎を築き直し」。
28 ㋬⇩「おまえは《破れを修復する者、通り道を住めるようにする者》と呼ばれる」。
29 もしおまえが安息日に歩き回らず――テクストでは「もしおまえが安息日からおまえの足（単数形）をしりぞけるならば」。拙訳の難点は、ギリシア語テクストの「足」が単数形であることにある。
30 ㋬⇩「安息日を《歓喜》だとか、主の聖日を《尊ばれるもの》と呼ぶならば」。
31 歩いたり――テクストでは「足を上げたり」。
32 ㋬⇩「おまえがこれを尊んで、おまえのしたいことをせず、自分の仕事を続けず、それについての話もしないならば」。
33 ㋬⇩「そのときおまえは主を歓びとする。『わたしはおまえに地の高い所（複数形）に上がらせ、おまえの父祖ヤコブの相続で養う』と」。

第59章
1 ㋬⇩「見よ、主の手が短くて救えないのではない」。
2 ㋬⇩「その耳が遠くて」。

主はご自分の顔をおまえたちから背け、
（おまえたちに）憐れみをかけないようにしておられるのだ。[4]
3 おまえたちの両の手は血で汚れ、
おまえたちの指は罪で（穢れている）。
おまえたちの唇は不義・不正(アノミア)[5]を語り、
おまえたちの舌は正義に反するもの(アディキア)をつぶやく。
4 正義(ディカイア)を語る者は一人としておらず、
誠実なる裁き(クリシス)などは（どこにも）ない。
人びとは空しいもの(マタイオイ)（＝偶像）に依り頼み、
空疎な言葉[6]を語る。
彼らは徒労を孕み、
不義・不正を産み落とす。
5 彼らは蝮(まむし)の卵を孵(かえ)し、
蜘蛛(くも)の糸を織る。
その卵を食べようとする者は、[7]
（卵を）わってはじめて、
まともな卵でないことを知る。

その中に毒蛇が！[8]
6 それらの蜘蛛の糸は衣服にはならず、
彼らは自分たちの手仕事で
身を被うこともできない。
彼らがなすのは不義・不正の業。
7 彼らの足は悪に向かって走り、
すぐにでも血[9]を流す。
彼らの思いは愚か者の思い。[10]
破滅と悲惨が彼らの道に（ある）。
8 彼らは平和の道を知らず、
彼らの道に[11]公義(クリシス)はない。
彼らが歩む道は真っすぐではなく、
彼らは平和を知らない。[12]
9 それゆえ、
公義は彼らから[13]離れてしまった。
正義が彼らを[14]捉えることはない。
彼らは[15]光を待ち望んだのに、
彼らに生じたのは闇。[16]

彼らは[17]明るい輝きを望んだのに、
暗闇の中を歩いた。
10 彼らは[18]盲人たちのようにして
壁を手探りで触り、
目の見えない者たちのようにして
手探りで（歩き回る）。
彼らは[19]真昼間であっても、
真夜中であるかのように[20]躓き、
死にかけている者たちのように
呻き声を発する。[21]
11 彼らは熊や鳩のように
行動をともにする。[22]
わたしどもは[23]公義（クリシス）を待ち望んだのですが、

3 〔へ〕⇩「おまえたちの神」。
4 〔へ〕⇩「おまえたちの罪が、（主の）顔をおまえたちから隠し、聞いて下さらないようにしている」。
5 〔へ〕⇩「偽り」。
6 〔へ〕⇩「嘘」。
7 〔へ〕⇩「その卵を食べる者は死に」。
8 〔へ〕⇩「つぶされたひとつが孵（かえ）って、毒蛇を生み出す」。
9 〔へ〕⇩「無辜の血」。
10 〔へ〕⇩「不法な思い」。
11 〔へ〕⇩「彼らの歩いた道には」。
12 〔へ〕⇩「彼らは自分たちの道を曲げ、そこを歩む者はだれでも平和を知らない」。ローマの信徒への手紙三・一五－一七参照。
13 〔へ〕⇩「われわれから」。
14 〔へ〕⇩「われわれを」。
15 〔へ〕⇩「われわれは」。
16 〔へ〕⇩「見よ、闇」。
17 〔へ〕⇩「われわれは」。
18 〔へ〕⇩「われわれは」。
19 〔へ〕⇩「われわれは」。
20 〔へ〕⇩「薄明時のように」。
21 〔へ〕⇩「死人のように暗黒の場所にいる」。
22 〔へ〕⇩「わたしどもは熊のようになり、鳩のように悲しげに呻く」。
23 以下一四節の中頃まで、ギリシア語訳の訳者が「民の告白」とでも見なしたものが一人称・複数形で語られる。
24 〔へ〕⇩「虐待と裏切り」。
25 〔へ〕⇩「偽りの言葉」。

（そんなものは）ありません。
救いはわたしどもから
遠く離れてしまったのです。
12 わたしどもの不義・不正は
あなたさまの前に枚挙にいとまがなく、
わたしどもの罪は
わたしども（の前）に立ちはだかるのです。
わたしどもの不義・不正は
わたしどもの中にあり、
わたしどもはわたしどもの咎を認めます。
13 わたしどもは不敬神でした。
わたしどもは嘘をつきました。
わたしどもは背き、
わたしどもの神に従いませんでした。
わたしどもは**正義に反するもの**[24]を語り、
背きました。
わたしどもは孕（はら）み、
わたしどもの心の中で

正義に反する言葉[25]を吐きました。
14 わたしどもは背き、[26]
公義（クリシス）に従いませんでした。
正義は遠ざかってしまいました。
真実（アレーセイア）は**彼らの道で食いつぶされ**[27]、
そのため彼らは真っすぐの道を、
進んで行くことができなかったのです。[28]
15 真実は取り除かれてしまいました。
彼らは理解する思いを背けました。[29]
主は（それを）ご覧になりましたが、
お喜びにはなりませんでした。
公義がなかったからです。
16 主はご覧になりましたが、
誰もいなかったのです。
主は了解されました。
自らを捧げる者[30]はいなかったのです。
主はご自分の腕で彼らを守り、

憐れみで（彼らを）**支えられました。**[31]
17 主は正義を胸当てのようにまとい、
救い（ソーテーリア）の兜を頭にかぶり、[32]
復讐（エクディケーシス）の衣を身にまとい、
18 必ず報復する者として、
立ち向かう者たちへの叱責を覆い（とされました）。[33]
19 （太陽の）没する方向にいる者たちは
主のみ名を恐れ、
太陽の昇る方向にいる者たちは
（主の）**栄えあるみ名を**[34]（恐れました）。
主の怒りは
川の激流のようにしてやって来る。
それは憤怒を伴ってやって来る。[35]
20 **贖う（ホ・ルオメノス）お方がシオンのためにやって来て、**
不信仰をヤコブから退けられる。[36]

26 わたしどもは背き――ヘブライ語テクストでは欠落。
27 [へ]⇩「広場で躓き」。
28 [へ]⇩「真っすぐは入ることができない」。このヘブライ語の一文の意味は鮮明ではない。
29 [へ]⇩「悪から離れる者は略奪の憂き目に会う」。ギリシア語訳の訳者は、ヘブライ語テクストに見られる「悪から」を意味するメラーを「思い」を意味する他のヘブライ語と、また「略奪された」を意味するミシュトレルを「理解することから」を意味する他のヘブライ語と取り違えている。
30 自らを捧げる者――あるいは「手をかける者」。[へ]⇩「執り成しをする者」。
31 [へ]⇩「それゆえ、ご自身の腕がご自身に救いをもたらし、ご自身の正義がご自身を支えた」。このヘブライ語の一文の文意は鮮明でない。
32 テサロニケの信徒への第一の手紙五・八、エフェソの信徒への手紙六・一四－一七参照。
33 [へ]⇩「彼の敵対者には憤激を、彼の敵には報復を。島々にも報復をする」。ギリシア語訳の訳者は、ヘブライ語テクストに見られる「島々への報復」を意味不明なものとして省略しているように見える。ここでの関根訳の註を参照。
34 [へ]⇩「栄光」。
35 [へ]⇩「苦しみが流れのように襲う時、主の息がそれを押し返す」。

21「これは彼らとのわが契約[37]である」
と、主は言われる。
「おまえの上にあるわが霊と、
わたしがおまえの口に与えた言葉[38]は、
おまえの口からも、
おまえの子孫の口からも、[39]
欠けることが決してない」
と、主は言われる。
「今から、そして未来永劫に至るまで」。

第60章

エルサレムの栄光

1 エルサレムよ、
照らすのだ、照らすのだ。[1]
おまえの光が来て、
主の栄光がおまえの上に昇った。
2 見よ、闇と暗黒が
地を覆い、異民族の者たちの上を覆う。[2]
しかし、主はおまえの上に輝き、[3]
その栄光はおまえの上で見られる。
3 王たちはおまえの光の中を歩み、
異民族の者たちはおまえの明かりの中を（歩む）。[4]
4 おまえは目を上げて周囲を見回すのだ。
見るのだ、おまえの子らが集まって来た。[5]
見よ、おまえのすべての息子たち[6]が
遠隔の地からやって来た。
おまえの娘たちは肩車されて[7]やって来る。[8]
5 そのときおまえは
（それを）見て恐れ、心中、仰天する。[9]
海と異民族と諸国民の富が
おまえのものとなるからである。[10]

6 おまえのもとへは
駱駝の群れが行く。
ミディアン[11]とエファ[12]の駱駝が（多すぎて）
おまえを覆い隠す（かのようだ）。[13]

36 [ヘ]⇩「贖う者がシオンへ、ヤコブの罪から離れる者たちのもとへやって来る、と主は言われる」。ローマの信徒への手紙一一・二六－二七参照。なお、ギリシア語訳の訳者が「と、主は言われる」を省略したのは、次節にも同じ語句が見出されるからであろう。
37 わが契約――テクストでは「わたしからの契約」で、「わたし」が強調されているように見える。
38 [ヘ]⇩「わが言葉」。
39 ヘブライ語テクストでは、この後に「おまえの子孫の子孫の口からも」が続く。

第60章
1 [ヘ]⇩「起きるのだ、照らすのだ」。
2 [ヘ]⇩「闇が地を、暗黒が異民族の者たちの上を覆っている」。
3 輝き――あるいは「現れ」。
4 [ヘ]⇩「異民族の者たちはおまえの光で歩き、王たちはおまえの煌々たる明るさのもとに（歩く）」。

これら（駱駝の隊列）はどれもシバ[14]からやって来るもので、[15]
黄金を運び、乳香[16]を携えている。[17]
彼らは主の救いのよき知らせをもたらす。[18]

5 [ヘ]⇩「彼らはみな集められて、おまえのもとへやって来る」。
6 すべての――ヘブライ語テクストでは欠落。
7 [ヘ]⇩「脇にかかえられて」。
8 やって来る――テクストでは「運ばれて来る」。
9 [ヘ]⇩「そのときおまえは（それを）見て紅潮する。おまえの胸は鼓動し、どきどきとする」。
10 [ヘ]⇩「海の豊かな幸がおまえのもとにもたらされ、異民族の者たちの富がおまえのもとへ来るからである」。
11 ミディアン――ギリシア語表記はマディアム。
12 エファ――ギリシア語表記はガイファル。
13 [ヘ]⇩「駱駝の群れがおまえを覆い隠すかのようだ、ミディアンとエファの若い駱駝が」。
14 シバ（シェバ）――ギリシア語表記はサバ。この場所の同定を巡っては諸説ある。
15 列王記上一〇・一―、歴代誌下九・一―参照。
16 香料――ギリシア語はリバノス。これはヘブライ語レボナーの借用語。

7 ケダル[19]の羊はみなおまえのもとへ集められ、
ネバヨト[20]の雄羊も**おまえのもとにやって来る**。[21]
(主に)受け入れられる(デクタ)献げ物がわが祭壇に捧げ
られる。
わが**祈りの家**[22]は栄光に包まれる。

神はシオンに憐れみを示された

8 雲のようにして飛び、
ひな鳥と一緒の[23]鳩のようにして飛んで来る
この者たちは誰なのだ?
9 島々はわたしを待ち望み、
タルシシュ[24]の船は真っ先に
おまえの子らを遠隔の地から、
今一度銀と金を彼らとともに運んで来る。
主の聖なるみ名のために、
今一度イスラエルの聖なる方が
栄光の中におられるために。[25]

10 異邦の者たち(アルロゲネイス)が
おまえの城壁を再建し、[26]
彼らの王たちがおまえに仕える。[27]
わたしは、わが怒りのゆえに、おまえを打ったが、
憐れみのゆえに、おまえを愛した。[28]
11 おまえの城門はつねに開かれ、
昼も夜も閉ざされることがない。
異民族の者たちの富をおまえのもとに運び込み、
彼らの王を引いて来るために。
12 異民族の者たちや、
おまえに仕えぬ王たちは滅ぼされ、
異民族は荒れ野のようにされる。
13 レバノン[29]の栄光[30]が、
糸杉や、**松**[31]、**杉**[32]と一緒に
おまえのもとにやって来る。
わが聖なる場所を栄光で包むために。[33]
14 **(おまえを)恐れさせた者たちや、**

おまえを貶め、おまえを怒らせた者たちの子らが、
おまえのもとにやって来る。[33]
そしておまえは《主の都》、
《イスラエルの聖なる方のシオン》

17 駱駝……黄金……乳香――マタイ二・一一参照。
18 [ヘ]⇩「主への讃美を宣べ伝える」。
19 ケダル――ギリシア語表記はケーダル。前出二一・一六参照。
20 ネバヨト――ギリシア語表記はナバイオート。
21 [ヘ]⇩「おまえに仕え」。
22 [ヘ]⇩「栄光ある家（神殿）」。
23 [ヘ]⇩「巣に向かう」。
24 タルシシュ――ギリシア語表記はタルシス。
25 [ヘ]⇩「おまえの神、主の名のために。イスラエルの聖なる方――その方はおまえに栄誉を与えられた――のために」。
26 関根訳の註は、ここでの「城壁」がエルサレムの町の城壁であれば、この記述は前四四五年以前となり、神殿の城壁（一三節参照）であれば、前五一五年以前になると指摘する。
27 おまえに仕える――あるいは「おまえの傍らに立つ」。
28 [ヘ]⇩「わたしは好意からおまえを憐れんだ」。

と、呼ばれる。
15 おまえは見捨てられ、忌み嫌われたので、[35]
（おまえを）助ける者[36]はいなかった。
しかし、わたしはおまえを悠久の歓び（アガルリアマ）、[37]

29 レバノン――ギリシア語表記はリバノス。
30 レバノンの栄光――前出三五・二参照。
31 [ヘ]⇩「鈴かけ」。
32 [ヘ]⇩「から松」。
33 ヘブライ語のテクストでは、この後に「わたしはわが足台を栄えあるものとする」が続く。
34 [ヘ]⇩「おまえを苦しめた者たちの子らが、身をかがめながら、おまえのところにやって来る。おまえを侮辱したすべての者がおまえの足下にひれ伏す」。
35 おまえは見捨てられ、忌み嫌われたので――テクストでは「おまえが見捨てられ、憎まれるという事態が起こったがゆえに」。
36 [ヘ]⇩「通り過ぎる者」。ギリシア語訳の訳者は、ヘブライ語テクストに見られるオヴェルを「助ける者」を意味する他のヘブライ語と取り違えている。
37 [ヘ]⇩「誇り」。
38 [ヘ]⇩「胸を吸う」。
39 [ヘ]⇩「わたし主がおまえの救い主であり、わたしヤコブ

世代から世代への歓喜（エウフロスネー）とする。
16 おまえは異民族の者たちの乳を飲み、
王たちの**富を食べる**。[38]
そしておまえはわたしが主、
おまえを救い、おまえを贖う、
イスラエルの神である[39]ことを知る。

平和と正義の支配

17 わたしはおまえのもとに、
青銅の代わりに金をもたらす。
鉄の代わりに銀をもたらす、
木の代わりに青銅をもたらす。
石の代わりに鉄を（もたらす）。
わたしはおまえを支配する者たち（アルコンテス）を平和裏に与え、
おまえを監督する者たち（エピスコポイ）を正義の中で（与える）[40]。
18 おまえの地で
正義に反するもの[41]が聞かれることは二度となく、
おまえの領土で
破滅や悲惨[42]が聞かれることも（二度とない）。
おまえの城壁は[43]《ソーテーリオン》[44]と呼ばれ、
おまえの城門は[45]**《グリュンマ》**[46]と（呼ばれる）。

19 太陽は、おまえにとって、
もはや昼間の光とはなりえず、
月が昇っても、
それは夜間[47]おまえを照らさず[48]、
主がおまえの悠久（アイオーニオン）の光となり、
神がおまえの栄光（となる）。
20 **太陽はおまえのために**[49]没することはなく、
月はおまえのために[50]欠けることがない。
主はおまえのために悠久の光となり、
おまえの悲しみの日々は満ち
終わるからである。
21 おまえの民はみな義しい者となり、
地を未来永劫に相続し、

植えたものを世話し、
その手の業を栄光に包まれたものにする。
22 （取るに足らぬ）僅かの数が千となり、
もっとも小さな者が大きな民族となる。
わたし主が、とき至れば、**彼らを集める。**[51]

第61章

預言者の召命[1]

1 **主の霊**[2]がわたしの上に（ある）。
主がわたしに油を注がれたからである。
主はわたしをお遣わしになった。

の力強き者がおまえの贖い主である」。

40 [ヘ]⇩「わたしは平和をおまえの管理者に、正義をおまえの監督官に立てる」。「平和……正義」は、イザヤ書に通底するテーマである。

41 [ヘ]⇩「暴力」。

42 [ヘ]⇩「荒廃や破壊」。

43 城壁――テクストでは複数形。

44 ソーテーリオン――このギリシア語は「救い」を意味するが、固有名詞として言及されているので、そのまま音記する。

45 城門――テクストでは複数形。

46 グリュンマ――ここでのギリシア語は「彫られたもの」「彫り仕事」、すなわち「偶像」を意味するが、ギリシア語訳の訳者はその意味でこのギリシア語を用いているのではなく、固有名詞として用いている。へ⇩「テヒラー（讃美）」。

47 夜間――ヘブライ語テクストでは欠落。

48 ヨハネの黙示録二一・二三、二二・五参照。

49 [ヘ]⇩「おまえの太陽は」。

50 [ヘ]⇩「おまえの月は」。

51 [ヘ]⇩「すみやかにそれをする」。

第61章

1 関根訳の註によれば、以下一－三節は、第三イザヤにより、前五一五年直後に書かれたものである。

2 [ヘ]⇩「主なる神の」。

3 [ヘ]⇩「縛られた者たち」。

4 [ヘ]⇩「主の恵みの年」。

貧しい者たちによき知らせをもたらし、
傷心の者たちを癒し、
囚われの者たちに解放を、
盲いの者たち[3]に開眼を告げ、
2 主が受け入れられた年[4]を報復（アンタポドシス）の時[5]と宣告[6]する
ために、（また）
嘆き悲しむ者たちすべてを慰めるために。[7]
3 シオンで嘆き悲しむ者たちには
灰の代わりに栄光[8]が、
嘆き悲しみの代わりに歓喜の油が、
無関心の霊の代わりに栄光の覆い[9]が、
授けられる。
そして彼らは《正義の世代（ゲネアイ）[10]》、
《栄光のための主の植樹（フテウマ）》
と、呼ばれる。

イスラエル、報われる

4 彼らは長らく（アイオーニアス）見捨てられていた廃墟を再建し、
それ以前の荒れ果てた所を新たに興す。
彼らは幾世代にもわたって荒れ果てていた
廃墟の町々を新たなものにする。
5 異邦の者たち（アルロゲネイス）がやって来て、
おまえの羊の群れの世話をし、
見知らぬ者たち（アルロフロイ）が
（おまえの）耕作人、葡萄作りとなる。
6 しかし、おまえたちは
《主の祭司たち》、
《神へ奉仕する者たち（レイトゥールゴイ）》
と、呼ばれる。
おまえたちは異民族の者たちの国力[11]を食い尽くし、
彼らの富みに驚く。[12]
7 彼らは今一度地を受け継ぎ、
悠久（アイオーニオス）の歓喜が彼らの頭上に（置かれる）。[13]
8 わたしは正義を愛し、
不正な強奪を憎む主である。

わたしは**彼らに労働の果実を正しく与え**[14]、
彼らと未来永劫にわたる契約を結ぶ。
9 彼らの子孫たちとその末裔たちは
異民族の者たちの間で知られる。
彼らを見る者はみな、彼らを認めるであろう。
彼らこそ神によって祝福された子孫だからである。

エルサレムの歓びの歌

10 **彼らは**[15]主にあって大いに歓喜し、
わが魂を**主**[16]にあって喜ばす。
主はわたしに救いの衣と**歓喜**[17]の外衣（キトーン）をまとわせ、
花婿の頭飾り（ミトラ）をわたしにかぶらせ、
花嫁の飾り物でわたしを飾って下さったからである。
11 その花を咲かす大地のように、
その種子を（芽生えさせる大地）のように、
主[18]はすべての民族の者たちの前で、
正義と**歓喜**[19]を芽生えさせる。

---

5 〔へ〕⇩「われらの神の報復の時」。
6 主の霊が……主が受け入れられた年を……宣告するために――この一文はルカ四・一八―一二で引用されている。
7 マタイ五・四参照。
8 〔へ〕⇩「頭飾り」。
9 〔へ〕⇩「悲哀の霊の代わりに讃美の外衣」。
10 〔へ〕⇩「大樹」。
11 〔へ〕⇩「富」。
12 〔へ〕⇩「彼らの栄えを享受する」。
13 〔へ〕⇩「二倍のものであったおまえたちの恥にたいし、その分彼らは歓喜した。混乱が彼らの分け前。それゆえ、彼らは、彼らの地で、二倍のものを所有し、悠久の歓びが彼らのものとなる」。
14 〔へ〕⇩「彼らの報酬をまことをもって与え」。
15 〔へ〕⇩「わたしは」。
16 〔へ〕⇩「わが神」。
17 〔へ〕⇩「正義」。
18 〔へ〕⇩「主なる神」。

第62章

シオンのための弁明[1]

1 シオンのために、
わたしは[2]沈黙しない。
エルサレムのために、
わたしは声を上げ（続け）る。
わが正義[3]が光のように輝き出て、
わが救い[4]が松明（たいまつ）のように燃え上がるまでは。
2（そのとき）異民族の者たちはおまえの正義を
目にし、
王たち[5]はおまえの栄光を（見る）。
彼[6]はおまえを、
主がおまえに授ける新[7]しい呼び名で呼ぶ。
3 おまえは主の手の中にある美貌の冠（ステファノス）となり、
おまえの神の手の中にある王の冠（ディアデーマ）（となる）。
4 おまえは二度と呼ばれることはない、
《捨てられた（女）（カタレレインメネー）[8]》と。
おまえの地が（二度と）呼ばれることはない、
《荒れ果てた（土地）（エレーモス）》と。
なぜなら、おまえは《**わが意志**（セレーマ・エモン）[9]》と呼ばれ、
おまえの地は《**人の住む世界**（オイクーメネー）[10]》と（呼ばれる）か
らである。[11]
5 若い男が処女（パルテノス）の娘と一緒に暮らすように、
おまえの子らはおまえと一緒に住むことになる。
花婿が花嫁に歓喜するように、
まさにそれと同じように、
主[12]はおまえに歓喜する。
6 エルサレムよ、
わたしはおまえの城壁の上に
一日中、そして一晩中、
見張りの者たちを置いた[13]。
彼らは主に思いを馳せて
一時（いっとき）も沈黙することがない。[14]
7 **（主）がエルサレムを回復され**、[15]

（そこを）地の誇るべきものとされるとき、
おまえたちのような（幸せな）者はいない。[16]
8 主はその右手とその力ある腕によって誓われた。
「わたしが**おまえの穀物とおまえの食べ物を**[17]
おまえの敵どもに与えることは二度とない。
見知らぬ者たち（アロフロイ）の子らが
おまえが労してつくった葡萄酒を飲むことは二度
とない。
9 刈り集めた者たちが
それを食べて、主を讃美する。
そして刈り集めた者たちが、
わが**聖なる館**で、[18] それを飲む」と。

19 [ヘ]⇩「讃美（テヒラー）」。

第62章

1 関根訳の註によれば、ヘブライ語テクストの第六二章は、第三イザヤが前五一〇年ころ書いたものであるらしい。

2 わたし――ここでの「わたし」は神自身を指すのか、それとも「預言者」を指すのか明瞭ではない。これに続く「わが正義」と「わが救い」からして、ギリシア語訳の訳者が「わたし」を「神」と理解しているように見えるが、さらにそれに続く「人は主がおまえに授ける」の「主」がわれわれを混乱させる。

3 [ヘ]⇩「彼女（＝エルサレム）の正義」。

4 [ヘ]⇩「彼女（＝エルサレム）の救い」。

5 [ヘ]⇩「すべての王」。

6 彼――ここでの「彼」は誰を指すのか？

7 [ヘ]⇩「主の口がつける」。

8 エルサレムは女性形なので、「女」を補うことができる。

9 [ヘ]⇩「《わが喜びは彼女（＝エルサレム）に》」。

10 [ヘ]⇩「《夫ある（地）》」。

11 ヘブライ語テクストでは、この後に、「まことに主はおまえに喜び、おまえの地は夫を得るからである」が続く。

12 [ヘ]⇩「おまえの神」。

13 見張りの者たち――この者たちは、多分、預言者たちを指すであろう。

14 [ヘ]⇩「主に想起させる者たちよ、おまえたちに沈黙があってはならない」。

15 回復し――あるいは「真っすぐにし」。

16 [ヘ]⇩「その方が揺るぎないものとして立ち、この地でエルサレムを誉れとするまでは、その方に一息つくときを与えてはならない」。

公道がエルサレムから伸びる
10 **おまえたちは**[19]**わが城門**[20]**から出て行き、**[21]
わが民のために公道をつくるのだ。[22]
行く手の[23]石を取り除くのだ。
異民族の者たちに合図の印（スセーモン）（＝旗）を上げるのだ。
11 見よ、主は地の果てまで聞かせた。
「シオンの娘に告げるのだ。
『見よ、救い主（ソーテール）がおまえのもとにやって来る。[24]
手にご自身の褒賞をもち、
ご自身の前には仕事をもって』[25]と。
12 **彼は彼を**[26]《主に贖われた聖なる民》
と、呼ぶ。
そしておまえは
《探し求められた都》、
《見捨てられることのなかった（都）》
と、呼ばれる」。

第63章

血の復讐

1 「エドム[1]からやって来るこの者は何者だ？
ボツラ[2]の赤く染めた服を着て
かくも美しく装い、**力を帯びて猛々しいのは**（何
者だ）[3]？」
「**わたしです。わたしは正義を論じ、
救いをもたらす裁きについて語ります**」[4]。
2 「**どうしておまえの服やおまえの装いは、
酒ぶねからかのように赤い**[5]**のだ？**」[6]
3 「わたしは踏みつぶされたもの（カタペパテーメネース）（葡萄酒の献げ
物？）にうんざりしているではありませんか。
異民族の者たちですが、
わたしと一緒になる者は、彼らの中におりません。
わたしは憤怒から彼らを踏みつぶしました（カテパテーサ）。

わたしは彼らを地（の塵）のように粉砕し、
彼らの血を地に流させました。[7]
4 報復（アンタポドシス）の時[8]が彼らの上に臨んだからです。[9]
贖い（リュトローシス）の年がすぐそこに迫っているのです。
5 わたしは見回したのですが、
助けに来るような者はおりません。
わたしは観察しましたが、
誰も支えてはおりません。

17 ヘ⇩「おまえの穀物を食べ物として」。
18 ヘ⇩「聖所の前庭で」。
19 おまえたち――関根訳の註によれば、ここでの二人称・複数形は「神に仕える天的存在者」への言及だそうであるが、ギリシア語訳の訳者が同じ理解に立っている保証はどこにもない。
20 城門――テクストでは複数形。
21 ヘ⇩「通って行くのだ、通って行くのだ、城門（複数形）を」。
22 ヘ⇩「この民の道を整えるのだ。拓け、拓け、大路を」。
23 行く手の――テクストでは「道から」。
24 シオンの娘……やって来る――マタイ二一・五参照。
25 ヘ⇩「その方の報酬はその方の前に」。
26 彼は彼を――ここでの二人の「彼」は誰を指すのか不明。ヘ⇩「彼らは彼らを」。ヘブライ語テクストでは、最初の「彼ら」は異民族の者たち、次の「彼ら」はエルサレムに住む者たちを指すであろう。

第63章

1 エドム――ギリシア語読みはエドーム。エドムは死海の南方からアカバ湾に至る地域。
2 ボツラ――ギリシア語読みはボソル。ボツラはエドムの主要都市のひとつ。
3 ヘ⇩「大いなる力を帯びて堂々としている」。ギリシア語訳の訳者は、ヘブライ語テクストに見られる「偉大さにおいて（おおいなる）」を意味するベロヴを「力によって」を意味する他のヘブライ語と取り違えている。
4 ヘ⇩「正義をもって語り、救うのに力あるのはわたしだ」。ギリシア語訳の訳者は、ヘブライ語テクストに見られる「力ある」「大きな」を意味するラヴを「裁き」を意味する他のヘブライ語と取り違えている。
5 ヨハネの黙示録一九・一五参照。
6 ヘ⇩「どうしておまえの装いは赤く、おまえの服は葡萄の酒ぶねを踏む者（が着ている服）に似ているのか？」。
7 ヘ⇩「そこで彼らの血潮がわが服に飛び散り、わたしはわが装いをすっかり汚してしまった」。

そこでわたしの腕が彼らを贖ったのです、
わたしの怒りが突然おもてに出たのです。[10]
6 わたしは怒りのあまり
彼らを踏み[11]つけ、
彼らの血を地に流させました」[12]。

隠れた神への祈り

7 わたしは主の憐れみや、
主がわたしどもために報復されるすべてに（見ら
れる）、
主のよき業（アレタイ）を思い起こしました。[13]
主はイスラエルの家のよき裁き司（です）。
主は、その憐れみにしたがい、
またその溢れ出る正義にしたがって、
わたしどもを裁かれます。[14]
8 （主）は、
「彼らはわが民ではないのか？
（わが）子らが背くことなど決してない」
と、言われました。
こうして（主）は、彼らの救い（ソーテリア）となられたのです、
9 あらゆる苦難からの。
彼らを救ったのは
使節でもみ使いでもなく、
主ご自身でした。[15]
主が彼らを愛し、
彼らを赦されたからです。
主ご自身が彼らを贖い、
彼らを取り上げ、
はるか昔からつねに、[16]
彼らを高くされてこられたのです。[17]
10 しかし、彼らは背き、
その方の聖なる霊[18]を怒らせてしまいました。
そのため（主）は一転して彼らに敵対し、
ご自身で彼らに戦いを挑まれたのです。

11 はるか昔に、
地から羊の群れを導き上らせた
牧者のことが思い起こされます。[19]
彼らの中に聖なる霊を置かれた方は
どこにおられるのでしょうか？
12 右手でモーセ[20]を導いた方は
（どこにおられるのでしょうか）？
その方の栄光の右腕は
（どこにあるのでしょうか）？[21]
（その右腕は）その方を未来永劫（オノマ・アイオーニオン）に続く名とする
ために、
水[22]を二つに分けられたのです。
13 （主）は、荒れ野の中を行く馬のように、[23]

8 審判の時――あるいは「復讐の時」。前出六一・二参照。
9 [ヘ]⇩「わが心のうちにあり」。
10 [ヘ]⇩「わが腕がわたしに救いをもたらし、わが憤怒、それがわたしを支えた」。
11 [ヘ]⇩「諸国民」。
12 [ヘ]⇩「彼らにわが憤怒を飲ませ、彼らの血潮を地に流させた」。
13 [ヘ]⇩「主の憐れみと主の讃美を口にする」。
14 [ヘ]⇩「主がわれわれの上に授けられたすべてのものにしたがって、またその憐れみと豊かな慈しみにしたがって授けられた、イスラエルの家にたいするよき善にしたがって」。
15 [ヘ]⇩「彼らがどんな苦難にあっても、その方も苦しまれた。そしてその方の使いが彼らを救った」。
16 はるか昔からつねに――テクストでは「悠久のすべての日々」。
17 [ヘ]⇩「その方は、その愛とその憐れみによって彼らを贖われた。そしてその方は、はるか昔からいつも、彼らを担い、彼らを運ばれて来られたのである」。
18 聖なる霊――この単語は、ここでは「聖なる方」の意味で使用されているとの指摘がある。
19 [ヘ]⇩「そこでその方の民は、昔の時代、モーセの時代を思い起こした。『彼らを羊の群れの牧者たちと一緒に海から上がらせた方はどこにいるのか？』」。
20 モーセ――ギリシア語読みではモーウセース。
21 [ヘ]⇩「モーセの右に、その栄誉ある腕を進ませ、」。
22 テクストでは「彼（右腕）の前で」が先行する。「彼の前で」とすれば、主と誤解されるし、「右腕の前で」とす彼らを海の深み（アビュソス）の中を導かれたのです。
彼らが倦み疲れることはなかったのです、[24]
14 **平原を行く家畜のように。**[25]
主の霊が降りて来て、彼らを導いたのです。[26]
こうして、あなたさまはあなたさまの民を導かれ
ました。
ご自身に栄光に包まれたみ名をお与えになるため
に。
15 （目を）天から**転じ**、[27]
あなたさまの聖なる、栄光に包まれた**神殿**（オイコス）[28]からご
覧下さい。
あなたさまの熱愛（ゼーロス）とあなたさまの力は
一体、どこにあるのでしょうか？
あなたさまの溢れんばかりの**憐れみ**[29]と
あなたさまの溢れんばかりの憐憫の情は
一体、どこにあるのでしょうか？
あなたさまはわたしどもに

出し惜しみをされておられるのでしょうか？
16 まことに、あなたさまは
わたしどもの父[30]でございます。
アブラハムがわたしどもを知らなくても、
イスラエルがわたしどもを認めなくても
主よ、あなたさまがわたしどもの父なのです。
わたしどもを贖なって下さい。
あなたさまのみ名は、最初（アパルケース）から、
わたしどもの上にあったからです。[31]
17 主よ、なぜあなたさまはわたしどもを
あなたさまの道から迷い出させたのでしょうか？
あなたさまを恐れないようにするために、
わたしどもを頑迷にされたのでしょうか？
あなたさまの僕たち（ドゥーロイ）のために、
あなたさまの相続の諸部族（フライ）のためにも、
どうか戻って来て下さい。
18 **それはわたしどもが、**
あなたさまの聖なる山[32]**のわずかな部分を**

相続するためです。[33]
わたしどもに敵対する者たちは、
あなたさまの聖なるもの（ト・ハギアスマ）を踏みにじったのです。
19 わたしどもは、
あなたさまがわたしどもをまだ支配せず、
あなたさまの名前がわたしどもの上に呼ばれていなかった
始原の状態（ト・アパルケース）にいるかのようです。

第64章

（隠れた神への祈り……続き）

1 ＝ヘ六三・一九の後半
もしあなたさまが天をお開きになるならば、
あなたさまが起こされる地響き（トロモス）が山々を捉え、
それらは溶けるでしょう。[1]

れば、訳文の文意が鮮明でなくなる。ヘ⇩「彼らの前で」。

23 ヘブライ語テクストでは、この後に、「躓くことなく」が続く。

24 彼らが倦み疲れることはなかったのです――ヘブライ語テクストでは欠落。

25 ヘ⇩「谷を下る家畜のように」。

26 ヘ⇩「主の霊が彼らを憩わせた」。ギリシア語訳の訳者は、ヘブライ語テクストに見られる「彼らを憩わせた／彼らに憩いを与えた」を意味するテニへーヌを「彼らを導いた」を意味する他のヘブライ語と取り違えている。なお、ここに見られる紅海徒渉の奇跡は、出エジプト記一四・一以下を参照。

27 ヘ⇩「見下ろし」。

28 ヘ⇩「住まい」。

29 ヘ⇩「思い」。

30 神を「天の父」と見なすことについては、マタイ六・九、ルカ一一・二、マルコ一四・三六参照。

31 ヘ⇩「《悠久の昔からわれらの贖い主》があなたさまのお名前です」。

32 聖なる山――前出二・三参照。

33 ヘ⇩「あなたさまの聖なる民がこの地を所有して間もなくすると」。

2 ＝〔ヘ〕六四・一

蝋(ろう)が火の前で溶けるようにして。
火は敵対する者たちを焼き尽くし、[2]
主のみ名が敵対する者たちの[3]間で
知られるようになります。[4]

3 ＝〔ヘ〕六四・二

あなたさまが栄え(タ・エンドクサ)あることをなさるとき、
あなたさまが起こされる地響きが
山々を揺るがします。[5]

4 ＝〔ヘ〕六四・三

わたしどもはあなたさま以外の神を
これまで聞いたことがなく、[6]
わたしどもの目が見たこともありません。
あなたさまが憐れみを[7]待ち望む者たちのためにな
さる
あなたさまの働きも（見たことがありません）。

5 ＝〔ヘ〕六四・四

（主）は義しいことをする者に会い、
彼らはあなたさまの道を思い起こします。[8]
ご覧のように、あなたさまは怒られました。
わたしどもは罪を犯し、
このため、迷い出たからです。[9]

6 ＝〔ヘ〕六四・五

わたしどもはみな穢れた者となりました。
わたしどもの正義はどれもこれも
月経中の女[10]の当て布のようになりました。
わたしどもはわたしどもの不義・不正(アノミアイ)のために、
木の葉のように散りました。
そのため、風がわたしどもを運んで行くのです。

7 ＝〔ヘ〕六四・六

あなたさまの名を呼ぶ者はおらず、
あなたさまにすがろうと
（あなたさまを）思い起こす者もおりません。
あなたさまがあなたさまの顔をわたしどもから背(そむ)
け、
わたしどもの罪ゆえに、

わたしどもを（裁きに？）引き渡されたからです。

8 ＝[へ]六四・七

しかし今、主よ、あなたさまはわたしどもの父です。

わたしどもは粘土です。[11]

わたしどもはみなあなたさまの作品です。

9 ＝[へ]六四・八

わたしどもに激しい怒りをぶつけたりしないで下さい。[12]

わたしどもの罪[13]をいつまでも心に留めおいたりしないで下さい。

しかし今、目は留めて下さい。[14]

第64章

1 [へ]⇩「もしあなたさまが天を引き裂いて降りて来られるならば、山々はあなたさまの前に揺れ動くでしょう」。ギリシア語訳の訳者は、ヘブライ語テクストに見られる「あなたさまは降りて来る」を意味するヤラドゥタを「戦きが捉える」を意味する他のヘブライ語と取り違えている。

2 [へ]⇩「火が小枝に燃えつき、その火が水を沸き立たせるように」。

3 [へ]⇩「あなたさまのみ名はあなたさまに敵対する者たち」。

4 ヘブライ語テクストでは、この後に「もろもろの国々はあなたさまの前で震える」が続く。

5 山々を揺るがします――テクストでは「山々を捉えます」。[へ]⇩「あなたさまが、わたしどもが望みもしなかった恐ろしいことをなさり、しかも（天から）降りて来られるならば、山々はあなたさまの前で揺れ動きます」。

6 [へ]⇩「昔から人びとは聞いたことも耳にしたこともなく」。

7 [へ]⇩「あなたさま」。

8 [へ]⇩「あなたさまは喜んで義を行う者や、あなたさまの道を歩み、あなたさまを思い起こす者に会って下さいます」。

9 [へ]⇩「わたしどもは昔からその（罪の）中におります。それでもまだ救われるかと思って」。

10 月経中の女――テクストでは「座る所を別にされた（女）」「席を離された（女）」。月経中の女性を不浄と見なすことが徹底されている。動詞アポカセーマイは、三〇・二二でも使用されていた。

11 ヘブライ語テクストでは、この後に「あなたさまはわたしどもの陶工です」が続く。

わたしどもはみなあなたさまの民だからです。

10 ＝[15]〔ヘ〕六四・九
あなたさまの**聖なる都**[16]は、
荒れ野となったのです。
シオンは荒れ野のように（なったのです）。
エルサレムは**呪い**（カタラ）[17]に（変わったのです）。

11 ＝〔ヘ〕六四・一〇
宮（＝神殿）や、わたしどもの聖なるもの、
それに、わたしどもの父祖たちが祝福した栄光は、[18]
火で焼き払われるものとなってしまいました。
栄光（タ・エンドクサ）に包まれていたものは
どれもこれも倒れたのです。[19]

12 ＝〔ヘ〕六四・一一
主よ、あなたさまは
これらすべてにもかかわらず、
行動を控え、沈黙し、
そしてわたしどもを非常に惨めにされたのです。

第65章

主は応えられる

1 わたしは、わたし[1]を探し求めない者たちに明らかなる存在となった。
わたしは、わたしを尋ね求めない者たちに見出された。
わたしは、わが名を呼び求めなかった民族の者に、
「見よ、わたしは存在する（エイミ）／わたしはここだ」[2]
と、言った。

2 わたしは一日中、
（わたしに）背き、楯突いた民
——彼らは真実の道を行くのではなくて、
自分たちの罪にしたがった——
に向かって、[3]
わが手を差し伸べた。

3 わたしの前でいつもわたしを怒らせていたこの
民、この者たちは
園（ケーポイ）[4]の中で犠牲の献げ物を捧げ、
魔神（ダイモニア）たち——こんなものは存在すらしない——
のために[5]
日干し煉瓦の上で香を焚いている。
4 彼らは夢を見ようとして[6]
墓や洞穴[7]の中で寝泊まりしている。
彼らは豚の肉を[8]食べ、
犠牲の献げ物の煮汁を（口に運んでいる）。
彼らの食器はどれもこれも穢れている。[9]
5 この者たちは、
「おれさまから離れていろ。
おれさまに近づくのではない。

12 [ヘ]⇩「主よ、どうかひどくお怒りにならないで下さい」。
13 わたしどもの——ヘブライ語テクストでは欠落。
14 [ヘ]⇩「ご覧下さい、さあ目を留めて下さい」。
15 一〇節は第二神殿の再建が前提とされていないので、その著作年代は、関根訳の註が示唆するように、「前五三八年の解放から五一五年の神殿再建に至るまでの時代」とされよう。
16 [ヘ]⇩「あなたさまの聖なる町々」。
17 [ヘ]⇩「廃れた場所」。
18 [ヘ]⇩「わたしどもの聖なる、わたしどもの栄誉ある宮は」。わたしどもの父祖たちがあなたさまを讃美した、
19 [ヘ]⇩「わたしどものいとおしんだものすべてが荒廃に帰したのです」。

第65章
1 わたし——「主」を指す。
2 [ヘ]⇩「わたしはここだ、わたしはここだ」。
3 [ヘ]⇩「自分たち自身の思いにしたがって、正しくない道を歩む者たちに向かって」。
4 園——テクストでは複数形。
5 魔神たち……のために——ヘブライ語テクストでは欠落。
6 夢を見ようとして——ヘブライ語テクストでは欠落。
7 [ヘ]⇩「墓と墓の間に座り、（葡萄園などの）見張り小屋」。
8 豚の肉——イスラエルの民は豚肉を口にすることを許されない。申命記一四・八参照。
9 [ヘ]⇩「忌むべきものの煮汁が彼らの食器の中にある」。
10 [ヘ]⇩「おまえよりも清いからだ」。
11 [ヘ]⇩「これらはわが鼻の中の煙」。「鼻」の表象について

おれさまは**清いからだ**」[10]
と、ほざいている。
「**これはわが憤怒の煙**[11]、
火が毎日その中で[12]燃えている。
6 見よ、（このことは）わが面前に書き記されて
いる。[13]
わたしは、彼らの懐（ふところ）に報復するまでは黙さない。[14]
7 **彼らの**[15]罪にたいして、
そして**彼らの**[16]父祖たちの（罪）にたいして」
――と、主は言われる。
「彼らは山々の上で香を焚き、
丘陵の上でわたしを嘲笑した。
わたしは彼らのなしたことにたいして
彼らの懐に報復する」。

神は裁かれる

8 主はこう言われる。
「房の中に葡萄の実があれば、
人は、『傷つけてはいけない。
祝福がその中にあるのだから』
と、言う。
わたしは**わたしに仕える者**[17]のために
これと同じことをする。
わたしは、この者のために、[18]
すべてを破壊したりはしない。
9 わたしは、
ヤコブから子孫を、
またユダから（も子孫[19]）を
引き出す。
彼らはわが聖なる山[20]を相続する。
わが選びし者たちと
わが僕たちが（そこを）**相続し、**
そこに住む。[21]
10 **森の中には**
（家畜の）**群れの住む場所があり**、[22]

アコル[23]の谷は
牛たちの群れの憩う場所となる。
わたしを尋ね求めたわが民のために。

11 しかしおまえたちは、
わたしを捨て、わが聖なる山[24]を忘れ、
魔神（ダイモーン）[25]のために食卓を用意し、
運命の女神（テュケー）[26]のために
混ぜ合わせた酒を盛る者たちである。
12 わたしはおまえたちを剣（つるぎ）に引き渡し、
（おまえたちは）みな屠られるときには倒れる。
わたしはおまえたちを呼んだのに、
おまえたちは耳を貸さなかったからだ。
わたしが語りかけたのに、
上の空だった。
おまえたちはわたしの前で悪しきことを行い、
わたしの望まないことを選んだ」と。
は、関根訳の註参照。
12 その中で――前註からすれば、「鼻の中で」の意。
13 関根訳の註によれば、これは「公正な審判のため」に神の「記録の書」に書き記されている、の意。
14 ヘ⇩「わたしは黙さない、報復するまでは。わたしは報復する、彼らの懐に」。
15 ヘ⇩「おまえたちの」。
16 ヘ⇩「おまえたちの」。
17 ヘ⇩「わが僕たち」。
18 この者のために――ヘブライ語テクストでは欠落。
19 ヘ⇩「わが山々を相続する者」。
20 聖なる山――前出二・三参照。
21 ヘ⇩「わが選びし者たちが相続し、わが僕たちがそこに住む」。
22 ヘ⇩「シャロンは家畜の群れの住む所」。シャロンはカルメル山の南に広がる肥沃な平原。
23 アコル――ギリシア語表記はアコール。
24 聖なる山――前出二・三参照。
25 ヘ⇩「ガド」。関根訳の註によれば、ガドは「元来シリアの神で、フェニキアその他の碑文に出て来る」そうである。
26 ヘ⇩「メニ」。メニは人間の運命を司る神。

13 それゆえ、**主**[27]はこう言われる。
「見よ、わたしに仕える者たちは食べる。
しかし、おまえたちは飢える。
見よ、わたしに仕える者たちは飲む。
しかし、おまえたちは渇く。
見よ、わたしに仕える者たちは歓喜する。
しかし、おまえたちは恥じ入る。
14 見よ、わたしに仕える者たちは、
歓喜の中で小躍りする。[28]
しかし、おまえたちは
おまえたちの心労のため大声を上げ、
魂が粉々にされたため[29]泣き喚く。
15 おまえたちは、わが選びし者たちに、
おまえたちの名を**過剰なほどに**[30]残す。
しかし、主はおまえたちを滅ぼされる。
その方に仕える者たちは新しい名前で呼ばれ、
16 **（その名は）地の上で祝福される。**
彼らは真実（アレースィノス）の神を言祝（ことほ）ぎ[31]、
地の上で誓う者たちは真実の神にかけて誓う。
彼らはそれまでの苦しみを忘れる。
それが彼らの心に上ることはない。[32]

新しい天と新しい地の創造

17 **新しい天と新しい地が生まれる。**[33]
人びとはそれまでのことを決して思い起こさず、
それらのことが彼らの話題になることすらない。
18 **人びとは彼女（＝新しい創造）の中に**
歓喜と小躍りの喜びを見出す。[34]
見よ、わたしはエルサレムを《小躍り》とし、
わが民を《歓喜》とする。
19 わたしはエルサレムのことで小躍りし、
わが民のことで歓喜する。
そこではもはや泣き声も叫び声も聞こえない。
20 そこにはもはや
早すぎる死を迎える者[35]や、

天寿を全うしない年老いた者はいない。
若者とは百歳のことであり、
百歳で死ぬ者は罪人で呪われている者である。
21 彼らは（そこに）家を建て、
彼ら自身が（そこに）住む。
彼らは葡萄の木を植え、
彼ら自身がその実を食べる。
22 彼らは（他の者のために）
家を建てるのではない。
他の者たちが（そこに）住むのではない。
彼らは（他の者のために）植えたりはしない。
他の者たちが食べるのではない。
わが民の（生きる）日数（ひかず）は木の寿命に等しく、
彼らは自分たちの労働の果実をいつまでも享受する。
23 **わが選びし者たち**[36]は
空しいことに労しはせず、

27 [へ]⇩「主なる神」。
28 [へ]⇩「心が幸せなため、喜び歌う」。
29 魂が粉々にされたため――あるいは「魂の苦しみのため」。
30 [へ]⇩「呪いのために／呪いとして」。ギリシア語訳の訳者は、ヘブライ語テクストに見られる「呪いのために／呪いとして」を意味するリシュヴアーを「過剰なほどに」を意味する他のヘブライ語と取り違えている。
31 [へ]⇩「この地で自らを祝福されるようにする者は真実の神によって祝福され」。
32 [へ]⇩「それまでの苦しみは忘れられるから、それらはわが目から隠されるから」。
33 生まれる――テクストでは「存在するようになる」。[へ]⇩「なぜならば、見よ、わたしが新しい天（複数形）と新しい地を創造するからである」。なお、新しい天と新しい地は、ヨハネの黙示録二一・一参照。
34 [へ]⇩「おまえたちはいつまでも喜び、歓喜するのだ、わたしが創造するものに」。
35 [へ]⇩「数日の（命の）乳飲み子」。
36 [へ]⇩「彼ら」。
37 [へ]⇩「恐怖のために」。
38 [へ]⇩「子孫で、彼らの末裔たちは彼らとともにいるから

呪いのために[37]子を儲けたりはしない。
彼らは神によって祝福された**子孫だからである。**[38]
24 彼らが叫ぶ前に、
わたしは彼らの言うことを聞き、
彼らがまだ語っているうちに、
わたしは『何ですか?』と尋ねる。
25 **狼たちと子羊たち**[39]が一緒に草を食み、[40]
獅子が牛のように藁(わら)を食べ、
蛇が地の塵をパンのようにして[41](食べる)。
彼らはわが聖なる山[42]の**上で**[43]
危害を加えることも、傷つけることもない」
と、主は言われる。

第66章

神殿の祭儀よりも……

1 主はこう言われる。
「**天はわたしにとって**[1]玉座、[2]
地はわが両足の足台。
いったいどんな神殿(オイコス)を
おまえたちはわたしのために再建しようとしてい
るのか?
いったいどんな場所がわが憩い(の場所となるの
か)?[3]
2 わが手はこれらすべてをつくり、
これらすべてはわたしのものである」[4]
——と、主は言われる。
「わたしは、へりくだり、わめき散らしたりはせ
ず、[5]
わが言葉に戦(おのの)く者以外の誰に目を留めようか?
3 **律法を足蹴にし、わたしに牛を屠る者は、**[6]
犬を殺す者に似ている。[7]
上質の小麦粉を携えて来る者は、
豚の血(を捧げる者)に似ている。

追悼のために香を焚く者は、
瀆神の者に似ている。[8]
この者たちはおのが道と、
おのが魂の喜ぶ忌むべき物を選んだ。
4 **そこでわたしも彼らを嘲笑する物（エンパイグマタ）を選び、**
その罪にたいし彼らに報復する。[9]
わたしは彼らを呼んだが、[10]
彼らは耳を傾けなかった。
わたしは語りかけたが、
彼らは聞こうとしなかった。
彼らはわたしの前で邪悪な物（ト・ポネーロン）をつくり、
わたしの欲しないものを選び取った」と。
5 主の言葉に戦（おのの）く者たちよ、
その方の言葉を聞くのだ。
わたしどもの兄弟たちよ、

である」。
39 ［ヘ］⇩「狼と子羊」。
40 前出一一・六－七参照。
41 パンのようにして――ヘブライ語テクストでは欠落。
42 聖なる山――前出二・三、六五－九、六五－一一参照。
43 ［ヘ］⇩「どこにおいても」。

第66章
1 ［ヘ］⇩「天（複数形）はわたしの」。
2 ［ヘ］⇩「いったいどこに」。
3 ここでの思想と対照的なのは、神は神殿の再建を望んでいるとするハガイ（一・五－一一）やゼカリヤ（四・八－九）の思想である。なお、列王記上八・二七および使徒言行録七・四九－五〇をも参照。
4 ［ヘ］⇩「そこでこれらすべてが存在するようになった」。
5 わめき散らしたりせず――テクストでは「静かで」。［ヘ］⇩「心砕かれた」。
6 ［ヘ］⇩「牛を屠る者は、人を打ち殺す者と似ている」。
7 ［ヘ］⇩「羊を生け贄の犠牲にする者は、犬をくびり殺す者に似ている」。
8 ［ヘ］⇩「追悼の献げ物で香を焚く者は、偶像を祝福する者に似ている」。
9 ［ヘ］⇩「わたしも彼らを嘲笑することを選び、彼らの恐れる物を彼らの上にもたらす」。

おまえたちは、わたしどもを憎み呪う者たちに言うのだ。
主のみ名が栄光に包まれ、彼らの歓喜のうちに現れるために。[11]
しかし、彼らは恥じ入ることになる。
6 都からの騒々しい声、
聖所[12]からの声、
敵対する者たちに報復されている主の声。

シオンは産みの苦しみなくして

7 彼女は、産みの苦しみ、
陣痛の苦しみが襲う前に産み、
(その苦しみから)逃れ[13]、男子を出産した。
8 誰がこのようなことを聞いたことがあろうか?
誰がこうしたことを見たことがあろうか?
地の産みの苦しみは一日だけだったのか?
民族は一瞬で産まれたのか?
シオンは産みの苦しみをして、
その子らを産んだ。
9 **「おまえにこの期待を与えたのはわたしであるが、**
おまえはわたしを覚えてはいない」[14]
——と、主は言われた。
「見よ、子を産める女と不妊の女をつくったのはわたしではなかったか?」[15]
——と、**神**[16]は言われた。
10 **エルサレムよ、歓喜するのだ。**[17]
彼女(=エルサレム)を愛するおまえたちすべての者よ、**祝うのだ。**[18]
彼女のことで嘆きの声を上げたおまえたちすべての者よ、
(大いなる)**喜びをもって喜ぶのだ。**[19]
11 おまえたちが彼女の慰めの乳房を吸って満ち足りるために。

おまえたちが彼女の乳房を吸って、
彼女の栄光の入り口（エイスホドス）を[20]（喜びで）満たすために。
12 まことに主はこう言われる。
「見よ、わたしは異民族の者たちの栄光を、
平安の流れのように、
また溢れ流れる涸れ川（ケイマルルース）のように、
彼らの方に向ける。
彼らの乳離れしていない子らは肩車されて運ばれ、[21]
膝の上であやされる。
13 母が他（の子）を愛（いつく）しむように、
わたしもまた、同じようにして、おまえたちを愛しむ。
おまえたちはエルサレムにおいて慰められる。
14 おまえたちはまた見、おまえたちの心は喜ぶ。
おまえたちの骨は牧草のように芽生える。[22]
主の手は**その方を敬う者たちには**[23]知られ、

10 彼らを――ヘブライ語テクストでは欠落。
11 [ヘ]⇩「主が栄光に包まれ、われわれがおまえたちの喜ぶ姿を見ることができるように、と」。
12 [ヘ]⇩「神殿」。
13 逃れ――ヘブライ語テクストでは欠落。
14 [ヘ]⇩「わたしは出産させようとしており（陣痛を起こさせようとしているのであり）、産ませないのではない」。ギリシア語訳の訳者は、ヘブライ語テクストに見られる「陣痛を起こさせる」を意味するアシュビールを「期待」を意味する他のヘブライ語と取り違えている。
15 [ヘ]⇩「わたしは産ませる者なのに、胎を閉じただろうか？」。
16 [ヘ]⇩「おまえの神」。
17 [ヘ]⇩「おまえたちはエルサレムと一緒に喜ぶのだ」。
18 祝うのだ――あるいは「祝祭を執り行うのだ」。[ヘ]⇩「喜ぶのだ」。
19 喜びをもって喜ぶのだ――あるいは「喜びのために喜ぶのだ」。[ヘ]⇩「彼女と一緒に喜ぶのだ」。
20 ……の入り口――ヘブライ語テクストでは欠落。
21 [ヘ]⇩「おまえたちは乳を吸い、脇に抱かれ」。ギリシア語訳の訳者は、ヘブライ語テクストに見られる「おまえたちは乳を吸い」を意味するヴィナクテムを「彼らの乳離れしていない子ら」を意味する他のヘブライ語と取り違えている。

背く者たちを威嚇する」[24]と。
15 見よ、主は**火（の玉）のようになって**[25]やって来
る。
その方の戦車は疾風のようにして（やって来る）。
憤怒をもって報復をはたし、
火の炎をもって叱責するために。
16 全地は主の火で裁かれ、
すべての肉なる者はその方の剣（つるぎ）で（裁かれる）。
多くの者が主によって成敗される。

悪しき慣習に従う者たちは滅ぼされる

17「園に入るためには自らの身を聖別し、
自らの身を清めるが、
戸口の所で[26]豚の肉や、
忌むべき物、そして鼠を食らう者たちは
一網打尽に滅ぼされる」

――と、主は言われた。

すべての者は歓迎される

18「そしてわたしは彼らのなすこと（タ・エルガ）と彼らの思い（ロギスモス）
を知っている。[27] わたしはすべての異民族の者たち
と（彼らの）言葉を集めにやって来る。[28] そして彼
らもやって来てわが栄光を目の当りにする。
19 わたしは彼らの上に印（セーメイア）を残し、彼らの中の**救**
われた者たち[29]を異民族の者たちのもとへ、タルシ
シュ[30]とプル[31]とルド[32]とメシェク[33][34]とトバル[35]へ、そして
ギリシア[36]へ、そして遠い島々[37]へ遣わす。これら
（の土地）の者たちはわが名を聞いたことがなく、
またわが栄光を見たこともなかったが、彼らはわ
が栄光を異民族の者たちの間で伝える。
20 彼らはおまえたちの兄弟（＝同胞）たち[38]をすべ
ての民族のもとから、主への贈り物として、**馬や**
荷車[39]**で**、**騾馬（らば）に引かせた幌つきの荷車で**、[40]聖なる

都[41]エルサレムに連れて来る」と、主は言われた。
「（それは）イスラエルの子らがわたしのために彼らの犠牲の献げ物を、**讃美の歌をうたいながら、**[42]主の宮（オイコス）へ携えるのと似ている。

21 そしてわたしは彼らの中から一部の者を取って、わたしのために、祭司たちやレビ人たちとする」
――と、主は言われた。

---

22 この一文を具体的にイメージすることは難しい。
23 [ヘ]⇩「その僕たちには」。
24 [ヘ]⇩「その方はその方の敵対者たちには憤るであろう」。
25 [ヘ]⇩「火の中に（入って）」。
26 戸口の所で――ヘブライ語テクストでは欠落。
27 知っている――ヘブライ語テクストでは動詞が欠落し、そのためギリシア語訳からこの「知っている」が補われる。関根訳の註参照。なお、そこでの「知っている」は「七十人訳の或る写本による補足」と述べる説明は、「或る写本」に言及しないだけに不十分なものである。ゲッチンゲン版の異読欄のエピスタマイを参照。
28 来る（エルコマイ）――このギリシア語はわたしたちの理解に入って来るものではない。ここでのヘブライ語テクストが「わたしがすべての民族と（彼らの）言語を集める（そういうときが）来る」を意味するのであれば、話は別である。
29 [ヘ]⇩「逃れた者たち」。
30 タルシシュ――ギリシア語表記はタルシス。
31 プル――ギリシア語表記はフード。
32 ルド――ギリシア語表記はルード。
33 メシェク――ギリシア語表記はモソク。なおここでのヘブライ語テクストの本文上の問題は、関根訳の註参照。
34 ヘブライ語テクストではこの箇所に、本文上問題のある言葉が来るが、関根訳は、そのことを指摘した上で、「七十人訳の或る写本による読み替え」としてロシュを補う。しかし、ゲッチンゲン版の異読欄にはこのロシュは挙げられていない。
35 トバル――ギリシア語表記はソベル。
36 ギリシア――ギリシア語表記ではヘ（ル）ラス。ヘブライ語表記ではヤワン。
37 具体的にどの島々を指すのかは不明。
38 ヘブライ語テクストでは、ここに「すべて」が入る。
39 荷車――あるいは「戦車」。
40 [ヘ]⇩「馬に乗せて、荷車で、輦台（れんだい）で、騾馬に乗せて、そして駱駝に乗せて」。
41 [ヘ]⇩「わが聖なる山」。

イスラエルと諸民族は一緒に神を拝する

22 「わたしがつくる新しい天や新しい地が
わたしの前に（未来永劫に）留まるのと同じように」
——と、主は言われる。
「おまえたちの子孫とおまえたちの名も（未来永劫に）立つ。
23 どの月も、どの安息日にも、
肉なる者すべてがわたしの前に来て
エルサレムで[43]拝するようになる」
——と、主は言われる。
24 「彼らは出て行き、
わたしに背いて罪を犯した[44]者たちの屍を見る。
彼らの蛆虫は死なず、
彼らの業火は消えない。
そして彼らはすべての肉なる者に
見せしめ[45]となる」。

42 [ヘ]⇩「清い器に入れて」。
43 エルサレムで——ヘブライ語テクストでは欠落。
44 罪を犯した——ヘブライ語テクストでは欠落。
45 [ヘ]⇩「忌み嫌われるもの」。ギリシア語訳の訳者は、ヘブライ語テクストに見られる「忌み嫌われるもの」を意味するデラオンを「見せしめ」を意味する他のヘブライ語と取り違えている。

解説　ギリシア語イザヤ書について

1

ヘブライ語イザヤ書（およびギリシア語イザヤ書）の冒頭には編纂者が書き添えた「前置き」がある。それによると、イザヤ書は、アモツの子イザヤがユダ王国の王であったウジヤ王（前七八一－七四〇）と、ヨタム王（前七四〇－七三六）、アハズ王（前七三六－七一六）、それにヒゼキヤ王（前七一六－六八七）の時代に、ユダ王国とエルサレムについて見た幻や、幻覚の中で聞いた「主の言葉」を書き記したものとされる。

われわれは、ここに挙げた諸王の在位年からして、イザヤが間違いなく前八世紀の人物であったことを知る。われわれはさらに、イザヤの召命をウジヤ王の亡くなった前七四〇年とするイザヤ書六・一の記事から、彼の誕生年を前七七〇年ころと絞り込んだりする。この絞り込みから、三〇歳ころに預言者としての活動をしていたのだろう、宮廷にもちょくちょく出入りしていたのだろうと推測する。さらに先に進んでの八・三の記事には、イザヤが女預言者である妻のもとに「入って」、つまり、「まぐわい」をして息子を儲けたともある。これらからすると、彼の公私にわたる活動の最盛期を三〇代とするのが適当かもしれないが、なーに、四〇代でも、五〇代でも構わない。四〇代で頑張る人もいれば、五〇代で最後のひと踏ん張りを見せる人もいるからである。そして、預言者イザヤの活動時期がユダ王国の四人の王の統治時代にまたがるとすれば、それは最長で五三年（七四〇―六八七＝五三）、最短で二四年（七四〇―七一六＝二四）となる。

2

われわれが問題にしたいのは、イザヤの誕生年や活動期間についての推量ではない。われわれにとって問題になるのは、われわれが読むイザヤ書に「イザヤ」の名が冠せられているだけに、われわれが第一章から最終の第六六章までをイザヤが書いた、あるいは彼が関わった著作物だと錯覚してしまうことである。しかし、一、二の信頼できる註解書を頼りに読み進めて行くと、われわれは、イザヤの活動時期には入らない様々な出来事への言及や暗示などに遭遇する。たとえば、前六世紀の出来事であるバビロン捕囚（第一回は前五九七年、第二回は前五八六年）や捕囚からの帰還（第一回は前五三八年）の話などである。われわれは、そのたびごとに、目を白黒させねばならない。

具体的な例をひとつ、ふたつ。

ギリシア語イザヤ書三九・五―八に次のような記述がある。

イザヤは彼（＝ヒゼキヤ王）に言った。

「万軍の主の言葉をお聞き下さい。

『見よ、その日がやって来る
――と主は言われます――、
おまえの宮殿にあるすべてのものや、
おまえの先祖たちが今日まで集めたすべてのものが
バビロンへ運び去られる。
彼らは何ひとつ残しなどしない』と。
神は言われました。
『彼らは、おまえが儲けたおまえ自身の子らを連れ去り、
バビロンの王の宮殿で宦官にする』と」。
ヒゼキヤはイザヤに向かって言った。
「主が語られた言葉は結構なものだ。
予の（残りの）生涯、平和と正義があるように」と。

ここでイザヤの口に託されている主の託宣は、バビロン捕囚についてである。それはイザヤ没後の、はるか後の前六世紀後半の出来事なのである
ここでの預言（託宣）は「事後預言」と分類されるものである。「事後預言」とは、ある大きな出来事が起こった後、その出来事をあらかじめ預言したかのように、ある者の口に入れられる預言のことで、そうすることで、その者を預言者に仕立て上げることができる。た

とえば、後七〇年秋の、エルサレムの神殿崩壊を預言したイエスの預言（マタイ二四・一－二、マルコ一三・一－二、ルカ二一・五－六）は典型的な「事後預言」である。イエスが十字架上に変死する前に四〇年後に起こったエルサレムでの神殿崩壊の出来事（七〇年秋）を預言などできるはずがない。事後預言のほとんどすべては、編纂者（編集者）の手になるつくり話にすぎない。もちろん、イザヤ書の研究者は、イザヤ書の編纂者がなぜこのような一文を創作したのかをそれなりの合理的な仕方で説明してくれるだろうが。

3

われわれが目を白黒させるもうひとつの事例。イザヤ書にはまた、ミカ書や列王記下に見られる記事とほとんど同一の、現代のはやりの用語を用いれば、「コピペ」したとしか言いようのない文章が入り込んでいることである（ヘブライ語イザヤ書二・二－四はミカ書四・一－三と平行し、またイザヤ書三六章から三九章までは、二八・九－二二に挿入されているヒゼキヤの祈りを除けば、列王記下一八・一三－二〇・一九と平行する）。ヘブライ語イザヤ書は、列王記下に親しんだ注意深い読者には、一見「編集の拙さ」としか言いようのないものが露呈される書物なのである。しかしわれわれはここで、「コピペ」は何も「都の西北」あたりからはじまった現代の事象に限定されるものではないことを承知しておきたい。それはヘレニズム・ローマ時代のオイクーメネー（人の住む世界）の西半分のギリシア・ローマ世界ではごく普通の文学的営為であった。数十巻の歴史書を著したとか、百巻の書物を著したと豪語する著作家の仕事の大半部分は、大抵コピー・アンド・ペイストなのである。

4

イザヤ書は読んでいてウンザリさせられる長さである。いい加減にしてくれよ、と叫びたくなる長さである。

イザヤ書が「イザヤ作」とされる第一章から第三九章までを独立したひとつの著作物として扱い、第四〇章から最終の第六六章まで、すなわち研究者が本来のイザヤ（第一イザヤ）とは区別して「第二イザヤ」「第三イザヤ」と呼ぶ者が書いたとする部分は、付加されなければよかったのにと思う読者も少なくないであろう。実際、旧約聖書の外典文書の『マカベア第一書』や、『マカベア第二書』、偽典文書の『マカベア第三書』や『マカベア第四書』などの呼称に倣って、『イザヤ第一書』とか、『イザヤ第二書』、『イザヤ第三書』と区分けし、思い切って『イザヤ第一書』は『イザヤ第一書』だけでコンパクトに纏め直して独立させてみるのも読者のために必要な工夫かもしれない。われわれはいつか、『ケンブリッジ聖書註解書シリーズ』のイザヤ書のように、イザヤ書を最初から三分割し、それぞれを独立させてみたいと願っている。

5

ギリシア語イザヤ書の訳者は、多分、アレクサンドリア出身のユダヤ人であったであろう。彼はアレクサンドリアのユダヤ人地区のシナゴーグからヘブライ語イザヤ書の巻物を借り出して、それを手元に置いて仕事をしたであろう。もっともその者が後一世紀前半のアレクサンドリアのユダヤ人著作家フィロンのような資産家であったならば、話は別である。

それはともかく、ギリシア語イザヤ書の訳者は、ヘブライ語イザヤ書に見られるその複雑な文章構成の背景や、その一部が「コピペの世界の産物」であることなどには気づいていなかったように思われる。いずれにしても、その者は、ヘブライ語イザヤ書の第一章から最終の第六六章までをひとりの人間の著作として読んでいたように思われる。

6

ヘブライ語イザヤ書は、編集の拙さも手伝ってか、理解するのに非常に難しい書物である。

たとえば、現在われわれが読むヘブライ語テクストがギリシア語イザヤ書の訳者が卓上に置いたヘブライ語テクストとほぼ同一のものだったと仮定できるならば——この仮定は非常に困難なものであるが——、二・、六、五・一七、八・二〇、二三・一〇、二三・一三、二六・一六、三三・二一、三五・八、三八・一三、四〇・二〇、四一・二七、四四・七、六三・一八などの箇所に見られるヘブライ語の一文は、高度なヘブライ語の文法や知識を備えたヘブライストも認めるように、右から左へと翻訳できる代物ではなく、それゆえに、ギリシア語イザヤ書の訳者も面食らったと想像される。

7

われわれの『ギリシア語イザヤ書』について若干立ち入った説明をしておく。

われわれの翻訳は、先行したモーセ五書の翻訳（河出書房新社刊）の組み形式を踏襲し、ヘブライ語テクストと異なる読みをしているギリシア語テクストの箇所はすべて明朝文字のゴシック活字を使用し、そうすることで視覚的にその箇所がヘブライ語テクストと異なることが分かるように工夫し、その脚註で、ヘブライ語テクストの読みを示した。モーセ五書の場合、それがすでにヘレニズム時代までに「正典の地位」のようなものを獲得していたためであろう、ヘブライ語テクストの読みと異なるギリシア語テクストの箇所はそれほど多くはなかった。

しかし、モーセ五書以外の他の書の翻訳となるとどうか。

確かに、「ギリシア語訳」の名を冠することが可能なものも多いが、しかしまた、そのような形容語句を付すことが憚られるものも少なくない。

その代表格が本書であり、それにつづくのが雅歌である。

本書においては、ゴシック活字を使用した箇所が、モーセ五書の場合と比較すると、圧倒的に多い。その結果はどうかというと、視覚的には紙面が随分と「黒っぽく」なり、読者に不快感を与えるものとなる。

この不快感は説明されねばならない。

誰でもが最初に思い付く説明は、ギリシア語イザヤ書の訳者がヘブライ語テクストを満足に読めなかったために、「こうした結果に立ち至った」というものである。われわれはすでに、ヘブライ語テクストには了解不能な箇所があまりにも多く、ギリシア語イザヤ書の訳者もそれには悩まされたはずだと述べたが、そのことはまた、本書の訳註の中で指摘したように、ギリシア語イザヤ書の訳者とされる人物がヘブライ語テクストの意味を非常にしばしば取り違えていることからも分かる。

確かに、こうした事例は、ギリシア語イザヤ書の訳者の、翻訳者としての資質を疑わせるものになるが、これだけをもってしては、日本語への翻訳の紙面を視覚的に黒っぽくしてしまうもうひとつの要素、すなわち、ギリシア語テクストに認められる「恣意的」としか形容できない読みが最初の第一章から最後の第六六章に至るまでのあらゆる箇所に見られる事象を説明できなくなる。

したがって、次にはその「恣意的な読み方」ないしは「恣意的な訳文づくり」と思われるものが説明されねばならなくなる。

8

結論から先に言えばこうである。

ギリシア語イザヤ書の訳者は、実は、「訳者」ではなくて、「著者」なのである。こう考えれば、すべてが解決される。

ギリシア語イザヤ書の著者は、非常にしばしば、ヘブライ語イザヤ書を横目で見ながら、自分自身が創案したストーリーの展開を彼なりの仕方で追っている。したがって、もし彼がストーリーの「創作者」、ストーリーの「創作的提示者」であったとすれば、たとえ彼自身がヘブライ語テクストの達者な読み手であったとしても、ヘブライ語テクストの「ちらちら読み」からは様々な読み間違いを犯かすのは当然のこととなる。しかし、彼にとっては、そんなことは「気にしない、気にしない」事柄であり、その不正確な読みの事例をわれわれが一々指摘して見せるのは「小さな親切・大きなお世話」となる。

ヘレニズム・ローマ時代に生み出されたユダヤ側文書や、ギリシア人やローマ人の物書きたちによって書かれた著作に取り組んでいる研究者は、その時代のユダヤ人たちの多くが、ギリシア人やローマ人の著作家以上に、いかに「自由奔放に」夢想し、いかに「自由闊達に」ストーリーを創出し、いかに「自由自在に」既存のストーリーを書き改めたかを承知しているはずである。

9

たとえば、ヘレニズム・ローマ時代のユダヤ人の物書きたちにとっては、「終末の到来」などをはなから信じてなくとも、預言者の口にそれを入れて「審判の時が迫っている」と言わせて、読者に脅しをかけることは可能であったばかりか、それを楽しんだふしがある（その影響をもろに受けたのがヨハネの黙示録である）。肉体の復活などをはなから信じていなくとも、迫害される者が周囲にいれば、「肉体を毀損されて迫害されるおまえ（たち）は復活する」とばかりに自分の書く物語の中に、迫害する者と迫害される者を登場させ、迫害する者は悲惨な最期を迎えるが、迫害される者は神に嘉せられて復活すると囁き、読者を喜ばせることはいとも簡単なことであった（マカベア第二書、マカベア第四書参照）。ユダヤ民族が「絶滅の危機」などに瀕してなくとも、あたかもその事態がディアスポラの地で起こっているかのような物語を創作しては、オイクーメネー（人の住む世界）に散らばる同胞民族の危機意識を煽り立てて楽しむことは可能であった（エステル記参照）。

こうした説明は、ヘレニズム・ローマ時代に生まれたユダヤ教文学や、新約聖書を構成する諸文書、最初の数世紀のキリスト教文学、とくに「外典文書」とか「偽典文書」と分類されるキリスト教文書の誕生や、そこに見られる文学類型の説明に適用可能なものと思われる。ちなみに、後二世紀のキリスト教側の偽典文書のひとつとされる『イザヤの殉教と昇天』の創作話によれば、預言者イザヤの最期は大鋸による身体切断で壮絶であるが、昇天後の天界では結構楽しそうに日常生活を送っているのである。

10

ギリシア語イザヤ書はいつ頃著作されたのか？

その内容からして、ギリシア語イザヤ書がイザヤ死後の文書やその断片群を含むものであり、その最終の編纂の段階——われわれは何度編纂が行われたのかを知らないのであるから、この「最終の編纂」という表現は適切なものでないかもしれない——では、すでに見たバビロン捕囚からの帰還をイザヤの口に託した「事後預言」が見られることからして、その著作時期は、早ければ、バビロンからのエルサレムへの帰還後のこととなるが、それ以上の特定は困難であるように見える。しかし、その困難に立ち向かうのがイザヤ書の研究者の高貴な使命であるらしく、その編纂時期や公刊時期は、前四世紀だ、いや前三世紀だと申し立てられたりする。いやいや前二世紀だとされることもある。

ギリシア語イザヤ書の著作時期についての議論は容易なものではないが、ひとつ百パーセント確かなことがある。それは、ギリシア語イザヤ書は、ヘブライ語テクストの公刊が終わってから著作されたことである。

われわれが想定するギリシア語イザヤ書の著作時期は、ヘレニズム時代のはじまりであるアレクサンドロス大王が亡くなった前三二三年以降となるが、そう申し立てる根拠は、本書において、

（1）南王国ユダは通常ユーダと表記されるが（七・一七、九・二一、一一・一二、一三、二二・八、二一、二六・一、四〇・九、四八・一、六五・九）、それがヘレニズム時代中期以降の土地（領地）理解であるユーダイア（＝ユダヤ）で表記されている（一・一、二・一、三・一、八、七・六、八・八、九・一、三六・一、三七・一〇、三一、三八・九、四四・二六）。

（2）南王国ユダの住民である「ユダびと」に言及するのに、ヘレニズム時代の表記法である「ユダヤ人」が使用されている（一九・一六）。

（3）エドムを表現するのにヘレニズム時代の用語であるイドゥマイアが四度ばかりエドム（ギリシア語表記はエドーム）と併用されている（一一・一四、二一・一一、三四・五－六）。

（4）ヘレニズム時代にエジプトのアレクサンドリアでユダヤ人シナゴーグを指して用いられた「祈

りの家」（オイコス・プロセウケース）という表現が二度ばかりであるが使用されている（五六・七、六〇・七）。

（5）ヘレニズム時代に顕在化したユダヤ人のサマリア人嫌いが明らかに読み込める一文がある（二八・一－四）、そして、

（6）ヘレニズム時代の文学作品にしばしば登場する擬人化された神である「ダイモン」（魔神）や「テュケー」（幸運の女神）が使用されている（三四・一四、六五・三、六五・一一）

からである。これらの事例からして、ギリシア語イザヤ書の著作時期はヘレニズム時代であると確信をもって申し立てることができる。

11

われわれはまた、著作年代の下限を決定する「いつ以前」も指摘できると考える。それというのも、ギリシア語イザヤ書一九・一八－一九に、イザヤの預言の言葉として、

「その日、エジプトに、カナンの言葉を話し、主の名で誓う五つの町が興る。そのひとつは《ポリス・アセデク》と呼ばれる。その日、エジプト人たちの土地に主に（捧げる）祭壇が、またその国境近くに主に（捧げる）石柱が（立てられる）。……」

とあるからである。

ここでの《ポリス・アセデク》はギリシア語のポリスとヘブライ語のアセデク――気息符号の向きが反対であれば、その読みはハセデクとなる――が連結した表現であるが、ヘブライ語のアセデクは「正義」を意味するハツェデクを音記したものであるから、全体としては「正義の町」を意味することになる。

12

問題はここから先である。

何とこの「正義の町」がヘブライ語テクストでは「破滅の町」を意味するイル・ハヘレスなのである。KJV（欽定訳＝King James Version, 1611）やブレントン訳（Lancelot C.L. Brenton, 1851）はこれに「破滅の町」の訳語を与えるが、NRSV（新改訂標準訳＝New Revised Standard Version, 1989）やNIV（新国際版＝New International Version, 1978）は「太陽の町」の訳語を与える。ちなみに新共同訳聖書は「太陽の町」の訳語を与えるが、関根清三訳は、本文中で「イル・ハヘレス」と音記しておいて、その註で、イル・ハヘレスは「直訳すれば『破滅の町』で」、それはエジプトの「太陽の町オン」をもじった架空の町と説明する。

われわれはギリシア語イザヤ書の著者が、いかなる理由で、言葉遊びが認められる「破滅の町」を「正義の町」に変更したのかを知らないが、ギリシア語イザヤ書の「正義の町」に飛びついたのは、エルサレムでの大祭司争いに敗れてエルサレムを追放されたオニアス四世であると考える（拙著『マカベア戦記』上［京都大学学術出版会］一五二頁以上参照）。

ヨセフスの『古代誌』一三・六五－六八によれば、オニアス四世は亡命先のエジプトのプトレマイオス六世王とクレオパトラに嘆願して、ナイルのデルタ地帯にあるブーバスティス・アグリアの土地を下賜してもらい、そこに「エルサレムの神殿を模した神殿」を建てることになるが、それは前一五〇年ころのことなのである（秦剛平＋守屋彰夫共編『古代世界におけるモーセ五書の伝承』［京都大学学術出版会］所収の拙稿参照）。

それゆえわれわれは、オニアス四世がギリシア語イザヤ書に見られるイザヤの預言にしたがって、エジプトの地にエルサレムの神殿を模した神殿を前一五〇年ころに建造した事実から、ギリシア語イザヤ書はそれ以前に著作され、多分、アレクサンドリアを中心にして広く読まれていたと想像するが、これは間違いないであろう。そしてまたわれわれは、アレクサンドリアではギリシア語イザヤ書の写しが結構な数つくられ、その一部はエルサレムや離散のユダヤ人たちの住む他のギリシア都市などに持ち込まれ、そこでも転写が繰り返されることになるが、この転写の過程では、さまざまな転写間違いも起こり（「はじめに」の文章を参照）、その結果、さまざまなヴァージョンが生まれたと想像されるが、これまた間違いではなかろう。

以上からして、われわれは、ギリシア語イザヤ書は、ヘレニズム時代中期、前一五〇年以前に著作され公刊されていたと申し立て、また、当然のことながら、ヘブライ語イザヤ書の公刊時期はギリシア語イザヤ書の公刊以前であったとする。

13

では次に『ユダヤ古代誌』の著者であるヨセフスに登場願おう。

一世紀のユダヤ人著作家ヨセフスにとって、ある人物をユダヤ民族の偉大な預言者とする「クライテリア」（判断基準、判断根拠）は、その者の預言が後の時代の歴史の中で実際に起こったかどうかにある。預言どおりのことが起こったと思われれば、ヨセフスはその預言を口にした人物を「偉大な預言者」として持ち上げ称揚する。預言者の思想や生き様などはどうでもいいらしい。これは奇妙なクライテリアであると批判せざるを得ないが、これはもちろん彼がガリラヤのヨタパタでローマ軍に捕まり、敵将ウェスパシアヌスの前に引き出されたときに、彼に向かって「閣下は将来ローマ帝国の皇帝になられます」と預言して一命を取り留め、実際ウェスパシアヌスが皇帝になったときに足枷を外された自身の体験と結びつくものである（『戦記』三・三九九－四〇八参照）。しかしそれはまた、彼自身の強烈な預言者理解や預言者意識とも結びつくものである。それゆえに彼は、前二世紀後半に書かれたダニエル書の著者ダニエルを、対ローマのユダヤ戦争（六六－七〇年）でのエルサレムの崩壊を預言し、その預言どおりのことが起こったと見なすことで、彼を大預言者とするが、ヨセフスが使用したギリシア語イザヤ書には、たとえ事後預言であったとしても、バビロン捕囚や捕囚からの帰還を預言したようにみえる言説がちりばめられているのであるから、それらの預言を口にするイザヤをイスラエルの民族が生み出した偉大な預言者のひとり、バビロン捕囚や、捕囚からの帰還をも預言した預言者と見なして、ダニエル並みの扱いをしてもよさそうに思われるが、そうはしていないのである。「イザヤなんてナニさ」なのである。

ヨセフスは、宮廷に出入りしては歴代の王に奉仕したイザヤと同じく、ローマのフラウィウス家の居候となり、ローマのフラウィウス一族の邸宅に居候しながらウェスパシアヌス（在位、六九－七九）や、ティトス（在位、七九－八一）、それにドミティアヌス（在位、八一－九六）の三帝に仕えるが、そのキャリアは、四代の王に仕えたイザヤのそれと遜色ないものである。それだけに、ヨセフスは自分のキャリアや預言をイザヤのそれに比してもよかったのではないかと思われるが、それをしないのである。彼が自分と比すのは預言者エレミヤであってイザヤではない。

ヨセフスがギリシア語イザヤ書で興味を示すのは、先にも触れたブーバスティス・アグリアの土地にイザヤの預言にしたがってエルサレムの神殿を模したものがつくられたからである。彼の『自伝』一三以下によると、ヨセフスは後六四年ころに、ローマ送りされた同僚祭司の釈放を願ってローマに行くが、彼はその帰途エルサレムに直ちに戻るのではなく、アレクサンドリアにかなりの期間滞在する。そのとき彼はアレクサンドリアの郊外のニコポリスにあるローマ軍団の野営地を視察したばかりか、ブーバスティス・アグリアの神殿とそこにつくられたユダヤ人共同体を訪ねたと想像される。彼は『戦記』や『古代誌』の中でたびたびその地の神殿へ言及するが（前掲拙著『マカベア戦記』上巻一五二頁以下参照）、その関心は異常だと言っていいものである。それはギリシア語イザヤ書に見られる「イザヤの預言」に、預言の成就を見たからであろうが、繰り返すが、これ以外で彼がイザヤやイザヤ書に関心を示すことはない。

では、ヨセフスの同時代人である福音書記者ルカはどうか。

ルカ四・一七によると、イエスはガリラヤで伝道を開始したある日、故郷のナザレで安息日を迎え、シナゴーグで聖書を朗読しようとすると、「預言者イザヤの巻物」が与えられたそうである。そしてそのとき開いた巻物には、イザヤ書六一・一－二に見られる次の文言が書かれていたそうである。

「主の霊がわたしの上におられる。
貧しい人に福音を告げ知らせるために、
主がわたしに油注がれたからである。
主がわたしを遣わされたのは、
捕われている人に解放を、
目の見えない人に視力の回復を告げ、
圧迫されている人を自由にし、
主の恵みの年を告げるためである。」（訳文は新共同訳聖書から）

そのとき開いたイザヤ書はギリシア語イザヤ書であったと思われるが、興味深いのは、ルカが、イエスが会衆を前に、朗々とイザヤ書を朗読してみせたとは書いておらず、「イエスは巻物を巻き、係の者に返して席に座った」としていることである。どうもイエスにとって、ギリシア語は苦手の外国語であったらしく、開いて見せたギリシア語イザヤ書をすらすらとは読めなかったらしいが、それはそれで、「神の子」ではなくて「人間イエス」の側面を語る結構なエピソードではある。

16

ルカを含めて福音書に見られるイザヤ書の引用であるが、新共同訳聖書の巻末に付された「新約聖書における旧約聖書からの引用箇所一覧表」によれば、マタイにおけるギリシア語イザヤ書からの引用回数は六回（ヘブライ語からは五回）、マルコにおけるそれは三回（ヘブライ語からは二回）、ルカにおけるそれは三回（ヘブライ語からは二回）、ヨハネにおけるそれは三回（ヘブライ語からは一回）である。ちなみにパウロのローマの信徒への手紙の中でのギリシア語イザヤ書の引用回数は一六回におよぶ。彼はギリシア語イザヤ書からの引用で思想的な武装をしていたようであるが、このようなギリシア語聖書の引用を背景にしていろいろ思いをめぐらすと、イエスがナザレでギリシア語聖書の巻物を開いたとする記事はできすぎた話であり、それゆえ、眉に唾をつけて読むべき箇所のひとつとなる。

それはともかくとして、新約聖書の中でギリシア語イザヤ書を引用した福音書などの著者の活動場所からすると、ギリシア語イザヤ書の写本は、一世紀にもなると、パレスチナの土地やその他の地でも結構出回るようになっていたと想像される。出回っていたということは、それが頻繁に転写され、売買の対象にされていたことを示すが、それがどこまで正確な転写の産物であったかは不明である。転写が商取引と関わるものであれば、そこで要求されるのはスピードであるから、その転写には最初から「正確さ」などは期待されていなかったと想像される。

17

ギリシア語イザヤ書七・一三―一四に次の言葉がある。

「そのとき、彼（＝イザヤ）は言った。『さあ、ダビデの家よ、聞くがよい。おまえたちにとって人間たちと争うことさえ大きなことではないか？　ならば、どうして主と争うことができるのだ？　それゆえ、主ご自身がおまえたちに徴を与えられる。見よ、処女（パルテノス）（の娘）が身ごもり、息子を産む。おまえは彼の名を《エンマヌーエール》と呼ぶ』と」。

右の引用は、ヘブライ語テクストに見られる「既婚の女性」を意味するアルマーを、ギリシア語イザヤ書の著者が「処女」「おとめ」を意味するギリシア語パルテノスに置き換えたことで知られる問題箇所であるが、マタイ一・二二―二五は、右に見るギリシア語イザヤ書からの一文を引いて次のように言う。

「……このすべてのことが起こったのは、主が預言者を通して言われていたことが実現するためであった。

『見よ、おとめが身ごもって男の子を産む。

その名はインマヌエルと呼ばれる。』

この名は、『神は我々と共におられる』という意味である。ヨセフは眠りから覚めると、主の天使が命じたとおり、妻を迎え入れ、男の子が生まれるまでマリアと関係することはなかった。そして、その子をイエスと名付けた」。（訳文は新共同訳聖書から）

福音書記者マタイは、イエスの誕生をイザヤの預言（託宣）の成就と見なしている。すなわち彼は、イエスが処女（おとめ）マリアから生まれ、インマヌエルと呼ばれるとする。これはこれで興味深い話であるが、その後のキリスト教の展開では、マタイの理解は奇妙奇天烈（きみょうきてれつ）な神学を生み出すことになる。それは、イエスの母マリアが、息子イエスを生んでもまだなお「処女」とする神学である。

生物学はこれをナンセンスと教え、われわれの常識もそれに同調する。

18

最後にカトリックの「マリア教」についても一言。

歴史のマリアは、「神の子」ではなくて、「人間の子」を産んだのである。これは明々白々なことである。歴史のマリアは、イエス以外にも息子たちや娘たちをも儲け、彼らが幼いときには子育てに専念し、彼らが一丁前に育った後も、洗濯や、買い物、食事づくり、大工仕事の集金、乏しい家計のやりくりなどに追われた働き者のオッカサンであったと思われるが――マタイ一二・四六に「イエスとその兄弟たち」とあり、同書一三・五五に「母親はマリアといい、兄弟はヤコブ、ヨセフ、シモン、ユダ」とあり、マルコ六・三に「この人は大工ではないか。マリアの息子で、ヤコブ、ヨセ、ユダ、シモンの兄弟ではないか。姉妹たちは、ここでわれわれと一緒に住んでいるではないか」とあり、ヨハネ福音書に「この後、イエスは母、兄弟、弟子たちと一緒に……」とあり、同書七・三に「イエスの兄弟たちが……」とあり、同書七・五と七・一〇に「イエスの兄弟たちが……」「兄弟たちも……」とあることからして、マリアはイエスを含めて五人の男子を、そして最低二人の娘を生んだことになるが――、このマリアを「穢れなき永遠の処女」とするのは誰が見ても滑稽なことであり、歴史のマリアにたいする仰天ものの侮辱である。しかし、「マリア教」であるカトリックは「マリア＝永遠の処女」とする教理（ドグマ）に固執し、テクストにある「息子たち」や「娘たち」を意味するギリシア語を「いとこたち」に読み替えてみせる。

もちろんこれはどうみても牽強付会（けんきょうふかい）のこじつけである。

その芸達者な所には大笑いしてしまうが、学問はマリア教の神学の前には無力である。その神学が二〇〇〇年にわたるキリスト教の歴史を支配してきたのであるから、われわれは大笑いする前に、歴史の圧倒的な「力」（クラトス）の前にクラクラして卒倒しそうになる。そしてギリシア語イザヤ書やギリシア語詩編の引用などを初期キリスト教の文脈の中で検討していくと、キリスト教はさまざまな「ムリ」を最初から抱え込んで出発した、合理的な思考などを排除する、あるいは合理的な思考などとは無縁な「ムリだらけの宗教」であったことが分かる。それを知るのが学問であり、それを少しばかり大きな声で臆することなく読者に伝えるのが、学問をする者の勇気であり矜持であろう。

わが心のうちに宿るわが神よ、

無神論者のわたしにも臆することなく「ノー」を「ノー」と言える勇気を、

わが命の尽きる日まで与えたまえ。

イェール大学スターリング・メモリアル・ライブラリーの一室にて

二〇一六年六月　　秦　剛平

あとがきに代えて

ユダヤ教世界やキリスト教世界を湧かせた前世紀の最大の考古学的発見は、死海の西岸のヒルベト・クムランと呼ばれる荒れ野にある洞窟から出土した、九七二本の旧約聖書関係の巻物やその断片群である。十一の洞窟の探索は一九四七年にはじまり、一九五六年まで続く（拙訳、ジェームス・C・ヴァンダーカム『死海文書のすべて』［青土社刊］参照）。

旧約学の学問世界は膨大な時間と精力をこれらの巻物や断片群の解読に注ぐ。一九七九年にオックスフォード大学出版局が開始した写真デジタル版CDの刊行は二〇〇九年に最後の第四〇巻が刊行されて完結を見るが、その過程で、そこに収められた死海文書についての研究書や論文などが次々に公刊され、ヘレニズム・ローマ時代のユダヤ教について、またキリスト教とユダヤ教の関係についてさまざまな見解が表明されるに至った。中には奇説・珍説の類いもかなりの数あったと記憶するが。

前世紀の後半と二一世紀の最初の一〇年は、まことに「死海文書」の時代であった。

死海文書の研究はわたしたちにヘブライ語聖書（旧約聖書）についてのさまざまな新しい理解や知見をもたらすものとなったが、そのひとつは、わたしたちのヘブライ語聖書理解やヘレニズム・ローマ時代のテクスト流布に関するわたしたちの理解を、根本から変えるものであった。テクストは転写されて流布されるが、わたしたちはそれが、その過程でさまざまな変容を遂げることを教えられた。テクストが正典化されていない時代にはとくにそうであったと思われる。またテクストは転写の過程で、ときに自由自在に手を加えられることがあり、そこからさまざまな物語が誕生したりする。

「換骨奪胎」。

そう、わたしたちにはずばりこの事態を形容する便利な四字熟語があるが――その意は、「骨を取り換え、胎を取ってわが物として使う」（デジタル大辞泉）である――、ヘレニズム・ローマ時代のユダヤ人たちの一部は、ヘブライ語聖書の着想やその文学形式を踏襲しながら、自分たちの創意工夫を加えて徹底的に書き改め、そうすることで、ひとつの新しい文学を生み出していったのである（外典文書の一部や、偽典文書の多くを見よ）。わたしたちが読んできた『ギリシア語イザヤ書』も、まさにヘレニズム時代のパレスチナの外に住むユダヤ人――多分、アレクサンドリアに住むユダヤ人――の手になる「換骨奪胎」の作品例のひとつなのである。

わたしは本書およびそれに続く諸書の翻訳を手にして下さる読者が、ヨセフスの『ユダヤ古代誌』を読み、次にそれらの書を読んで、旧来の聖書理解を拾て新しい聖書理解をもつに至ることを期待している。日本のキリスト教徒たち――その多くはファンダメンタリストであるようにお見受けする――が、「聖書は神の言葉である」と寝ぼけ眼で口にするのは構わないが、真顔で言うのはいかがなことかと思われる。そのような聖書観は最初の数世紀のキリスト教会の物書きたちの聖書観であり、その後のキリスト教世界が引きずり続けてきて現在に至る古くさい聖書観にすぎないからである。

キリスト教徒は聖書（最初はギリシア語訳の旧約聖書［ヘブライ語聖書ではない！］とギリシア語で書かれた新約聖書）を正典文書とすることによって不磨の大典とし、そうすることで、聖書の諸文書を身動きの取れぬものにしてしまい、発展性のあまりない註解書の類いばかりを書いてきたが、もしわたしの理解が正しければ、ユダヤ人たちはヘブライ語聖書の正典化をしていないのである。確かに、後一世紀のパレスチナのヤムニアで開催された会議では、モーセ五書は正典文書として扱われるとされたが、それとてもディアスポラ（離散）の地に住むユダヤ教徒たちを拘束できる最終的な宣言ではなかった。彼らは聖書の言葉を「神の言葉」として、それを金科玉条のごとくに扱ってきたのではない。

キリスト教徒が聖書の正典化を支持し、それを固定化するのは彼らの自由であるが、ヘブライ語聖書はユダヤ人社会において固定化されることなくして、今日に至っている。キリスト教徒がそれを知るのは重要であり、その理解があってはじめて、ギリシア語訳聖書の世界を堪能し、またギリシア語訳聖書に依拠しつつ、聖書物語を自由自在に書き改めてそれを再話したヨセフスの『ユダヤ古代誌』を楽しむことができる。このことを最後に付け加え強調しておく。

本書は、わたしが客員研究員として過ごすことになったイェール大学神学部の大学院で二〇一五年の十月一日からはじめ、本年の三月のはじめに完成させた仕事のひとつである。本書の完成のためにわたしはかつてないほどの膨大なエネルギーと時間を投入した。

本書の翻訳は、先行する諸訳書に倣い、散文形式で訳した箇所と詩文形式で訳した箇所から成り立つが、詩文形式で訳した箇所の多くは、これまでの訳書に見られるもの以上に短い段落とした。詩文で必要なのは「リズム」と「勢い」であると理解したからであるが、本訳書の訳業中の作業では、詩文形式での翻訳がギリシア文でつねにもとめられているのかは最後の最後まで疑問をもった。正直言えば、詩文形式を散文形式に改めて翻訳するのが可能な箇所は何十とあり、詩文ではなくて散文で読めば、読む者の読書印象も大きく変わることは認めねばならない。

本書の翻訳では、しばしば「一歩前進、二歩後退」の悲惨を余儀なくされた。文体を変えてみることがしばしばであったからである。もちろん、敬語や丁寧語の使用に関しても実験を繰り返した。イザヤがヒゼキア王に神の託宣を告げるときには、敬語を使用しなければならないが、託宣の中の王にたいする主の言葉は当然命令形になるが、命令形のままで、イザヤはヒゼキア王に主の託宣を告げることができるのかと、相当頭を悩ました。しかし、最終的には主の言葉はそのまま直接話法における「おまえは……」とし、間接話法の「あなたさまは……」とか、「あなたは……」とはしなかった。

なおまた、本書の翻訳で非常にしばしば頭を抱え込んだのは、ギリシア語の時制の問題であった。動詞の現在形や、過去形（アオリスト）、あるいは未来形は可能なかぎり、その時制の「差異」を尊重しようと努めたが、尊重すればしたで訳文に必要な「勢い」が失われたり、また前後の話がスムーズに展開しなくなったりする。話の展開の過程で、現在完了形が使用されていたりすれば、次に予想される時制は同じ現在完了形か、未来形、あるいは未来完了形でなければならないが、過去形で語られたりするのである。「あれれれ……」の事態であり、「なんじゃ、これ……」の事態である。「神よ、なんとかならないのですか、このギリシア文は！」と、何度天に向かって、呻き声を上げたことか。わたしは翻訳作業の後半から時制に神経質になることは、ある意味で、徒労なことであると認識するに至り、天に向かって呻吟することもしなくなった。また主語が複数形で語られていた文章が、突然、単数形になったり、それが暫くするとまた複数形に戻ったりする箇所も少なくない。この展開にも神経質になることをやめた。一々神経質になり、複数形の主語が誰を指し、単数形の主語が誰を指しているかを詮索しながらの翻訳では、二進（にっち）も三進（さっち）も行かなくなることが目に見えて分かってきたからである。

本書はわたしが生涯を顧みるときに、満腔の思いと大きな感謝の念をもって想起する二人のユダヤ人学者と一人のキリスト教学者に捧げられる。

最初はケンブリッジのクレアホールの最長老の学者であるマイケル・ローウィ教授である。教授は京大の人文研でも学んだことのある中国史専門の学者であるが、クレアホールの宗教部門に志願する研究者の選考委員長である。次は去年の春にウォルフソン・コレッジの名誉教授になられたニコラス・デラーンジ教授である。教授に初めてお会いしたのは今から一〇年以上も前にダブリンのトリニティ・コレッジで開催されたヨセフス学会のときであるが、教授はそのときわたしに将来ケンブリッジに来て研究を続けるよう強力に勧めてくれたのであり、実際、二〇一二年にケンブリッジに来るにあたりさまざまな支援を授けてくれたのである。三人目はイェール大学神学部の前学部長であるハリー・アトリッジ教授である。教授とはエウセビオス論集を共同編纂したとき以来の長いお付き合いであるが、わたしが教授から受けた学恩と親切はおびただしいものである。なお、言い忘れるところであったが、これら三人の方々はいずれも自分の依って立つユダヤ教やキリスト教の狭量な信仰世界とは無縁なリベラルな方々であり、軽々には「信仰」を口にされない行儀作法をわきまえた方々でもある。

本書の出版は青土社の出版部長である菱沼達也氏の理解により可能とされたものである。これまで主として「聖書と美術」関係の書物の仕事を一緒にしてきた同社の水木康文氏が、ある酒席で氏を紹介され、その後、本書の出版の話がトントン拍子に進められたのは、わたしが帰国中の本年の三月末の出来事であったが、この場所を借りて、最後の最後であるが、菱沼氏と水木氏に心から御礼を申し上げる。わたしは本書が他のどこからでもなく、ほかならぬ青土社から出版されることを心から喜び誇りに思っている。それというのもわたしは、これまでの数々の体験から、青土社の仕事ぶりと出版文化への熱意を十分すぎるほど承知しているからである。

二〇一六年六月　　秦　剛平

帰国を前に、イェール大学神学部図書館にて

Gohei Hata and Louis H.Feldman eds., *Josephus, the Bible, and History* (Wayne State University Press + E.J.Brill, 1988)
Gohei Hata and Louis H.Feldman eds., *Josephus, Judaism, and Christianity* (Wane State University Press + E.J.Brill, 1987)
秦剛平＋ L.H. フェルトマン共編『ヨセフス研究①ヨセフスとユダヤ戦争』（山本書店、1985）
秦剛平＋ L.H. フェルトマン共編『ヨセフス研究②ヨセフスとキリスト教』（山本書店、1985）
秦剛平＋ L.H. フェルトマン共編『ヨセフス研究③ヨセフス・ヘレニズム・ヘブライズムⅠ』（山本書店、1985）
秦剛平＋ L.H. フェルトマン共編『ヨセフス研究③ヨセフス・ヘレニズム・ヘブライズムⅡ』（山本書店、1986）

秦剛平「18世紀と19世紀の英訳ヨセフス――近代語訳の誕生とその背景　その1」、『多摩美術大学紀要』第16号（2001）所収

秦剛平「ヨセフスの生涯について（その2）」、『多摩美術大学紀要』第10号（1995）所収

秦剛平「ヨセフスの生涯について（その1）」、『多摩美術大学紀要』第9号（1994）所収

秦剛平「古代の二人の歴史家、ヨセフスとエウセビオス――古さをめぐる歴史記述について」、『パトリスティカ――教父研究』第6号（新生社、2001）所収

Gohei Hata, "Eusebius and Josephus: The Way Eusebius misused and abused Josephus," *PATRISTICA* —— Proceedings of the Colloquia of the Japanese Society for Patristic Studies, Supplementary Volume 1 (2001) 所収

秦剛平「第一次ユダヤ戦争にみるフィロカイサルとその系譜」、『基督教学研究』第19号（1999）所収

秦剛平「フラウィウス・ヨセフス――ひとりの途方もないユダヤ人」、『現代思想』（青土社、1994）所収

Gohei Hata, "Imagining Some Dark Periods in Josephus' Life,"in *Josephus* & *the History of the Greco-Roman Period: Essays in Memory of Morton Smith* (Fausto Parente & Joseph Sievers eds.; Leiden: E.J.Brill, 1991)

秦剛平「ギリシア語訳聖書研究序説」、『基督教学研究』第13号（1992）所収

秦剛平「ヨセフスと複数のギリシア語訳聖書の使用」、『聖書翻訳研究』（日本聖書協会、1986）所収

秦剛平「古代世界におけるモーセ像とヨセフス」、『ペディラヴィウム』第18号（1983）所収

秦剛平「ヨセフスのモーセ物語について」、『基督教学研究』第6号（1983）所収

Gohei Hata, "Is the Greek Version of Josephus' *Jewish War* a Translation or a Rewriting of the First Version?"in *Jewish Quarterly Review*, new series, vol. LXV12 (1977) 所収

○論集

Akio Moriya and Gohei Hata eds., *Pentateuchal Traditions in the Late Second Temple Period: Proceedings of the International Workshop in Tokyo, August 28-31, 2007* (Leiden: E.J.Brill, 2012)

秦剛平＋守屋彰夫共編『古代世界におけるモーセ五書の伝承』（京都大学学術出版会、2011）

Gohei Hata and Harold W. Attridge eds., *Eusebius, Christianity,* & *Judaism* (Leiden: E.J.Brill, 1992)

秦剛平＋ Harold W. Attridge 共編『エウセビオス研究①キリスト教の起源と発展』（リトン、1992）

秦剛平＋ Harold W. Attridge 共編『エウセビオス研究②キリスト教の正統と異端』（リトン、1992）

秦剛平＋ Harold W. Attridge 共編『エウセビオス研究③キリスト教とローマ帝国』（リトン、1992）

秦剛平『南北分裂王国の誕生――イスラエルとユダ』（京都大学学術出版会、2013）
秦剛平『神の支配から王の支配へ――ダビデとソロモンの時代』（京都大学学術出版会、2012）
秦剛平『聖書と殺戮の歴史――ヨシュアと士師の時代』（京都大学学術出版会、2011）
秦剛平『書き替えられた聖書――新しいモーセ像を求めて』（京都大学学術出版会、2010）
秦剛平『異教徒ローマ人に語る聖書――創世記を読む』（京都大学学術出版会、2009）
浅野淳博訳、スティーブ・メイソン『ヨセフスと新約聖書』（リトン、2007）
秦剛平『ヨセフス――イエス時代の歴史家』（ちくま学芸文庫、2000）
東丸恭子訳、ミレーユ・アダス＝ルベル『フラウィウス・ヨセフス伝』（白水社、1993）
秦剛平＋大島春子訳、シャイエ J.D. コーエン『ヨセフス――その人と時代』（山本書店、1991）

○論文ないしはそれに準ずるもの

Gohei Hata, "A Note on English Translations of Josephus from Thomas Lodge to D.S.Margoliouth"in *A Companion to Josephus* (Honora Howell Chapman and Zuleika Rodgers eds., UK: Wiley Blackwell, 2016)
Gohei Hata, "In the Beginning was a Greek Translation of Genesis and Exodus,"in *Pentateuchal Traditions in the Late Second Period: Proceedings of the International Workshop in Tokyo, August 28-31,2007* (Akio Moriya and Gohei Hata eds.; Leiden: E.J.Brill, 2012)
Gohei Hata, "Where is the Temple Site of Onias IV in Egypt?"in *Flavius Josephus:Interpretation and History* (Jack Pastor, Prina Stern, and Menahem Mor eds.; Leiden: E.J.Brill, 2011)
秦剛平「レオントーンポリス神殿跡――ブーバスティス・アグリアともうひとつのユダヤ神殿」、秦剛平＋守屋彰夫編『古代世界におけるモーセ五書の伝承（京都大学学術出版会、2011）所収
秦剛平「英語圏におけるヨセフスの近代語訳とその受容史」、『基督教学研究』第 31 号（2011）所収
Gohei Hata, "A SPECIAL LECTURE TO MARK THE HOSTING OF THE INTERNATIONAL JOSEPHUS COLLOQUIUM IN TRINITY COLLEGE, DUBLIN," in *Making History:Josephus and Historical Method* (ed. Zuleika Rodgers; Leiden: E.J.Brill, 2007)
Gohei Hata,"The Abuse and Misuse of Josephus in Eusebius' *Ecclesiastical History*, Books 2 and 3," in *Studies in Josephus and the Varieties of Ancient Judaism* (Shaye J.D.Cohen and Joshua J. Schwartz, eds; Leiden: E.J.Brill, 2007)
秦剛平「テル・バスタ――考古学的発掘調査のための約束の地」、『多摩美術大学紀要』第 21 号（2006）所収
秦剛平「創世記と出エジプト記――ギリシア語訳の背後にあるヘブル語テクスト」、『多摩美術大学紀要』第 19 号（2004）所収
秦剛平「18 世紀と 19 世紀の英訳ヨセフス――近代語訳の誕生とその背景　その 2」、『多摩美術大学紀要』第 17 号（2002）所収

○論文ないしはそれに準ずるもの
秦剛平「七十人訳聖書から垣間見るユダヤ人社会」、『現代思想』（青土社、1998）所収
秦剛平「ヘレニズム・ローマ時代のユダヤ教文献研究（9）――ヨベル書とシビルの託宣」、『ペディラヴィウム』第44号（1996）所収
秦剛平「ヘレニズム・ローマ時代のユダヤ教文献研究（8）――12族長の遺言」、『ペディラヴィウム』第43号（1996）所収
秦剛平「ヘレニズム・ローマ時代のユダヤ教文献研究（7）――ギリシア語エスドラス書＋ラテン語エズラ書」、『ペディラヴィウム』第42号（1995）所収
秦剛平『乗っ取られた聖書』（京都大学学術出版会、2006）
秦剛平「ヘレニズム・ローマ時代のユダヤ教文献研究（6）――バルク書、エレミアの手紙、マナセの祈り」、『ペディラヴィウム』第41号（1995）所収
秦剛平「ヘレニズム・ローマ時代のユダヤ教文献研究（5）――トビト記＋ダニエル書への三つの付加」、『ペディラヴィウム』第40号（1994）所収
秦剛平「ヘレニズム・ローマ時代のユダヤ教文献研究（4）――アリステアスの書簡」、『ペディラヴィウム』第39号（1994）所収
秦剛平「ヘレニズム・ローマ時代のユダヤ教文献研究（3）――マカベア第3書＋エステル記への付加」、『ペディラヴィウム』第38号（1993）所収
秦剛平「ヘレニズム・ローマ時代のユダヤ教文献研究（2）――マカベア第4書」、『ペディラヴィウム』第37号（1993）所収
秦剛平「ヘレニズム・ローマ時代のユダヤ教文献研究（1）――マカベア第1書＋マカベア第2書」、『ペディラヴィウム』第36号（1992）所収
秦剛平訳、ジェームス・ヴァンダーカム『死海文書のすべて』（青土社、1995）
秦剛平「七十人訳翻訳史序説（一）」、『基督教学研究』第13号（1990）所収

○七十人訳の起源を論じたとされる「アリステアスの手紙（書簡）」（偽典文書）について
秦剛平『乗っ取られた聖書』（京都大学学術出版会、2006）所収の「アリステアスについて」の記事
秦剛平「ヘレニズム・ローマ時代のユダヤ教文献研究（4）――アリステアスの書簡」、『ペディラヴィウム』第39号（1994）所収
秦剛平「アリステアスの書簡、ヨセフス、七十人訳」、岡野・田中編『古典解釈と人間理解』（山本書店、1986）所収

（2）ヨセフス関係

○書物
秦剛平『マカベア戦記――ユダヤの栄光と凋落』下（京都大学学術出版会、2016）
秦剛平『マカベア戦記――ユダヤの栄光と凋落』上（京都大学学術出版会、2015）
秦剛平『空白のユダヤ史――エルサレムの再建と民族の危機』（京都大学学術出版会、2015）

資　料

1次資料

（1）七十人訳ギリシア語聖書関係

○既刊

秦剛平訳『七十人訳ギリシア語聖書Ⅰ　創世記』（河出書房新社、2002）
秦剛平訳『七十人訳ギリシア語聖書Ⅱ　出エジプト記』（河出書房新社、2003）
秦剛平訳『七十人訳ギリシア語聖書Ⅲ　レビ記』（河出書房新社、2003）
秦剛平訳『七十人訳ギリシア語聖書Ⅳ　民数記』（河出書房新社、2003）
秦剛平訳『七十人訳ギリシア語聖書Ⅴ　申命記』（河出書房新社、2003）

（2）ヨセフス（1世紀）およびフィロン（1世紀）

○書物

秦剛平訳、ヨセフス『ユダヤ戦記』全7巻3分冊（ちくま学芸文庫、2002）
秦剛平訳、ヨセフス『ユダヤ古代誌』全20巻6分冊（ちくま学芸文庫、1999－2000）
秦剛平訳、ヨセフス『自伝』（山本書店、1978）
秦剛平訳、ヨセフス『アピオーンへの反論』（山本書店、1977）
秦剛平訳、フィロン『フラックスへの反論＋ガイウスへの使節』（京都大学学術出版会、2000）

2次資料

（1）七十人訳ギリシア語聖書関係

○書物

Gohei Hata, *Translating the Greek Bible into Japanese: a personal history* (Clare Hall, University of Cambridge: Video & Audio, 2013)
秦剛平「はじめに創世記と出エジプト記のギリシア語訳がつくられた」、秦剛平＋守屋彰夫編『古代世界におけるモーセ五書の伝承』（京都大学学術出版会、2011）所収
秦剛平『乗っ取られた聖書』（京都大学学術出版会、2006）
秦剛平『旧約聖書続編講義――ヘレニズム・ローマ時代のユダヤ文書を読み解く』（リトン、1999）
秦剛平「アリステアスの書簡」、『旧約聖書続編講義』（リトン、1999）所収

事項索引

【カ行】

【サ行】

【タ行】

索　引

数字は章番号と節番号を示す。(例：アサフ　36-3 は、第 36 章の第 3 節を参照せよ、の意)

人名索引

地名（＋国名、民族名）索引

訳者　秦剛平（はた・ごうへい）

多摩美術大学名誉教授。国際基督教大学卒、京都大学大学院、ドロプシー大学大学院(フルブライト、Ph.D)を卒業。ペンシルヴァニア大学大学院上級研究員、オックスフォード大学客員教授(1999－2000年)、同大学客員研究員(2001年以降)、現在ケンブリッジ大学(クレア・ホール)フェロー終身会員、(ウォルフソン・コレッジ)フェロー終身会員、イェール大学大学院客員研究員。『七十人訳ギリシア語聖書』のモーセ五書をはじめて邦訳した。そのほかのおもな著書に『旧約聖書を美術で読む』『新約聖書を美術で読む』『反ユダヤ主義を美術で読む』『天使と悪魔』(いずれも、青土社)、『美術で読み解く旧約聖書の真実』『美術で読み解く新約聖書の真実』『美術で読み解く聖母マリアとキリスト教伝説』『美術で読み解く聖人伝説』(いずれも、ちくま学芸文庫)ほか多数。訳書にヨセフス『ユダヤ古代誌』(全六巻、ちくま学芸文庫)、J・C・ヴァンダーカム『死海文書のすべて』(青土社)など多数。

七十人訳ギリシア語聖書　イザヤ書

2016年11月 5 日　第1刷印刷
2016年11月15日　第1刷発行

訳者――秦剛平

発行人――清水一人
発行所――青土社
〒101-0051　東京都千代田区神田神保町1-29　市瀬ビル
［電話］03-3291-9831（編集）　03-3294-7829（営業）
［振替］00190-7-192955

印刷所――ディグ（本文）
方英社（カバー・表紙・扉）
製本――小泉製本

装幀――菊地信義

Printed in Japan
ISBN978-4-7917-6953-7　C0016